本书获得四川省社会科学高水平团队"四川农村资源市场化研究团队"资助.

企业创新驱动
影响因素实证研究

Qiye Chuangxin Qudong

Yingxiang Yinsu Shizheng Yanjiu

李后建 张 剑 著

西南财经大学出版社

中国·成都

图书在版编目(CIP)数据

企业创新驱动影响因素实证研究/李后建,张剑著. —成都:西南财经大学出版社,2016.7
ISBN 978-7-5504-2529-3

Ⅰ.①企… Ⅱ.①李…②张… Ⅲ.①企业创新—影响因素—研究 Ⅳ.①F270

中国版本图书馆 CIP 数据核字(2016)第 169072 号

企业创新驱动影响因素实证研究
李后建　张剑　著

策划编辑:何春梅
责任编辑:张明星
责任校对:陈何真璐　詹丹妮
封面设计:墨创文化
责任印制:封俊川

出版发行	西南财经大学出版社(四川省成都市光华村街55号)
网　　址	http://www.bookcj.com
电子邮件	bookcj@foxmail.com
邮政编码	610074
电　　话	028-87353785　87352368
照　　排	四川胜翔数码印务设计有限公司
印　　刷	四川五洲彩印有限责任公司
成品尺寸	170mm×240mm
印　　张	15.5
字　　数	280 千字
版　　次	2016 年 7 月第 1 版
印　　次	2016 年 7 月第 1 次印刷
书　　号	ISBN 978-7-5504-2529-3
定　　价	88.00 元

1. 版权所有,翻印必究。
2. 如有印刷、装订等差错,可向本社营销部调换。

目 录

第一章 绪论 / 1

　　第一节 研究背景 / 1

　　第二节 研究意义 / 2

　　第三节 研究内容 / 3

第二章 法制环境、信贷配给与企业研发投入 / 6

　　第一节 引言 / 6

　　第二节 文献综述与研究假设 / 8

　　第三节 研究设计 / 11

　　第四节 实证结果与分析 / 14

　　第五节 结论与政策内涵 / 20

第三章 企业边界扩张与研发投入 / 26

　　第一节 引言 / 26

　　第二节 文献综述 / 27

　　第三节 研究设计 / 30

　　第四节 计量分析 / 34

　　第五节 结论与政策内涵 / 46

第四章 银行信贷、所有权性质与企业创新 / 53

　　第一节 引言 / 53

第二节 文献探讨与研究假设／55

第三节 研究设计／58

第四节 实证检验／62

第五节 结论与政策内涵／68

第五章 政策不确定性、银行授信与企业研发投入／73

第一节 引言／73

第二节 文献探讨与研究假设／75

第三节 研究设计／78

第四节 实证结果与分析／81

第五节 结论与政策内涵／93

第六章 政治关联、地理邻近性与企业联盟研发投入／100

第一节 引言／100

第二节 理论分析与研究假设／102

第三节 研究设计／106

第四节 实证结果与分析／110

第五节 结论与政策内涵／128

第七章 管理层风险激励模式、异质性与企业创新行为／135

第一节 引言／135

第二节 理论分析与研究假设／136

第三节 数据与方法／140

第四节 实证分析／144

第五节 结论与政策内涵／157

第八章 政治关系、信贷配额优惠与企业创新行为／164

第一节 引言／164

第二节 理论基础与研究假设／167

第三节　研究设计 / 170

　　第四节　实证结果与分析 / 175

　　第五节　结论与政策内涵 / 184

第九章　金融发展、知识产权保护与技术创新效率改进 / 190

　　第一节　引言 / 190

　　第二节　文献综述 / 192

　　第三节　研究方法与数据来源 / 195

　　第四节　结果分析 / 202

　　第五节　结论与政策内涵 / 215

第十章　破解转型经济体中企业核心能力悖论 / 222

　　第一节　引言 / 222

　　第二节　文献探讨与研究假设 / 223

　　第三节　研究方法 / 227

　　第四节　资料分析和结果讨论 / 231

　　第五节　结论与政策内涵 / 236

第一章 绪论

第一节 研究背景

在中国经济面临转型的过程中，寻求驱动中国经济永续发展的动力适逢其时。过往的"经济增长奇迹"确实给中国带来了翻天覆地的变化，但是驱动经济高速增长的激励结构背后也给中国带来了沉重的代价，中央政府和学术界已经意识到现有的经济增长模式不可持续，必须寻求新的经济增长动力来确保经济增长的可持续性。习近平总书记关于创新驱动发展发表了系列重要讲话，强调"创新是引领发展的第一动力"，进一步表明新一届的政府核心领导层对创新的重视。因此，中国的经济增长必须走出资源依赖型的发展模式，走向创新驱动与转变的发展模式。但是，如何推动中国经济增长由要素驱动走向创新驱动是当前摆在政府各部门和学术界面前需要解决的重大问题之一。

毋庸置疑，创新是一项高风险的投资项目，它的投资周期长、耗资高、风险大。尽管如此，成功的创新却能创造新的市场机会，打破现有的市场格局，从而确立新的市场秩序。因此，大力弘扬企业家创新精神，有效激励企业实施创新是中国经济增长模式实现创新驱动转变的重要举措之一。然而，在经济步入新常态的关键时期，中国的经济转型仍然给创新带来不少风险和挑战。市场环境不确定、正式制度不完善和政府管制过严等问题并存，严重制约了中国企业致力于创新的活力。因此，在正式制度缺失的经济体中，寻求有效途径促进企业创新，不仅具有重要的理论意义，而且对于现阶段实现中国经济成功转型具有重要的现实意义。

企业的创新活动包罗万象，主要涉及技术、策略、管理、产品、营销等方面，这些活动可能会发生在企业内部和外部的任何环节。近些年来，随着科学技术的不断进步，创新的观念逐渐深植在人们心中，不断变化的市场环境也要求企业必须通过创新来响应市场环境的变化，否则企业终将面临淘汰之厄运。毋庸讳言，中国正经历着走出低水平均衡陷阱的阵痛，在这一艰难的转型过程中，中国的企业无疑承载着转型升级的重要使命。引导中国企业走自主创新道路已经成为政府各部门应首要解决的重大问题之一。诚然，近年来，在政府部门的引导下，中国企业自主创新的能力得到了较大的提升。《中国企业自主创新评价报告（2014）》以高端制造业、能源业、电子信息业、生物业和节能环保业这五大行业为主要研究对象。结果显示，2013 年，我国全年 R&D 经费支出达到 11 906 亿元，占国内生产总值的 2.09%；研发人员全时当量达到 324.7 万人/年，居世界第一，占全球总量的 29.2%。尽管近五年来中国不断加大创新投入，研发人员平均数量持续增加，研发经费的绝对数量与占比稳步增长，但与国际先进水平仍有较大的差距。较为典型的问题有研发投入与国际先进水平仍有较大的差距、在创新成果产出方面仍缺乏原创性成果、在创新的体制机制方面仍有诸多未理顺之处、在创新人才的培养与激励方面仍有较大的改善空间等。由此可见，在经济转型的关键时期，寻求驱动企业创新的关键因素显得至关重要。

第二节　研究意义

近些年来，国际竞争越来越激烈，加上生产成本上升，中国企业传统竞争优势逐步削弱。与此同时，新一轮科技革命正孕育兴起，与中国加快转变经济发展方式形成历史性交汇。因此，将竞争优势和可持续发展的动力转至创新上面是中国企业必须走的路。传统上，企业依靠优惠条件、廉价人力成本来维持竞争优势，但是随着这些条件逐渐消失，企业必须更多地依靠科技创新和制度创新来适应市场需求，生产的产品也要以实物为中心转移到以价值为中心。这也意味着中国企业要逐渐脱离传统的实物生产阶段而进入通过创新来实现价值创造的阶段，在通过创新实现价值创造的过程中，企业便进入了一个高度不确定性的环境，特别是在进入初期，企业必须学习如何将创新产品实现商业转化，以及如何开发出符合市场需求的新产品。对于长期依赖模仿进行产品生产的中国企业而言，自主开发新技术和新产品是一项较大的挑战，但为了实现中国经济的转型升级，企业不得不接受这项挑战，并努力克服挑战过程中面临的一切困难和障碍。

在这个蜕变的过程中，经济的暂时衰退是必经之路，这是中国企业脱离传统竞争模式，学习适应以自主创新去开拓市场所必须付出的代价。这种衰退会发生在陈旧的技术产品已经不符合市场需求，但无法及时开发出符合市场需求的新产品和新技术，也即经济没有出现新的增长点的时期。尽管企业已经开始了创新，但是这些创新的产品或技术需要一定的时间让市场来消化。特别是当经济不景气时，市场通常倾向于保守，而在短时间内不愿意接受企业的新产品或新技术。因此，创新企业通常在经济出现衰退的期间内是最艰难的，它需要有新的动力来驱动企业持续地进行创新活动，最终实现整个经济的成功转型。从现有的研究来看，大部分的研究者将主要精力集中在如何推动经济增长这个重大问题上，而可能忽视了驱动经济可持续增长的内生性因素。特别地，在经济转轨时期，探讨驱动经济可持续增长的内生性因素对于有效制定促进经济成功转型的相关政策具有重要的理论意义和实践价值。

第三节 研究内容

本书后续的内容共有九章。第二章从法制环境的角度，探究了信贷配给对企业研发投入的影响。通过借助第三方权威机构世界银行提供的数据检验了法制环境、信贷配给和企业研发投入三者之间的关系。结果表明，信贷配给显然弱化了企业的研发投资行为，而法制环境的改善有助于激发企业研发投入的动机，并强化企业研发投入强度。进一步研究发现，随着法制环境的不断改善，信贷配给对企业研发投入行为的负面影响会逐渐弱化。

第三章首先从理论上探讨了企业边界扩张对研发投资的影响，然后利用相关数据验证了企业边界扩张与研发投资之间的内在关系。研究发现企业边界扩张对研发投资行为具有显著的消极影响。在此基础上，本章进一步检验了不同情境下企业边界扩张对研发投资行为的影响，发现，国有控股比例、政治关联、政策不确定性和游说都显著强化了企业边界扩张对研发投资的消极影响，而法治水平则未能有效缓解企业边界扩张对研发投资的消极影响。此外，本章运用广义倾向匹配法和剂量响应模型刻画了企业边界扩张与研发投资之间的关系曲线，结果表明企业边界扩张对研发投资具有较为稳健的负面影响。

第四章主要考察了银行信贷、所有权性质与企业创新之间的关系。研究发现，银行信贷对企业创新具有显著的积极影响，而所有权的国有比例会显著抑制企业创新。进一步地，随着国有比例的增加，银行信贷对企业创新的积极影响会逐渐弱化。研究还发现小型企业和年轻企业的企业创新对银行信贷和所有权性质的敏感性更高。这些研究结论意味着深化金融体制改革，引导国有企业发挥企业创新的领头羊作用将有助于推动企业创新。本章为金融市场发展、政府干预与经济转型之间因果关系的解释提供了重要的微观基础。

第五章基于实证的视角，探讨了政策不确定性、银行授信与企业研发投入之间的内在关系。研究发现，随着政策不确定性程度的增加，企业会减少研发投入，而银行授信水平则激发了企业的研发投入动机。进一步地，随着政策不确定性程度的增加，银行授信对企业研发投入的正向激励作用会逐渐弱化，而且这一结果具有较强的稳健性。进一步研究发现，处于制度质量水平较高地区的企业，银行授信对企业研发投入具有更加强烈的积极影响，然而制度质量并不能有效地弱化政策不确定性通过银行授信对企业研发投入造成的消极影响。本章的研究结论对于理解宏观政策和资本市场对企业研发投入的影响以及制度质量的作用具有一定的参考价值。

第六章基于实证的视角，探讨了政治关联、地理邻近性和企业联盟研发之间的内在关系。研究发现，政治关联和地理邻近性对企业联盟研发投入倾向和强度皆具有显著的正向影响。此外，政治关联会强化地理邻近性对企业联盟研发行为的积极影响。内生性检验和稳健性分析的结果表明政治关联、地理邻近性与企业联盟研究之间的内在影响关系非常稳健。进一步地，本章研究还发现信息通信技术的使用有助于弱化地理邻近性对企业联盟研发投入的积极影响，这为联盟研发企业打破地域上的"空间粘性"提供了有效途径。本章的研究结论在一定程度上解释了在欠发达和转型的经济体中孱弱的正式制度与积极创新并存的悖论，为更深层次地理解企业联盟研发行为提供了详细的微观经验证据。

第七章基于 2005 年世界银行关于中国 2002—2004 年 31 个省 121 个城市 12 136 家企业的投资环境调查数据，检验了管理层风险激励模式和异质性对企业创新行为的影响。研究表明：（1）管理层风险激励是企业创新行为的重要驱动力，但对于市场化程度较高的东部地区企业而言，短期风险激励的效果要逊于长期风险激励；（2）管理层任期与企业创新行为之间呈现倒 U 形曲线关系，即管理层任期过长容易使企业陷入"记忆僵化"的困局；（3）政治关系抑制了企业创新行为，但市场化程度有利于弱化政治关系对企业创新行为的抑制作用；（4）管理层教育水平有利于推动企业创新，但在不同地区存在一定的差异性。通过工具变量回归发现，上述主要结果具有较强的稳健性。本章的结论为中国企业成功转型过程中如何有效治理管理层提供了经验参考。

第八章以世界银行在中国开展的投资环境调查数据为样本，实证考察了政治关系、信贷配额优惠对企业创新行为的影响。研究发现，主动政治关系推动了企业创新，而被动政治关系则抑制了企业的创新行为。此外，信贷配额优惠对企业创新具有积极作用，但这种作用受制于政治关系的影响，具体表现为政治关系弱化了信贷配额优惠对企业创新行为的正向影响。进一步的研究还发现，市场化进程强化了主动政治关系和信贷配额优惠对企业创新行为的积极影响，而弱化了被动政治关系对企业创新行为的抑制作用，同时在市场化机制的作用下，政治关系对信贷配额优惠和企业创新行为之间正向关系的弱化作用得到了缓解。本章为理解转轨经济背景下的中国企业创新行为的影响因素提供了一个新的重要视角，也为理解当前的金融体制改革、企业创新融资约束等问题提供了新的经验证据。

第九章运用空间动态面板计量分析技术，考察了1998—2008年中国30个省级区域（未含港、澳、台地区；西藏由于数据缺失严重，故将其略去）金融发展、金融市场化和知识产权保护对技术创新效率的影响。研究发现，地区金融发展和知识产权保护积极推动了技术创新效率的改进，而金融市场化则妨碍了技术创新效率的提升。此外，知识产权保护强化了金融发展对技术创新效率改进的积极作用，而弱化了金融市场化对技术创新效率改进的消极作用，但作用程度并不大。进一步研究发现，中国技术创新效率具有较强的空间效应强度和路径依赖性，同时也具有明显的区域差异性。本章为理解市场化改革背景下的中国技术创新效率影响因素提供了一个新的视角，也为理解金融发展、金融市场化和知识产权保护对于经济增长影响的机制提供了新的经验证据。

第十章以中国中小型信息技术企业作为研究对象，以核心能力理论为基础，试图通过探寻企业家精神导向和市场导向的调节作用来破解转型经济体中核心能力悖论。研究结果表明，首先，核心能力悖论是中小型信息技术企业中普遍存在的现象；其次，企业家精神导向对核心刚度的软化作用并不明显，同时它对核心能力向核心刚度转化的缓解作用亦不明显；最后，市场导向既能起到软化企业核心刚度的作用，同时又能引导企业缓解核心能力对核心刚度的强化作用。本章的结论对于进一步破解转型经济体中核心能力悖论，实现经济结构成功转型具有非常重要的意义。

第二章 法制环境、信贷配给与企业研发投入

本章利用2012年世界银行关于中国企业运营的制度环境质量调查数据，旨在从实证的角度探究法制环境、信贷配给与企业研发投入之间的关系。研究发现，信贷配给显著弱化了企业研发投资的概率和研发投入强度。平均而言，与没有遭受信贷配给的企业相比，遭受信贷配给的企业致力于研发投资活动的概率会显著降低23.42%，而法制环境的改善有助于激发企业研发投入的动机，并强化企业研发投入强度。具体而言，法制环境从平均值开始的边际改善会使得企业致力于研发投资活动的概率提高6.88%。本章还发现，随着法制环境的不断改善，信贷配给对企业研发投入行为的负面影响会逐渐弱化。上述结论意味着，现阶段改善法制环境、弱化金融机构信贷配给行为对于推动企业创新和促进中国经济的转型和升级具有重要的现实意义。

第一节 引言

企业研发投入作为技术创新的主要形式，一直被视为经济永续发展和持续改善社会福利的主要驱动力（Aghion & Howitt, 1992）。因此，识别、评估和矫正研发投入不足的不利影响是所有国家政策议题的重要组成部分（Lai et al., 2015）。特别地，对于经济进入"新常态"的中国而言，粗放式的经济增长方式不仅妨碍了经济的可持续发展，而且带来了极大的负外部性（李后建，2013）。中国的经济迫切需要转向创新驱动型的发展之路（严成樑、胡志国，2013）。在推动中国经济由"要素驱动"向"创新驱动"转变的过程中，企业研发投入起着至关重要的作用（范红忠，2007）。但毋庸讳言，中国企业研发

投入仍然不足。在《福布斯》杂志公布的2013年全球最具创新力的100强企业中,中国只有两家企业入选。2013年中国企业500强发布会公布的数据显示,430家填报了研发数据的企业,在研发资金增幅上有明显回落,也略低于营业收入增速,企业平均研发强度为1.27%,连续两年下滑,其中104家企业的研发投入出现了负增长,较2012年增加了28家。

企业研发投入强度下滑,可能会妨碍中国创新驱动战略的推动,进而对中国经济的可持续发展造成诸多负面影响。因此,探寻中国企业研发投入不足的"病根",并对因治疗,这对当前中国经济的成功转型具有重要的理论与实践意义。毋庸讳言,中国资本市场尚不成熟,法制亦不完善,再加上企业研发项目严重的信息不对称问题迫使致力于创新的企业陷入了严重的融资困境和代理冲突(谢家智、刘思亚、李后建,2014;解维敏、方红星,2011)。特别地,由于信贷紧缩,金融机构可能优先减少对企业研发项目的投资额度(李后建、张宗益,2014)。这是因为在制度体系并不完善的经济体中,研发投资对金融摩擦具有较高的敏感性(Kim & Park,2012;Kim & Lee,2008)。然而,研发投资对信贷配给的反映仍讳莫难明(Das,2004)。主要原因在于:第一,近期的文献表明,当企业已经获得增加外部金融资源的多条渠道并管理流动性缓冲储存时,使用标准投资模型很难识别出融资约束的作用(Brown et al.,2012);第二,现有的经验证据几乎仅基于企业研发支出对内部融资可得性的敏感性,显然,利用内部融资可得性作为融资约束的代理变量值得商榷(Kaplan & Zingales,2000);第三,现有的经验证据并未考虑特定情境下信贷配给对企业研发投资的影响,这使得以往的研究结论存在着较大分歧。

在本研究中,我们在处理上述具体问题的前提下,评估了法制环境和信贷配给对研发投资的不利影响,并进一步探究了法制环境对信贷配给与企业研发投资之间关系的调节效应。研究发现信贷配给显著弱化了企业研发投资倾向和投入强度,而法制环境的改善有助于强化企业研发投资倾向和投入强度,并且随着法制环境的改善,金融机构的信贷配给行为对企业研发投资倾向与投入强度的消极影响会逐渐弱化。本章研究结论证实,现阶段加快资本市场改革、改善法制环境对中国企业可持续发展乃至经济转型升级有着重要的意义。

本章的理论贡献主要体现在以下几个方面:首先,学术界关于特定情境下,信贷配给对企业研发投入影响的微观机制研究较少,本章利用2012年世界银行关于中国企业运营的制度环境质量调查数据有效地评估了法制环境和信贷配给对企业研发投入的影响效应,进一步补充和丰富了法律金融理论的经验证据;其次,从更广义的角度而言,本章为深刻理解法制环境和金融发展对中国经济转型升级的影响提供了微观的经验证据，为丰富特定的法制环境下，金融发展与经济增长之间的关系提供了新的视角和有益补充。

第二节 文献综述与研究假设

过去几十年来，大量研究拓展了商业固定投资的传统模型，并明确地体现和揭示了融资约束的影响，从而弥补了新古典主义投资理论的缺陷（Stiglitz & Weiss，1981）。现代投资理论模型放松了新古典主义严格的假设条件，为内外部资金之间的不完全替代性提供了基础，也为金融因素对投资决策的影响提供了解释。经典的现代投资理论模型阐明了在道德风险或逆向选择的情境下，信息不对称对投资的影响，其中项目风险或质量的私人信息会导致债务成本、股权成本和使用内部融资的机会成本之间具有明显的差异（Stiglitz & Weiss，1981；Myers & Majluf，1984）。因此，当保持潜在投资机会不变时，企业的信息成本和内部资源的可用性会影响外部资金的影子成本。

最近的研究表明，相对于其他类型的投资，企业研发投资对金融因素可能更加敏感（Hall & Lerner，2010）。这是因为普通的投资者会发现对无形资产投资和研发项目投资的价值和风险做出准确的评估是异常困难的。此外，虽然企业可以免费地将信息传送给普通的投资者，但出于战略考虑，它们会极力维持信息不对称以免信息泄露给竞争者，从而确保研发项目的预期价值。同时还应注意到研发项目缺乏有效的抵押品而使得逆向选择和道德风险问题更加复杂（Himmelberg & Petersen，1994）。尽管研发投资对信贷配给高度敏感，但融资约束可能无法直接观测。这可能是研发投资两个重要的特征导致的结果：（1）确立研发项目涉及大量沉没成本；（2）现有研发项目支出波动大，成本昂贵。这是因为研发项目支出主要用于支付工资给训练有素的科学家、工程师和其他专家。并且这些工人的供给缺乏弹性：根据商业环境的临时变化解雇和雇佣这些工人的成本将是非常昂贵的，因为这些工人具备大量特定的专业知识，而培训新工人的成本非常昂贵，并且被解雇的专家能够将有价值的知识传达给雇佣他们的竞争者（Hall，2002）。

上述有关企业研发投入的所有论述特别适用于处在转型时期的中国企业。因为在当前市场机制并不完善的制度背景下，中国企业的透明度较低，交易成本相对较高，且大部分企业缺少可以用作抵押品的相关资产。特别地，对于中国年轻的中小型企业，上述情形尤为如此。除此之外，中国年轻的中小型企业利润积累程度低、与本地银行没有建立长期的关系且存在高违约风险。因此，在其他条件不变的情况下，中国年轻的中小型企业更易遭受信贷配给。在信息不对称的信贷市场，金融机构为了解决信贷配给问题，会设计一系列激励相容的合同，同时将利率和担保作为揭示企业事前风险水平的检测机制（Bester，1985）。由于企业研发投资形成的无形资产并不具备优良抵押品的特性，因此，金融机构通常会将致力于研发投资的企业排斥在信贷市场之外（Kochhar，1996）。这可能使得致力于研发投资的企业陷入严重的融资约束，最终被迫中断正在进行的研发投资项目。即使致力于研发投资的企业有幸获得信贷额度，但债务契约的刚性会损害研发投资项目融资所需的财务灵活性（O'Brien，2003）。因此，现有的研究表明金融机构会对企业的研发投资采取不恰当的管理保障措施，进而弱化了企业的研发投入强度（Vincente-Lorente, 2001）。

此外，在信贷配给的过程中，金融机构通常会设置繁琐的贷款程序，包括信用等级评估、贷款调查和贷款审批等。这些程序会耗费企业大量的时间和精力，提高了企业的外部融资成本（Robson et al., 2013）。由于研发周期日益缩短，技术更替日趋加快，企业若要抓住转瞬即逝的市场机会，就必须强调研发的即时性，并随时保证研发所需的资金充足性（Czarnitzki & Hottenrott, 2011）。这也意味着金融机构实行信贷配给会使得企业遭受信贷约束而丧失研发机会。现有研究表明，当出现负面的现金流冲击时，如果企业不能及时获得外部融资，那么它会优先考虑短期资本投资，而放弃当前的研发投资（Aghion et al.，2012）。根据上述分析，我们提出如下有待检验的假设：

H1：信贷配给对企业研发投入具有显著的消极影响。

上文强调了企业研发对信贷配给的敏感性，同时，企业研发也必须在特定的法制环境下展开。法律制度在本质上是一种特定的游戏规则（Harper，2003），它是人类互动的约束机制（North，1990）。这些约束机制关乎企业的投资决策，因为它可以降低企业面临的不确定性并减少交易成本（Williamson，1985），使得企业能够获得相对稳定的预期收益率。特别地，由于研发投资项目是特定知识的工程项目，外部投资者很难监控研发投资项目的整个过程。再加上研发投资项目具有较大的不确定性，外部投资者较难评价管理层对研发项目的管理行为并让这些管理层为研发项目的失败担责，因此，对研发投资项目而言，管理层通常拥有较大的权力，这也为他们从研发投资项目中牟取个人私利开了方便之门。上述情境会加剧代理问题，从而扭曲企业研发投资（Xiao，2013）。然而，投资者法律保护可以缓解上述代理问题，它能够有效地缓解管理层对研发投资的扭曲。通过赋予外部投资者更大权利，投资者法律保护可以有效降低管理层从研发投资项目中抽取租金的激励（Shleifer & Wolfenzon, 2002）。现有的研究表明由于投资者法律保护能够缓解代理问题，因此它可以带来更多派息（La Porta et al., 2000）并减少企业现金持有（Dittmar et al., 2003）。通过缓解代理问题，投资者法律保护会显著地影响企业的投资政策（Xiao, 2013）。例如，强有力的投资者保护法律制度可以限制企业管理层从过度投资中抽取租金的行为。对于资源有限的企业，投资者的权力将降低管理层追逐私利的激励并显著促进有价值的项目投资（John et al., 2008）。由于投资者法律保护在缓解代理问题上的显著作用，强有力的法律制度可以缓解研发投资过程中的利益冲突问题，有利于强化企业的研发投资动机。

此外，企业研发投入形成的无形资产通常具有弱排他性，如果缺少排他性的知识产权保护，那么这些无形资产有可能轻易地被他人模仿而将无形资产的收益侵蚀殆尽，一旦潜在的研发投资者预期到这一点，他们将会失去研发投资的动机（李后建，2014；宗庆庆等，2015）。然而，在法律制度完善的经济体中，司法系统对知识产权的保护有所增强，企业的诉讼成本也会降低，此时维护知识产权的交易费用也相应减少。当企业研发所获得的无形资产被竞争者毫无成本地剥夺时，企业可以更多地运用司法系统维护无形资产的排他性占有（Acemoglu & Johnson, 2005）。由此可见，完善的法律制度可以有效地保证企业的研发成果实现市场化运作，增加致力于研发的企业的预期收益，强化了其继续研发的意愿和动力（Acemoglu & Johnson, 2005）。根据上述分析，我们提出如下有待检验的假设：

H2：完善的法制环境对企业研发投入具有显著的积极影响。

法律制度除了对企业研发投入具有直接的影响外，还可以调节信贷配给对研发投入的消极影响。其主要原因是，法律制度和司法执行效率通过影响信贷市场效率而间接影响企业研发投入。在银企的借贷关系中，法庭起着至关重要的作用，因为它能够在那些有偿付能力的企业故意逃废债务时强制他们履行偿还债务，这显然弱化了银行的信贷配给程度，一定程度上保证了企业研发投入外部融资的可得性（Xiao, 2013）。然而，法律执行不力会加剧企业的机会主义行为，当金融机构预料到企业有违约企图时，金融机构便可能会增加信贷配给而使得致力于研发投资的企业陷入融资困境。La Porta 等人（1997）认为，对投资者有效的法律保护可以弱化金融机构信贷配给的动机，拓宽企业外部融资的渠道。Jappetli 等人（2002）进一步探究了法庭对债务契约执行力度、信贷额度、利率和违约率的影响。他们认为法律执行效率的改进会增加金融机构的信贷供给总量，减少信贷配给。Xiao（2013）的研究表明，有效的投资者法律保护有助于企业获得更多的融资渠道，提高企业的资本配置效率，减少企业的融资约束，从而强化企业的研发投资动机。进一步地，在糟糕的法制环境中，企业可能会遭受严重的信贷配给而陷入融资约束，同时也会使得企业研发投资所产生的无形资产缺乏有效的司法保护而失去独占性，此时企业会优先减少耗时长、资金需求量大和风险高的研发投资项目，而将有限的资金集中于短期项目来求取市场生存机会。根据上述分析，我们提出如下有待检验的假设：

H3：在相对完善的法制环境中，信贷配给对企业研发投入的消极影响会被弱化。

第三节 研究设计

一、数据来源与研究样本

我们使用的数据来源于2012年世界银行关于中国企业运营的制度环境质量调查。这次共调查了2848家中国企业，其中国有企业148家，非国有企业2700家。参与调查的城市有25个，分别为北京、上海、广州、深圳、佛山、东莞、唐山、石家庄、郑州、洛阳、武汉、南京、无锡、苏州、南通、合肥、沈阳、大连、济南、青岛、烟台、成都、杭州、宁波、温州。涉及的行业包括食品、纺织、服装、皮革、木材、造纸、大众媒体等26个行业。调查的内容包括控制信息、基本信息、基础设施与服务、销售与供应、竞争程度、生产力、土地与许可权、创新与科技、犯罪、融资、政企关系、劳动力、商业环境、企业绩效等。这项调查数据的受试者为总经理、会计师、人力资源经理和其他企业职员。调查样本根据企业的注册域名采用分层随机抽样的方法获取，因此调查样本具有较强的代表性。在本研究中，有效样本为1155个，这是因为我们剔除了一些指标具有缺失值的样本。需要说的是，在回归过程中，我们对连续变量按上下1%的比例进行winsorize处理。

二、估计策略

上述理论框架为本研究估计信贷配给对研发投资决策以及研发投资强度影响的实证策略提供了基础，同时，考虑到特定情境会对企业的决策行为产生深刻影响，因此，在计量模型中，我们纳入了法制环境的影响，并建立以下计量模型：

$$\begin{cases} y_i = f(\alpha_0 + \alpha_1 R_i + \alpha_2 law_i + \alpha_3 R \times law_i + \beta_1 X_i + \mu_i) \\ R_i = I(\beta_2 Z_i + v_i \geq 0) \end{cases} \quad (2.1)$$

其中 y_i 表示企业研发投资决策（RD）或者实际研发投入强度（RD/Sales），RD 表示企业在近三年来若开展了研发投资活动则赋值为1，否则为0；而 RD/Sales 则表示企业近三年来平均每年研发投入与销售额的比值。R_i 表示信贷配给，具体界定过程如下：

根据本研究之目的，所有企业可以分为两组，即有信贷组和无信贷组。分组是基于企业相关人员对"企业申请了任何贷款或银行授信吗？"这一问题的回答。对于这个问题的回答有两个可能的答案：（1）申请了；（2）没有申请。在此基础上，我们构建了一个二分变量（NL_i）：

$$NL_i = \begin{cases} 1 & \text{没有申请} \\ 0 & \text{申请了} \end{cases} \quad (2.2)$$

然后，针对那些没有申请任何贷款或银行授信的企业需要说明主要原因：（1）不需要贷款，企业有足够的资本；（2）申请程序复杂；（3）贷款利率过高；（4）抵押品要求太高；（5）贷款额度和期限不够；（6）认为贷款将不会被批准；（7）其他。对于没有申请任何贷款或银行授信的企业而言，我们排除那些不需要贷款，有足够资本的企业，将没有申请任何贷款或银行授信的主要原因为（2）-（7）的企业归为第一组信贷配给企业（R_i^f），即沮丧的潜在借款人（Jappelli，1990）或预先配给的借款人（Mushinski，1999）：

$$R_i^f = \begin{cases} 1 & NL_i = 1 \wedge \text{企业确实需要贷款} \\ 0 & \text{其他} \end{cases} \quad (2.3)$$

另一类企业是申请了任何贷款或银行授信，但有三种可能的结果：（1）申请获批；（2）申请被否；（3）申请结果仍悬而未决。对于申请了任何贷款或银行授信的企业而言，我们将申请被否的企业归为第二组信贷配给企业（R_i^s）：

$$R_i^s = \begin{cases} 1 & NL_i = 0 \wedge \text{申请被否} \\ 0 & \text{其他} \end{cases} \quad (2.4)$$

因此，信贷配给的企业被确定为满足以下条件的企业：

$$R_i = \begin{cases} 1 & R_i^f = 1 \vee R_i^s = 1 \\ 0 & \text{其他} \end{cases} \quad (2.5)$$

值得注意的是，在 Stiglitz 和 Weiss（1981）设定的模型中，配给的企业可能愿意按照市场通行的贷款利率或者更高的贷款利率向银行借款，但它们的贷款申请仍可能被拒。为此，我们通过以下方法来修正信贷配给识别机制，即将那些因为贷款利率过高而没有申请任何贷款或银行授信的企业予以排除。

此外，上述信贷配给的定义可能存在这样的问题：某些已经授予信贷的企业事实上也面临着信贷配给。例如，某些企业的贷款申请额度较大，而信贷授予额度较小，只能满足企业部分的信贷需求。遗憾的是，世界银行的问卷设计没有提供对这类企业进行识别的问题。因此，我们只能进一步假设那些有贷款或银行授信，且并未要求提供抵押品的企业界定为未进行信贷配给的企业。

law_i 表示法制环境，在度量法制环境时，我们根据 2012 年世界银行关于中国企业营运的制度质量调查问卷设置的问题："法院系统是公正、公平和廉洁的"，将其作为法制环境的度量。同时，企业管理层可以选择的答案为"非常不同意""倾向于不同意""倾向于同意"和"非常同意"。根据这些答案，我们依次赋值为 1、2、3、4。考虑到同一城市不同企业可能对法律环境的评价有明显偏差，故将同一城市不同企业对法制环境评价的平均值作为该城市法制环境的度量。$R \times law_i$ 表示法制环境与信贷配给的交互项，它主要用于检验不同的法制环境下，信贷配给对企业研发投入行为影响的差异性。

X_i 表示的是控制变量集，包括企业层面和企业所在城市层面两个维度的控制变量。企业层面的控制变量包括：（1）企业年龄（lnage），定义为 2012 年减去企业创始年份并取对数；（2）企业规模（Scale），我们使用企业员工人数的自然对数作为企业规模的度量指标；（3）国有股份比例（Soe），定义为所有制结构中国有股份所占比例；（4）正式员工的平均教育年限（Edu），这一指标主要用于反映企业的人力资本质量；（5）微机化程度（Computer），定义为使用电脑的企业员工比例；（6）正式培训计划（Train），定义为企业对员工是否有正式培训计划，若有则赋值为 1，否则为 0；（7）企业出口（Export），定义为若企业所有的产品在国内销售，则赋值为 0，否则赋值为 1；（8）销售年平均增长率（Growth），定义为企业近三年平均销售增长率，即利用 2010 年的年销售总额除以 2008 年的年销售总额，然后开三次方，最后将所得结果减去 1。

城市层面的控制变量包括本地市场规模（Popula），按照该城市的人口规模划分为四个等级，人口少于 5 万的赋值为 1，5 万~25 万（不含 25 万）的赋值为 2，25 万~100 万（含 100 万）赋值为 3，100 万以上赋值为 4。除此以外，由于现有的研究结论显示不同地区和行业的企业研发活动具有较大的差异，因此，我们还纳入了城市和行业的固定效应。Z_i 也表示变量控制集，它包括 X_i 控制变量集，还包括企业购买原材料或服务项目货款中的赊销比例（Charge）和由于盗窃、抢劫、故意毁坏和纵火等原因使得企业经历的损失（Lost）（若是则赋值为 1，否则赋值为 0）。主要变量的描述性统计汇报在表 2-1 中。

表 2-1 主要变量的描述性统计

变量	样本量	均值	标准差	最小值	最大值
RD	1155	0.3847	0.4867	0	1
RD/Sales	1155	0.0025	0.0119	0	0.0941
R	1155	0.3891	0.4878	0	1
Courts	1155	2.6523	0.6429	1	3
lnage	1155	2.4501	0.4867	1.0986	3.9890
Scale	1155	2.0078	0.7679	1	3
Soe	1155	0.0614	0.2253	0	1
Edu	1155	10.0483	1.8246	6	16
Computer	1155	0.2683	0.2035	0.02	1
Train	1155	0.8608	0.3462	0	1
Export	1155	0.2951	0.4563	0	1
Growth	1155	0.0782	0.1576	-0.1595	1.2240
Popula	1155	2.9776	0.1980	1	3
Charge	1155	0.6377	0.2684	0	1
Lost	1155	0.8956	0.3059	0	1

第四节 实证结果与分析

一、法制环境、信贷配给与企业研发投资决策

在评估法制环境和信贷配给对企业研发投资决策的影响过程中，我们采用 Gouriéroux 等（1980）和 Maddala（1983）提出的完全信息极大似然法来估计递归二元单位概率模型。这一方法的提出是为了缓解因变量和内生解释变量皆为二元变量而导致的内生性问题。由此，我们将预估的方程（2.6）设定如下：

$$\begin{cases} dumRD_i = I(\alpha_0 + \alpha_1 R_i + \alpha_2 law_i + \alpha_3 R \times law_i + \beta_1 X_i + \mu_i \geq 0) \\ R_i = I(\beta_2 Z_i + v_i \geq 0) \end{cases} \quad (2.6)$$

其中，$dumRD_i$ 表示企业研发投资决策，若企业在近三年内开展了研发投资活动，则赋值为 1，否则为 0。μ_i、v_i 分别表示未被观测到的扰动项。

表2-2的列（2）至列（4）汇报的是方程（6）的系数估计结果和边际效应，作为对比，列（1）汇报的是Probit模型的系数估计结果。参照递归二元单位概率模型的估计结果，我们发现信贷配给（R）的系数在1%的水平上显著为负，在考虑信贷配给的内生性后，信贷配给会显著弱化企业致力于研发投资活动的倾向，平均而言，与没有遭受信贷配给的企业相比，遭受信贷配给的企业致力于研发投资活动的概率会显著降低23.42%。同样地，在1%的显著水平上，法制环境（Courts）的改善会显著提高企业致力于研发投资活动的概率，即法制环境从平均值（2.6523）开始的边际改善会使得企业致力于研发投资活动的概率提高6.88%。最后，交互项（R×courts）的系数在10%的水平上显著为正，这意味着法制环境的改善会弱化信贷配给对企业研发投资倾向的消极影响。由此本章的研究假设获得实证支持。

除了关键的解释变量之外，控制变量的符号也基本上符合理论预期。第一，随着企业规模的增加，企业致力于研发投资的概率也会提高，这与现有的文献结论是一致的（Jefferson et al.，2006），这是因为企业规模越大，企业的规模效应和声誉优势就会越明显，企业越有可能获得研发投资所需具备的各项条件，同时更有能力应对研发过程中面临的各类风险。第二，随着国有股份比例（Soe）的增加，企业致力于研发投资的概率会显著降低，对此一个可能的解释是，国有企业虽然可以通过天然的政治关联或政府担保优先获得各种资源，但国有企业这种天然的政治关联或政府担保在某种程度上限制或决定了企业的投资取向。特别地，在晋升激励之下，官员需要在短期内向上级传递可置信的政绩信号。那些孕育周期长、投资风险大的项目通常难以迎合地方官员的政治偏好，为了配合地方政府的政治和社会目标，国有企业也只能将大量的精力放在短期内能够促进当地经济增长和降低失业率的项目上，挤出了企业创新所需投入的精力。此外，在国有控股的情况下，实际控制人通常是企业高级管理人员，他们的任免由政治过程决定而不是由人力资源市场竞争产生。并且他们领取的是固定薪酬，剩余索取权却归国家所有。作为理性的"经济人"，他们的目标更多地体现为职务待遇和提升机会，需要的是短期业绩稳定，而不是历经数载的研发投资项目。第三，随着正式员工教育程度（Edu）的提高，企业致力于研发投资的概率会增加，这与Roper和Love（2006）的研究结论是一致的。通常而言，较高的教育水平能够帮助员工提高认知复杂性，从而获得更强的能力来掌握新观念、学习新行为和解决新问题。由于研发项目通常是复杂和不确定的，而具有较高水平的员工可能更容易接受创新和忍受不确定性。此外，较高教育水平还能帮助员工消化和吸收新的知识和技术，有利于推动企业研发活动的开展。第四，微机化程度（Computer）会显著提高企业致力于研发投资的概率，可能的原因是微机化程度的提高可以强化企业内外部之间的交流，有利于显性和隐性知识的传输和吸收，从而激发企业研发投资的动机。第五，与没有正式培训计划的企业相比，有正式培训计划的企业倾向于研发投资的概率要高3.55%。可能的解释是，正式培训有利于促进员工吸收新的知识，从而有利于企业研发活动的开展。第六，企业出口（Export）对企业研发投资倾向具有显著的促进作用，这可能是因为出口企业可以获得"出口中学"效应，较快地吸收了国外研发的技术外溢，推动了企业的研发活动。销售年平均增长率（Growth）的系数在10%的水平上显著为正，这意味着企业销售年平均增长率越高，企业创新活动的倾向也会越高。这是因为企业创新是一项耗资巨大的活动，丰厚的利润才能为这项活动提供物质基础。最后，本地市场规模（Popula）越大，企业研发投资的倾向就会越高，这意味着市场需求越多，企业越倾向于研发创新。

需要强调的是，解释信贷配给概率的方程中纳入了两个工具变量。

第一个工具变量：企业购买原材料或服务项目货款中的赊销比例（Charge）。其理由是，首先企业不可能使用未支付的赊销货款（贸易信贷）作为研发活动的融资资金，这是因为这种外部融资方式的特点是企业逾期支付赊销货款会导致巨额罚息，因此它的融资成本是非常昂贵的（Elliehausen & Wolken, 1993）。由此可见，除非企业面临严峻的流动性短缺问题，否则企业并不乐意使用未支付的赊销货款。在信息不对称的情况下，外部投资者并不能有效区分资不抵债和无流动资金而有偿债能力的企业，因此对于未支付赊销货款的企业而言，信贷配给的可能性会更大。

第二个工具变量：盗窃、抢劫、故意毁坏和纵火等原因是否使得企业经历损失（Lost），若是则赋值为1，否则赋值为0。其理由如下：上述事件是企业经历的外部不可控事件。它的特点可以概括为：（1）意料之外的事件；（2）企业的外生不可控事件；（3）可能会导致流动性资金额度暂时性减少。这一事件的冲击会对企业声誉造成某种程度的影响，从而影响金融机构对企业的信贷配给程度。因此，Lost与信贷配给之间存在强烈的关联性并满足排除限制。值得注意的是我们使用的基准工具变量具有企业层面的变异，相对于使用省域或产业层面的工具变量，它能够捕捉到大部分的变异，而使得估计结果更加精确。从解释信贷配给概率方程的系数估计结果可知，上述两个工具变量在1%的水平上对信贷配给概率具有显著的积极影响。

表 2-2　法制环境、信贷配给对企业研发投资决策影响的基准回归结果

解释变量	Probit (1) dumRD Marg.	Bivariate Probit (2) dumRD Coeff.	(3) R Coeff.	(4) dumRD Marg.	IVProbit (5) dumRD Coeff.	IVLIML (6) dumRD Coeff.
R	0.0425	−1.3353***		−0.2342***	−1.6292***	−0.6378**
	[0.0323]	[0.0849]		[0.0315]	[0.3730]	[0.2526]
R×courts	0.0594*	0.1384*		0.0232*	0.3278**	0.1695*
	[0.0310]	[0.0742]		[0.0121]	[0.1384]	[0.0863]
Courts	0.1043***	0.2562***	0.1296	0.0688***	0.3870***	0.2177***
	[0.0398]	[0.0963]	[0.0944]	[0.0225]	[0.1001]	[0.0477]
lnage	0.0584*	0.0213	−0.2526***	0.0054	0.0393	0.0031
	[0.0336]	[0.0627]	[0.0698]	[0.0046]	[0.0957]	[0.0324]
Scale	0.0968***	0.1234**	−0.0987	0.0210**	0.0996***	0.0606**
	[0.0234]	[0.0504]	[0.0619]	[0.0101]	[0.0286]	[0.0257]
Soe	−0.1637	−0.8710**	−0.8223*	−0.3099**	−0.7400***	−0.2861**
	[0.1024]	[0.3772]	[0.4318]	[0.1427]	[0.1660]	[0.1310]
Edu	0.0389***	0.0425*	−0.0392	0.0113*	0.0298**	0.0126*
	[0.0081]	[0.0244]	[0.0324]	[0.0062]	[0.0121]	[0.0062]
Computer	0.0006	0.0041**	−0.0068***	0.0021**	0.0042**	−0.0017
	[0.0007]	[0.0018]	[0.0017]	[0.0008]	[0.0019]	[0.0011]
Train	0.2180***	0.2911*	−0.2194	0.0355*	0.2376***	0.1566**
	[0.0510]	[0.1696]	[0.1685]	[0.0182]	[0.0607]	[0.0628]
Export	0.1121***	0.2453***	−0.2325**	0.0440***	0.1027***	0.1282**
	[0.0256]	[0.0721]	[0.0928]	[0.0112]	[0.0303]	[0.0561]
Growth	0.2806**	0.2139*	−0.7403**	0.1376**	0.2461*	0.1830**
	[0.1109]	[0.1185]	[0.2933]	[0.0518]	[0.1529]	[0.0816]
Population	0.1721**	0.2139*	−0.1321	0.0095*	0.1428**	0.1187*
	[0.0683]	[0.1185]	[0.1776]	[0.0051]	[0.0712]	[0.0640]
Charge			0.1416***			
			[0.0345]			
Lost			0.2855***			
			[0.0697]			
城市效应	已控制	已控制	已控制	已控制	已控制	已控制

表2-2(续)

解释变量	Probit (1) dumRD Marg.	Bivariate Probit (2) dumRD Coeff.	Bivariate Probit (3) R Coeff.	Bivariate Probit (4) dumRD Marg.	IVProbit (5) dumRD Coeff.	IVLIML (6) dumRD Coeff.
产业效应	已控制	已控制	已控制	已控制	已控制	已控制
Pseudo R^2	0.1147					
Rho		0.9232***				
Wald test					18.64***	22.14***
Sargan stat						3.4612**
Log Lik	−678.5934	−1365.7894			−1396.876	
N	1155	1155	1155	1155	1155	1155

注：[ ]内表示基于行业聚类的稳健性标准差（观察到的信息矩阵法）。***、**和*分别表示在1%、5%和10%的水平显著。以下相同，不再赘列。

利用上述工具变量，我们使用了IVProbit和IVLIML（有限信息极大似然法）回归，分别报告在表2-2中的第（5）至第（6）列。回归结果显示，Wald外生性排除检验拒绝了原假设，表明信贷配给是内生的。同时信贷配给的系数在5%的水平上显著为负，与递归二元单位概率模型估计的结果基本吻合。

二、法制环境、信贷配给与企业研发投入强度

接下来，我们研究信贷配给对企业研发投入强度的影响。考虑到信贷配给的内生性，我们打算使用IVTobit模型，由此，我们将预估的方程（2.7）设定如下：

$$\begin{cases} RD/Sales_i = I(\alpha_0 + \alpha_1 R_i + \alpha_2 law_i + \alpha_3 R \times law_i + \beta_1 X_i + \mu_i \geq 0) \\ R_i = I(\beta_2 Z_i + v_i \geq 0) \end{cases} \quad (2.7)$$

其中，$RD/Sales_i$表示企业近三年来平均每年研发投入与企业销售额的比值。表2-3的第（2）列汇报了使用两步法的IVTobit回归估计结果，列（3）和列（4）汇报的是BiTobit回归估计结果。作为对比和验证忽视内生性和样本选择偏差而导致信贷配给影响的有偏估计，我们将标准的Tobit回归估计结果汇报在第（1）列，其中信贷配给（R）的系数为正，但在10%的水平上并不显著。在控制住信贷配给的内生性之后，IVTobit和Bivariate Tobit的回归结果显示，信贷配给对企业研发投入强度具有显著的负面影响，而法制环境对企

研发投入具有显著的积极影响；进一步地，信贷配给和法制环境的交叉项在5%的水平上显著为正，这意味着法制环境会显著弱化信贷配给对企业研发投入强度的消极影响。其他控制变量的符号与预期的结果基本吻合。与Bivariate Probit模型的回归结果一致的是，在Bivariate Tobit回归结果中，Charge和Lost对信贷配给的概率具有显著的正向影响。

表2-3 法制环境、信贷配给对企业研发投入强度影响的Tobit回归结果

解释变量	Tobit ML (1) RD/Sales Coeff.		IVTobit (2) RD/Sales Coeff.		Bivariate Tobit (3) RD/Sales Coeff.		(4) R Coeff.	
R	0.0075	[0.0061]	-0.1245***	[0.0039]	-0.0455**	[0.0207]		
R×courts	0.0158**	[0.0073]	0.0217**	[0.0079]	0.0142**	[0.0053]		
Courts	0.0086**	[0.0036]	0.0234**	[0.0101]	0.0117**	[0.0041]	-0.1685**	[0.0730]
lnage	0.0025	[0.0067]	0.0029	[0.0037]	-0.0006	[0.0067]	-0.1990**	[0.0773]
Scale	0.0077**	[0.0036]	0.0079**	[0.0037]	0.0072*	[0.0042]	-0.0656	[0.0497]
Soe	-0.0205*	[0.0109]	-0.0382**	[0.0120]	-0.0307**	[0.0147]	-0.9988***	[0.2208]
Edu	0.0014*	[0.0007]	0.0013*	[0.0007]	0.0011*	[0.0006]	-0.0438**	[0.0223]
Computer	0.0029	[0.0027]	0.0024	[0.0031]	0.0031	[0.0027]	-0.0059***	[0.0019]
Train	0.0213***	[0.0069]	0.0208**	[0.0072]	0.0146**	[0.0821]	-0.1548	[0.1044]
Export	0.0171**	[0.0071]	0.0173**	[0.0072]	0.0129**	[0.0071]	-0.2024**	[0.0829]
Growth	0.0345*	[0.0185]	0.0308	[0.0217]	0.0464*	[0.0276]	-0.7400***	[0.2516]
Population	0.0046	[0.0109]	0.0049	[0.0092]	0.0017*	[0.0009]	-0.1488	[0.1668]
Charge							0.1026***	[0.0319]
Lost							0.3721***	[0.1201]
城市效应	已控制		已控制		已控制		已控制	
产业效应	已控制		已控制		已控制		已控制	
Pseudo R²	0.8026							
Rho					0.7360***			
Log Lik	-14.32				-1037.6264			
N	1155		1155		1155		1155	

三、稳健性检验

为了检验研究结果的稳健性，我们从以下两个方面进行了稳健性检验，稳健性检验的结果经整理后汇报在表2-4中：（1）寻找信贷配给的替代性工具变量。参照相关文献的经验做法（Fisman & Svensson, 2007; Reinnikka & Svensson, 2006），即企业所在城市的特征变量经常作为企业内生变量的工具变量。

基于此，我们将使用企业所在城市同行业（location-industry average）的信贷配给平均值作为信贷配给的工具变量，利用这一工具变量，我们对计量模型（2.6）和（2.7）进行重新估计的结果表明，主要结论依然成立；（2）寻找信贷配给的替代性指标，我们根据2012年世界银行关于中国企业营运的制度质量调查问卷设置的问题："融资可得性对企业当前的运营影响程度如何？"将其作为信贷配给的度量。同时，企业管理层可以选择的答案为"没有障碍""障碍小""障碍一般""障碍大"和"障碍非常大"。根据这些答案，我们依次赋值为1、2、3、4、5。但将这一指标作为信贷配给的替代性指标进行回归时容易导致样本选择问题，而使得信贷配给与企业研发投资之间呈现出显著的正相关关系。这是因为那些对创新毫无兴趣的企业可能感受不到信贷约束的限制，并且这种类型的企业在样本中所占的比例较大，它们是信贷配给与研发投资决策之间呈现正相关关系的潜在根源。这种正向关系可能会掩盖信贷配给对研发投资决策的负面影响。

为了缓解样本选择偏差带来的内生性问题，从而有效地分析出信贷配给对企业研发投资决策的影响，我们将关注那些对研发具有潜在意愿的企业，以消除正相关关系带来的混淆影响（Savignac，2008）。为此，我们排除了无任何创新活动的企业，这些创新活动包括为产品或过程改善引入新技术和设备、在生产或运作过程中引入新质量控制程序、引入新的管理或行政流程、为员工提供技术培训、引入新产品或服务、为现有产品或服务添加新特征、采取有关措施减少生产成本、采取有关措施提高生产的灵活性。因此，本章的研究样本减少为仅包含潜在创新型企业。利用这些样本，我们对计量模型（2.6）和（2.7）进行重新估计的结果表明，主要结论依然成立。限于篇幅，我们未报告这部分的回归结果。

第五节 结论与政策内涵

本章运用2012年世界银行关于中国企业运营的制度环境质量调查数据实证分析法制环境和信贷配给对企业研发投入的影响。研究发现，信贷配给会对企业研发投资决策和研发投资规模具有显著的消极影响，然而良好的法制环境会激发企业研发投资决策，并强化企业研发投入强度，并且信贷配给对研发投资决策和投入强度的消极影响会随着法制环境的改善而逐渐弱化。

总体而言，本章的实证结果表明，法制环境是影响企业投资行为的重要因素之一，也是企业在投资中面临融资障碍的重要因素。糟糕的法制环境会削弱企业研发投资收益的不确定性，增加金融摩擦成本，强化金融机构的信贷配给行为，对于推动中国经济转型升级以及经济社会的可持续发展具有不利的影响。基于上述研究结论，本章所蕴含的政策建议如下：

（1）完善金融市场运行机制，弱化金融机构的信贷配给行为。本章的研究结论表明信贷配给显然弱化了企业研发投资倾向和投入强度。因此，政府部门应该完善金融市场运行机制，弱化金融机构的信贷配给行为。具体而言，政府部门应该推动利率市场化改革，进一步完善定价和风险管理机制，并建立前瞻性的风险监控机制，打造金融稳定的信息共享机制以及资本约束和风险防范逆周期机制，提高金融资源的配置效率，缓解金融机构的信贷配给行为。除此之外，政府部门应该降低资本市场门槛，拓宽企业融资渠道，提高资本市场的资源配给效率，让更多的金融活水流向创新型企业。

（2）政府部门应该建立对研发项目进行评估和监督的第三方独立机构，有效地缓解金融机构与企业之间关于研发项目的信息不对称问题，从而弱化金融机构的信贷配给行为。企业研发项目的不确定性因素较多，持续的时间较长，市场前景难以有效估计。如果没有独立的第三方机构对企业研发项目的风险和价值进行评估，那么金融机构将难以辨识研发项目的优劣。显然，这会加重金融机构与企业之间的信息不对称问题，导致企业研发面临更加严重的信贷配给。为此，政府部门应该建立专业独立的第三方评估机构，并促使其充分发挥对企业研发项目的监督作用，以缓解银企之间的信息不对称问题，弱化金融机构的信贷配给行为。

（3）全面推进依法治国，改善法制环境，提高企业研发投资的信心，弱化信贷配给对企业研发投资的消极影响。从本章的研究结论来看，改善法制环境，有助于弱化信贷配给对企业研发投资的消极影响。实际上法制环境的改善一方面有助于强化投资者权益保护，提高研发投资项目的融资效率；另一方面有助于确保研发项目收益的排他性占有，强化企业对研发项目投资的信心，从而将更多的资金配置到企业的研发项目上。

参考文献：

[1] Aghion, P., Howitt, P. (1992). A Model of Growth through Creative Destruction [J]. Econometrica, 60 (2): 323-351.

［2］Lai, Y. L., Lin, F. J., Lin, Y. H. (2015). Factors affectingfirm's R&D investment decisions［J］. Journal of Business Research, 68 (4): 840-844.

［3］李后建. 市场化、腐败与企业家精神［J］. 经济科学, 2015 (1): 99-111.

［4］范红忠. 有效需求规模假说、研发投入与国家自主创新能力［J］. 经济研究, 2007 (3): 33-44.

［5］谢家智, 刘思亚, 李后建. 政治关联、融资约束与企业研发投入［J］. 财经研究, 2014, 393 (8): 81-93.

［6］解维敏, 方红星. 金融发展、融资约束与企业研发投入［J］. 金融研究, 2011 (5): 171-183.

［7］李后建, 张宗益. 金融发展、知识产权保护与技术创新效率——金融市场化的作用［J］. 科研管理, 2014 (12): 160-167.

［8］Kim, H., Park, S. Y. (2012). The relation between cash holdings and R&D expenditures according to ownership structure［J］. Eurasian Business Review, 2 (2): 25-42.

［9］Kim, H., Kim, H., Lee, P. (2008). Ownership structure and the relationship between financial slack and R&D investments: Evidence from Korean firms［J］. Organization Science, 19 (3): 404-418.

［10］Kaplan, S., Zingales, L. (2000). Investment–Cash Flow Sensitivities Are Not Valid Measures of Financing Constraints［J］. Quarterly Journal of Economics, 115 (2): 707-712.

［11］Das, P. K. (2004). Credit rationing and firms investment and production decisions［J］. International Review of Economics and Finance, 13 (1): 87-114.

［12］Brown, J. R., Martinsson, G., Petersen, B. C. (2012). Do Financing Constraints Matter for R&D［J］. European Economic Review, 56 (8): 1512-1539.

［13］Stiglitz, J. E., Weiss, A. (1981). Credit rationing in market with imperfect information［J］. American Economic Review, 71 (3): 393-410.

［14］Myers, S. C., Majluf, N. (1984). Corporate Financing and Investment Decisions When Firms Have Information That Investors Do Not Have［J］. Journal of Financial Economics, 13 (2): 187-221.

［15］Hall, B. H., Lerner J. (2010). The Financing of R&D and Innovation［M］. in Hall, B. H. and N. Rosenberg (eds.), Handbook of the Economics of Innovation, Elsevier-North Holland.

[16] Himmelberg, C. P., Petersen, B. C. (1994). R&D and Internal Finance: A Panel Study of Small Firms in High-Tech Industries [J]. Review of Economics and Statistics, 76 (1): 38-51.

[17] Hall, B. H. (2002). The financing of research and development [J]. Oxford Review of Economic Policy, 18 (1): 35-51.

[18] Bester, H. (1985). Screening and Rationing in Credit Markets with Imperfect Information [J]. The American Economic Review, 75 (4): 850-855.

[19] Kochhar, R. (1996). Explaining firm capital structure: The role of agency theory vs transaction cost economics [J]. Strategic Management Journal, 17 (9): 713-728.

[20] O'Brien, J. (2003). The capital structure implication of pursuing a strategy of innovation [J]. Strategic Management Journal, 24 (5): 415-431.

[21] Vincente-Lorente, J. D. (2001). Specificity and opacity as resource-based determinants of capital structure [J]. Strategic Management Journal, 22 (2): 157-177.

[22] Robson, P., Akuetteh, C., Stone, I., Westhead, P., Wright, M. (2013). Credit-rationing and entrepreneurial experience: Evidence from a resource deficit context [J]. Entrepreneurship and Regional Development, 25 (5-6): 349-370.

[23] Czarnitzki, D., Hottenrott, H. (2011). R&D investment and financing constraints of small and medium-sized firms [J]. Small Business Economics, 36 (1): 65-83.

[24] Aghion, P., Askenazy, P., Berman, N., Cette, G., Eymard, L. (2012). Credit constraints and the cyclicality of R&D investments: evidence from France [J]. Journal of the European Economic Association, 10 (5): 1001-1024.

[25] Harper, D. (2003). Foundations of Entrepreneurship and Economic Development [M]. New York: Routledge Press.

[26] North, D. (1990). Institutions, Institutional Change and Economic Performance [M]. Cambridge, MA: Harvard University Press.

[27] Williamson, O. (1985). The Economic Institutions of Capitalism [M]. New York: Free Press.

[28] Xiao, G. (2013). Legal shareholder protection and corporate R&D investment [J]. Journal of Corporate Finance, 23 (12): 240-266.

[29] Shleifer, A., Wolfenzon, D. (2002). Investor protection and equity markets [J]. Journal of Financial Economics, 66 (1): 3-27.

[30] La Porta, R., Lopez-de-Silanes, F., Shleifer, A., Vishny, R. W. (2000). Agency problems and dividend policies around the world [J]. Journal of Finance, 55 (1): 1-33.

[31] Dittmar, A., Mahrt-Smith, J., Servaes, H. (2003). International corporate governance and corporate cash holdings [J]. Journal of Financial and Quantitative Analysis, 38 (1): 111-133.

[32] John, K., Litov, L., Yeung, B. (2008). Corporate governance and risk taking [J]. Journal of Finance, 63 (4): 1679-1728.

[33] 宗庆庆, 黄娅娜, 钟鸿钧. 行业异质性、知识产权保护与企业研发投入 [J]. 产业经济研究, 2015 (2): 47-57.

[34] Acemoglu, D., Johnson, S. (2005). Unbundling institutions [J]. Journal of Political Economy, 113 (5): 949-995.

[35] La Porta, R., Lopez-de-Silanes, F., Shleifer, A., Vishny, R. W. (1997). Legal determinants of external finance [J]. Journal of Finance, 52 (3): 1131-1150.

[36] Jappelli, T., Pagano, M. (2002). Information sharing, lending and defaults: Cross-country evidence [J]. Journal of Banking & Finance, 26: 2017-2045.

[37] Jappelli, T. (1990). Who is credit constrained in the U. S. economy [J]. Quarterly Journal of Economics, 105 (1): 219-234.

[38] Mushinski, D. (1999). An analysis of offer functions of banks and credit unions in Guatemala [J]. Journal of Development Studies, 36 (2): 88-112.

[39] Gouriéroux C., Laffont J. J., Monfort A. (1980). Coherency conditions in simultaneous linear equation models with endogenous switching regime [J]. Econometrica, 29 (4): 975-696.

[40] Maddala, G. S. (1983). Limited-dependent and qualitative variables in econometrics [J]. Cambridge University Press (UK).

[41] Jefferson G., Huamao, B., Xiaojing, G., Xiaoyun, Y. R. (2006). Performance in Chinese Industry [J]. Economics of Innovation and New Technology, 15 (4-5): 345-366.

[42] Roper, S., Love, J. H. (2006). Innovation and Regional Absorptive Capacity [J]. Annals of Regional Science, 40 (2): 437-447.

[43] Elliehausen, G., Wolken, J. (1993). The demand for trade credit: An investigation of motives for trade credit use by small businesses [J]. Staff Study Board of Governors of Federal Reserve System, 165: 1-18.

[44] Fisman, R., Svensson, J. (2007). Are Corruption and Taxation Really Harmful to Growth? Firm Level Evidence [J]. Journal of Development Economics, 83 (1): 63-75.

[45] Reinnikka, R., Svensson, J. (2006). Using Micro-Surveys to Measure and Explain Corruption [J]. World Development, 34 (2): 359-370.

[46] Savignac, F. (2008). Impact of Financial Constraints on Innovation: What Can Be Learned from a Direct Measure [J]. Economics of Innovation and New Technology, 17 (6): 553-569.

第三章 企业边界扩张与研发投入

本章利用2012年世界银行关于中国企业运营的制度环境质量调查数据，旨在从实证角度研究企业边界扩张与研发投资之间的内在关系。研究发现企业边界扩张对研发投资倾向和力度具有显著的消极影响。在此基础上，文章进一步研究了不同情境下企业边界扩张对研发投资的影响。研究发现，国有控股比例、政治关联、政策不确定性和游说都显著强化了企业边界扩张对研发投资的消极影响，而法治水平则未能有效缓解企业边界扩张对研发投资的消极影响。此外，我们运用广义倾向匹配法和剂量响应模型刻画了企业边界扩张与研发投资之间的关系曲线，结果表明企业边界扩张对研发投资具有较为稳健的负面影响。本章研究丰富了我们对组织方式与企业内部资源配置之间关系的理解，同时也增进我们对企业研发投资的理解。

第一节 引言

当前中国正处在经济转型升级的关键时期，伴随着市场取向改革的逐步深入，中国经济发展进入"新常态"。在这一特殊时期，为了应对外部环境变化带来的冲击，企业会主动实施一系列变革以达到与外部环境保持协调之目的。在企业的一系列变革中，组织形式（Organizational form）的变革尤为引人注目。这是因为组织形式对企业投资决策有着至关重要的影响（Ciliberto，2006），即企业边界（Firm boundaries）在某种程度上决定着企业内部的资源配置（Mullainathan & Scharfstein，2001；Seru，2014）。在企业内部资源配置的过程中，研发投入对于企业而言是其维持市场竞争优势的永恒动力，而对于处在转型时期的中国而言，它是现阶段中国经济从"要素驱动型"向"创新驱动型"转变的关键驱动力。由此可见，探究企业边界与研发投入之间的关联性对企业的永续发展和中国经济的成功转型都具有重要的理论与实践意义。遗憾的是，尽管关于企业追求边界扩张决策的重要性有着广泛共识，但是企业边界决策对企业投资的影响仍讳莫难明（Li & Tang，2010），更重要的是关于中国企业边界决策与研发投入之间关系的经验研究更为鲜见。这不仅造成企业边界对研发投入影响的正确评价缺少科学依据，而且导致现阶段经济结构调整战略的争议无法消弭。为了深入考察企业边界与研发投入之间的关系，我们利用2012年世界银行关于中国企业运营制度环境质量的调查数据，以工业增加值占年度销售额的比例衡量企业边界扩张，以近三年企业平均研发费用占年度销售额的比例衡量企业研发投入水平。我们得到以下结论：在当前的制度背景下，企业边界扩张会显著降低企业研发投资倾向和力度。为了形象描绘企业边界扩张与研发投资之间的关系，我们利用广义倾向匹配法和剂量响应模型刻画出这两者之间的关系曲线图，图形显示随着企业边界的不断扩张，企业研发投资力度会加快弱化。在此基础上，我们进一步研究了不同情境下，企业边界扩张对研发投资的影响。研究发现国有控股比例、政治关联、政策不确定性和游说会显著强化企业边界扩张对研发投资的负面影响，而法治水平则并未缓解企业边界扩张对研发投资的负面影响。

本章的研究从以下几个方面丰富和拓展了现有文献：一方面，在我们的知识范围内，鲜有研究从实证角度验证中国企业边界扩张对研发投资的影响，因此本章丰富了有关企业组织方式对创新影响的经验研究（Fagerberg et al.，2005）；另一方面，我们从实证角度检验了企业边界对研发投资的影响，而研发投资是企业获得持续竞争优势的关键要素，也是中国经济成功转型的重要驱动力，因此本研究有助于更好地理解企业组织方式与企业成长以及中国经济转型之间的关系。

在接下来的部分，本章将作如下安排：第二部分回顾国内外相关研究，并对企业边界影响研发投入的机理进行分析；第三部分说明本章的数据来源、样本选择以及实证研究中各变量的定义；第四部分是实证研究结果；最后是本章的结论与政策内涵。

第二节 文献综述

企业边界通常决定着企业的比较优势（Coase，1937）。需要特别强调的是对于创新型企业而言，企业边界是一个至关重要的战略变量（Teece，1986）。

Schumpeter（1943）在其开创性的工作中从组织的视角对创新进行了研究。他的这项研究包涵了两个主要推测。首先，中型和大型企业是创新的核心主体，因为只有此类企业才有足够的资本开展研究工作并将新产品或工艺推向市场。其次，企业的组织方式是理解创新过程的关键（Coriat & Weinstein，2002）。创新是一个过程，而这个过程与企业不同部门之间或企业之间的沟通、协调与合作密切相关，这使得企业组织方式成为理解创新的关键变量。Winter（2006）认为由于研发投资项目具有明显的不可分割性，因此创新型企业必须有足够的势力来承担研发投资项目的金融风险。由此可见，研发投资通常伴随着契约问题和风险承担问题。Arrow（1958）指出通过解决信息不对称问题可以有效地治理和管理契约。他认为创新产品或工艺的买主需要事先知晓他所购产品的相关信息，否则他将不愿意为此支付费用。然而，如果创新产品或工艺的所有核心机密都在购买者支付前被揭示出来，那么创新者将会丧失从创新产品或工艺中获取租金的任何能力。上述情境使得创新者面临着"基本悖论"（Fundamental paradox），从而导致某些基本的市场失灵问题。因此，由于专属权问题，完全竞争会使得企业创新活动难以为继。然而，Schumpeter（1943）和 Arrow（1958）都将市场势力视为创新专属权的主要决定因素。Teece（2006）引入互补性资产的概念来解决创新的专属性问题。他认为当创新成果容易仿制、市场不能良好运作之时，互补性资产则会确保创新者从创新产品或工艺中获取收益。他强调在强独占性制度下，创新型企业为获取创新收益必须发展专属性互补资产。这意味着独占性制度与互补性资产对企业创新收益的获取具有替代性作用，其中最为重要的独占性制度当属有效的法律机制。

从资源基础理论出发，大量学者认为边界扩张和多元化可以视为企业获取专属性资产收益的方式（Teece，1986；Williamson，1991）。Armour 和 Teece（1980）和 Monteverde（1995）指出当涉及复杂的相互依赖的关系时，企业边界扩张通过分享产业不同发展阶段的技术信息来加强技术创新。控制大量相关互补性资产的垂直整合型企业将有更好的机会对研发产生的新知识和新技术进行内部应用，从而确保研发的专属权（Kumar & Saqib，1996）。Chesbrough 和 Teece（1996）指出，由于垂直整合型企业已经制定了相关流程来解决冲突并协调它们的创新活动，因此它们能够使得研发活动内部化。换言之，企业边界扩张有助于信息流动和研发投资计划的协调，从而促进系统性创新。Afuah（2001）的研究也同样表明在新技术开发的早期，自制策略要优于外购策略，这是因为企业的沟通渠道对成功研发至关重要。具体而言，能够对下游企业产生锁定效应的垂直整合通常会增加企业研发活动的预期价值，因为此类垂直整合能够更好地确保研发的专属权（Kumar & Saqib, 1996），同时上游企业也更倾向于研发（Brocas, 2003）。由此，垂直整合便成为知识转化和整合的一种内部化机制，它将对企业研发产生积极影响（Li & Tang, 2010）。然而，相比之下，在早期研究中，部分学者认为高程度的垂直整合增加企业退出壁垒的高度，最终导致企业缺乏灵活性（Harrigan, 1980）。Armour 和 Teece（1980）从三个层面论及了垂直整合与创新之间的关联性。第一，交易成本论，垂直整合能够有效规避敲竹杠的问题，因此企业更乐意致力于研发投资而不必担心来自其他企业的敲竹杠问题；第二，如果创新活动发生在生产过程中的上游或下游企业，那么垂直整合则有助于企业更好地开展此项创新活动；第三，垂直整合有助于研发流程不同阶段之间目标的一致性。由上述可知，垂直整合的确有助于推动企业研发。

然而，在某种程度上，垂直整合也可能给企业研发带来负面影响。根据 Abernathy 和 Wayne（1974）所言，"对学习曲线不懈追求的经济体"实施的垂直整合策略对技术创新具有消极影响。由企业的核心能力覆盖的领域所反映出的知识积累路径依赖会引导企业技术的进一步发展（Leonard-Barton, 1992）。随着企业知识积累路径依赖性的强化，这会增强企业核心刚度并导致企业短视，最终使得企业做出进一步的改变变得愈发困难。技术或知识仅在企业内部频繁地转化也有可能给企业造成缺乏竞争的错觉。这可能会对企业未来的技术创新造成负面影响（Mascarenhas, 1985）。Leonard-Barton（1992）认为垂直整合会增加锁定风险，有可能导致核心能力向核心刚度转化。Kim 和 Song（2007）的研究发现依靠内部惯例成功发展的企业通常过度自信而容易陷入技术陷阱，妨碍了企业研发投资的动机。Harrigan（1985）指出垂直整合程度高会导致上游部门难以掌握市场动态，将使厂商与最终消费者之间的藩篱增高，形成公司创新的阻力。

此外，Allain 等人（2011）指出垂直整合有可能提高信息泄露和模仿的风险，而降低了竞争对手致力于创新的激励。为了有效交流，企业可能会向他们的供应商提供高度机密的信息，而这为信息泄露埋下了隐患，信息泄露又会导致竞争者竞相模仿。特别地，针对创新型企业，上述问题可能会变得更加严重。由此，垂直整合将导致投入封锁（Input foreclosure），这并非因为垂直整合型企业拒绝向竞争对手提供投入品，而是为了解决可信承诺问题（Commitment problem），上述情境强化了垂直整合型企业的市场势力，提高了竞争对手的成本并妨碍了创新。进一步，Allain 等人（2011）基于双边垄断框架分析了垂直整合对创新的影响。他们表示为了研发，企业必须与它们的供应商分享某些信息，而这些信息却不在传统知识产权保护的范畴。由此，当信息泄露加剧模仿风险时，垂直整合的确会导致市场封杀（Market foreclosure）。为了解决供应商的可信承诺问题，垂直整合便会迫使下游竞争者与其合并的供应商共享其创新成果。这显然弱化了竞争对手的创新努力程度，并在损害竞争对手的情况下提高了合并方的利润。

特别地，中国企业的垂直整合可能反映出了政治关联性企业旨在积累垄断势力的成功寻租。一方面，此类垂直整合更可能会破坏市场竞争环境，妨碍企业创新；另一方面，寡头垄断者的垂直整合旨在打破现有市场结构并建立新的垄断势力（Murphy, Shleifer, & Vishny, 1991）。而此类垂直整合可能会使得垄断者享受由于垄断带来的超额利润，而不会在当前各项制度并不完善的情况下，投入大量的资本并致力于孕育周期长、风险大的研发活动。相反地，这些垄断者为了维持垄断地位，并免受竞争者的威胁，它们还会竭力抵制潜在竞争者的创新活动。

第三节 研究设计

一、研究样本与数据来源

我们使用的数据来源于2012年世界银行关于中国企业运营的制度环境质量调查。这次共调查了2848家中国企业，其中国有企业148家，非国有企业2700家。参与调查的城市有25个，分别为北京、上海、广州、深圳、佛山、东莞、唐山、石家庄、郑州、洛阳、武汉、南京、无锡、苏州、南通、合肥、沈阳、大连、济南、青岛、烟台、成都、杭州、宁波、温州。涉及的行业包括食品、纺织、服装、皮革、木材、造纸、大众媒体等26个行业。调查的内容包括控制信息、基本信息、基础设施与服务、销售与供应、竞争程度、生产力、土地与许可权、创新与科技、犯罪、融资、政企关系、劳动力、商业环境、企业绩效等。这项调查数据的受试者为总经理、会计师、人力资源经理和其他企业职员。调查样本根据企业的注册域名采用分层随机抽样的方法获取，因此调查样本具有较强的代表性。在本研究中，有效样本为1285个，这是因为我们剔除了一些指标具有缺失值的样本。需要说的是，在回归过程中，我们对连续变量按上下1%的比例进行winsorize处理。

二、计量模型与变量定义

参照现有文献（Li & Tang, 2010; Karantininis et al., 2010）的相关经验，我们将考察企业边界扩张对研发投资影响的基本计量回归模型设定如下：

$$RD_i = \alpha_0 + \alpha_1 VI_i + \beta Z_i + \varepsilon_i \tag{3.1}$$

在本研究中因变量 RD_i 表示第 i 个企业近三年来的研发投资状况，若企业在近三年内开展了研发投资活动则赋值为 1，否则为 0；其次，RD_i 也表示第 i 个企业近三年来平均每年的研发投资费用的自然对数。我们的关键解释变量 VI_i 表示第 i 个企业的垂直整合程度。关于垂直整合程度的度量，目前普遍的做法有 VAS 法（价值增量法）、主辅分离法和投入产出法（周勤，2002）。这三种方法在度量垂直整合程度方面各有优劣（吴利华、周勤、杨家兵，2008）。由于 VAS 法是用企业的工业增加值与总销售额的比值来衡量企业垂直整合程度，因此该指标的计算相对容易。目前国内大部分文献也采用这一指标来度量企业垂直整合程度（李青原、唐建新，2010）。Du 等（2012）针对中国企业垂直整合的研究也采用 VAS 法来度量企业垂直整合程度。基于此，根据上述文献的经验做法，我们使用工业增加值占年度销售额的比例来衡量垂直整合程度。特别地，工业增加值等于年度销售额减去企业在生产过程中使用的原材料和中间产品成本。

Z_i 表示其他可能影响企业研发投资的变量向量，包括企业层面和企业所在城市层面两个维度的控制变量，即现有文献经常使用的企业和 CEO 特征以及产业和城市的虚拟变量。

与企业特征相关的变量包括：

（1）企业规模（Scale）。与现有研究文献一致的是，我们仍使用企业员工人数作为企业规模的度量指标（Abdel-Khalik, 1993）。具体定义为若员工人数大于或等于 5 而小于或等于 19 则定义为 1；若员工人数大于或等于 20 而小于或等于 99 则定义为 2；若员工人数大于或等于 100，则定义为 3。之所以将企业规模纳为控制变量，其原因在于现有研究认为企业规模是影响企业创新活动的重要因素（Jefferson et al., 2006）。通常而言，企业规模越大，企业的规模效应和声誉优势就越明显，则企业越有可能获得研发投资所需具备的各项条件，同时更有能力应对研发过程中的各类风险。

（2）企业年龄（lnage）。企业年龄定义为 2012 年减去企业创始年份并取其对数。关于年龄对研发投资的影响，目前的文献就这一问题并未达成一致（Huergo & Jaumandreu, 2004）。因为年轻的企业和成熟的企业在研发上各有优劣。年轻企业的优势在于它们易于接受新的思想和方法,而劣势在于它们研发投资失败的风险可能要大于成熟企业,这是因为相对于成熟企业而言,年轻企业的市场经验显得相对不足,且要面临各种资源的约束。

(3)国有股份比例(Soe)。国有股份比例定义为所有制结构中国有股份所占的比例。由于国有企业的实际控制人通常是各级政府机构,国有企业与地方政府之间有着天然联系。"政府庇护"理论表明,地方政府官员能够对国有企业施加更多的影响,从而获取政治收益和私有收益(Shleifer & Vishny, 1993)。因此,国有企业必须附庸地方政府,并助其实现相应的政治和社会目标。这意味着国有企业的相关行为被限定在地方官员政治偏好之下。由此,控制住国有股份比例,有利于我们捕捉地方政府政治偏好对企业研发投资的干扰效应。

(4)市场竞争程度(Compet)。市场竞争程度定义为企业是否要与非正式企业进行竞争,若要与非正式企业竞争,则赋值为1,否则赋值为0。以往研究表明,在激烈的市场竞争环境中,企业若要巩固市场地位或扩大市场份额,那么企业必须持续地进行产品改进和过程创新,这将激励企业进行更多的研发活动(Boone, 2001)。

(5)企业出口(Export)。企业出口定义为若企业所有的产品都在国内销售,则赋值为0,否则赋值为1。近些年来,出口与企业创新之间的关系得到了诸多学者的广泛关注。事实上,最近的理论文献显示,出口与创新之间有双向因果关系(Aw et al., 2008)。由于企业创新和出口活动都需要进入成本,因此企业将对这两种活动产生基于生产力特征的"自我选择效应"。总而言之,通过企业生产力的变化,企业创新与出口的双向因果关系可能存在。这是因为出口能够提高企业的生产力,从而使得企业倾向于自主选择创新。同样地,企业也可以通过创新来提高生产力,从而使得企业倾向于自主选择出口(Aw et al., 2009)。

(6)销售年平均增长率(Growth)。它定义为三年平均增长率,即利用2010年的年销售总额除以2008年的年销售总额,然后开三次方,最后将所得结果减去1。销售增长率是体现企业成长状况和发展能力的重要指标。一般而言,销售增长率越高表示企业成长状况越好,发展越有潜力。而这样的企业通常更有能力致力于企业研发。

(7)企业高层经理的工作经验(Exper)。企业高层经理的工作经验定义为企业高层经理在特定行业领域里的从业年数并取自然对数。Ganataki(2012)认为创新活动是一项高风险的复杂活动,它对环境的敏感性较高,因此需要有工作经验丰富的高层管理人员对创新项目进行评估，才能有效地控制创新活动风险，从而推动企业创新。因此企业高层经理的工作经验越丰富就越有利于促进企业研发。

（8）正式员工的平均教育年限（Edu）。正式员工的平均教育年限用于反映企业的人力资本质量。通常而言，平均教育年限越高，人力资本质量越好。Shane（2000）认为正规教育能够使人获得识别商业机会的机能。更重要的是对于企业创新而言，提高具有高等教育学历的员工比例有利于提升企业的吸收能力（Roper & Love，2006），从而有效地推动企业研发活动的开展。

（9）企业的微机化程度（Computer）。它定义为使用电脑的企业员工比例。企业的微机化程度越高，企业内部之间以及企业与外部之间的信息互动通道将更加便捷和畅通，有利于企业捕获市场机会，激发企业的研发意愿。

根据 2012 年世界银行关于中国企业营运的制度环境质量调查，我们还控制了企业层面上其他有可能影响企业创新的因素（Goedhuys，2008）。

首先，我们构建了企业对员工是否有正式培训计划的虚拟变量（Train），将其定义为若企业对员工有正式培训计划则赋值为 1，否则为 0。利用企业是否有员工正式培训计划的虚拟变量我们可以捕捉到正式培训对企业研发的影响。

其次，构建企业是否具有透支额度的虚拟变量（Overdraft），将其定义为若企业具有透支额度，则赋值为 1，否则为 0，利用该虚拟变量来捕获融资约束对企业研发的影响。

最后，我们还控制了城市层面有可能影响企业研发的变量，例如该城市的市场规模（Popula），按照该城市的人口规模分为四个等级，人口少于 5 万的赋值为 1，5 万~25 万（不含 25 万）的赋值为 2，25 万~100 万（含 100 万）赋值为 3，100 万以上赋值为 4；该城市是否是重要的商业城市（Business），若是则赋值为 1，否则赋值为 0。除此以外，由于以往的研究结论显示不同地区和不同行业的企业研发活动具有较大的差异，因此，我们纳入了城市和行业的固定效应。主要变量的描述性统计如表 3-1 所示。

表 3-1　　　　　　　　　主要变量描述性统计表

变量	观测值	均值	标准差	最小值	最大值
RD	1285	0.0182	0.0461	0	0.2500
VI	1285	0.6330	0.2036	0.1077	0.9929
Scale	1285	2.0498	0.7677	1	3

表3-1(续)

变量	观测值	均值	标准差	最小值	最大值
lnage	1285	2.4464	0.4955	1.0986	3.9890
Soe	1285	0.0532	0.2125	0	1
Compet	1285	0.5253	0.4996	0	1
Export	1285	0.3198	0.4666	0	1
Growth	1285	0.0844	0.1640	−0.1595	1.2240
Exper	1285	2.7368	0.4608	1.3863	3.6889
Edu	1285	10.1012	1.8323	6	16
Computer	1285	27.2420	20.0860	2	100
Rrain	1285	0.8553	0.3520	0	1
Overdraft	1285	0.2887	0.4533	0	1
Popula	1285	2.9712	0.2334	1	3
Business	1285	0.8459	0.3612	0	1

第四节 计量分析

一、企业边界扩张与研发投资

1. 基准规范分析

本研究采用的截面数据要求考察横向截面的动态变化，因此需要将内生性和异方差等问题充分考虑。为此，我们控制了行业和城市的虚拟变量，并且估计了聚合在行业性质层面的稳健性标准误。由于企业创新为非负的连续变量，因此我们首先采用 Tobit 方法对计量模型进行估计，它比 OLS 回归模型要更加稳健。

表 3-2 中的列（1）汇报的是没有纳入控制变量的 Tobit 回归结果。研究结果显示，企业边界扩张（VI）的系数在 1% 的水平上显著为负，这意味着在当前的制度环境下，企业边界扩张对企业研发强度具有显著的消极影响。对此可能的解释是企业边界扩张在某种程度上会导致企业市场势力增强，甚至成就企业的市场垄断地位。在一个垄断的环境中，企业并不会关心市场需求，也并不存在市场压力，它们凭借垄断地位攫取超额利润，而无意进行研发投资，因为研发项目的投入大、周期长、风险大，尤其在当前市场机制并不健全的经济体中，企业研发成果的收益更是难以保证。进一步地，为了攫取更多的垄断利

表 3-2　企业边界扩张对研发投资影响的实证检验结果

变量	(1) Tobit	(2) Tobit	(3) Tobit	(4) Probit	(5) Probit	(6) OLS	(7) IVTobit	(8) IVProbit	(9) IVGMM
VI	-0.0441***	-0.0518***	-0.0490***	-1.0507***	-1.0237***	-0.3309***	-0.1487***	-1.6746***	-0.5471***
	(0.0102)	(0.0128)	(0.0124)	(0.1566)	(0.1584)	(0.0530)	(0.0451)	(0.0513)	(0.1437)
Scale		0.0069*	0.0065*	0.1718***	0.1687***	0.0550***	0.0065*	0.2003***	0.0546***
		(0.0037)	(0.0038)	(0.0579)	(0.0576)	(0.0179)	(0.0036)	(0.0544)	(0.0166)
Inage		0.0022	0.0033	-0.0100	-0.0107	-0.0039	0.0048	0.0110	-0.0026
		(0.0050)	(0.0052)	(0.0800)	(0.0819)	(0.0255)	(0.0053)	(0.0881)	(0.0274)
Soe		-0.0315**	-0.0332**	-0.4052**	-0.4131**	-0.0948**	-0.0304*	-0.3131**	-0.0894*
		(0.0148)	(0.0150)	(0.1938)	(0.2052)	(0.0473)	(0.0175)	(0.1542)	(0.0462)
Compet		0.0241***	0.0238***	0.3122***	0.3060***	0.0926***	0.0240***	0.3382***	0.0928***
		(0.0049)	(0.0048)	(0.0818)	(0.0812)	(0.0270)	(0.0047)	(0.0823)	(0.0261)
Export		0.0224***	0.0226***	0.2737***	0.2759***	0.0949***	0.0199***	0.2682***	0.0921***
		(0.0057)	(0.0058)	(0.0862)	(0.0872)	(0.0297)	(0.0065)	(0.0890)	(0.0299)
Growth		0.0374***	0.0372***	0.7188***	0.7420***	0.2249***	0.0499***	0.8157***	0.2401***
		(0.0077)	(0.0076)	(0.2120)	(0.2150)	(0.0717)	(0.0112)	(0.2688)	(0.0793)
Exper		0.0117**	0.0095*	0.3936***	0.3793***	0.1206***	0.0060	0.3409***	0.1173***
		(0.0053)	(0.0056)	(0.1076)	(0.1146)	(0.0372)	(0.0092)	(0.1030)	(0.0321)
Edu		0.0051***	0.0050***	0.0611**	0.0628**	0.0190**	0.0055**	0.0695***	0.0196**
		(0.0019)	(0.0019)	(0.0265)	(0.0274)	(0.0088)	(0.0022)	(0.0254)	(0.0080)
Computer		0.0003*	0.0003*	0.0023*	0.0025*	0.0009	0.0004*	0.0032*	0.0009
		(0.0002)	(0.0002)	(0.0012)	(0.0015)	(0.0007)	(0.0002)	(0.0018)	(0.0007)

表3-2(续)

变量	(1) Tobit	(2) Tobit	(3) Tobit	(4) Probit	(5) Probit	(6) OLS	(7) IVTobit	(8) IVProbit	(9) IVGMM
Train		0.0174**	0.0204**	0.4820***	0.5134***	0.1725***	0.0241***	0.4945***	0.1765***
		(0.0081)	(0.0085)	(0.1423)	(0.1433)	(0.0434)	(0.0091)	(0.1227)	(0.0377)
Overdraft		0.0332***	0.0324***	0.4997***	0.5110***	0.1777***	0.0306***	0.4936***	0.1763***
		(0.0065)	(0.0069)	(0.1018)	(0.1089)	(0.0378)	(0.0071)	(0.0906)	(0.0308)
Popula			0.0317**		0.5156***	0.1865***	0.0275**	0.6740***	0.1816***
			(0.0130)		(0.1532)	(0.0531)	(0.0131)	(0.2184)	(0.0659)
Business			-0.0098		-0.1762	-0.0648	-0.0044	-0.2046	-0.0588
			(0.0060)		(0.1185)	(0.0476)	(0.0072)	(0.1306)	(0.0403)
Constant	-0.0125	-0.1647***	-0.2483***	-2.5713***	-3.9921***	-0.8400***	-0.1818***	-4.3966***	-0.7675***
	(0.0082)	(0.0302)	(0.0490)	(0.3721)	(0.4438)	(0.1456)	(0.0607)	(0.9255)	(0.2807)
城市效应	YES	YES	YES	YES	YES	YES	YES	YES	YES
行业效应	YES	YES	YES	YES	YES	YES	YES	YES	YES
R^2	0.0024	0.1917	0.2016	0.1617	0.1664	0.2024			0.2006
AR							8.68***	9.73***	
Wald test							6.74***	7.89***	
D-H-W									23.19***
Hansen J									0.5528
N	1285	1285	1285	1285	1285	1285	1285	1285	1285

注：1. *、**、***分别表示在10%、5%和1%的显著水平上拒绝原假设，以下相同，不再赘列；
2. Wald test 表示的是外生排除性检验；
3. Tobit 和 Probit 回归中的括号（ ）内表示基于行业聚合的稳健性标准差；
4. AR 表示弱工具变量的稳健性检验，stata13.1 版本命令为 weakiv10。

润，垄断企业总是试图通过现有的技术来扩大垄断势力，唯恐自己的产品落后，失去垄断地位，为了维持现有技术的持久收益，它们不会轻易将尚有高额利润的产品用新技术替换掉，这必然会放缓企业技术创新的进程，减少企业研发投入的强度。此外，为了降低外部环境对企业带来的威胁，它们会竭力压制潜在竞争者的新技术，打压企业家创新精神。表 3-2 中的列（2）和列（3）是分别纳入企业层面控制变量以及所有控制变量的 Tobit 回归结果。研究结果显示，企业边界扩张（VI）的系数值并无明显变化，且在 1% 的水平上仍显著为负，这意味着企业边界扩张对研发投入强度的负面影响具有较强的稳健性。作为对比，我们在表 3-2 中的第（4）列和第（5）列报告了 Probit 的回归结果，第（6）列报告了 OLS 的回归结果，发现企业边界扩张（VI）的系数在 1% 的水平上显著，且符号仍然不变。这一发现与现有部分文献的研究结论是一致的（Harrigan，1980；Mascarenhas，1985）。

除关键解释变量企业边界扩张外，控制变量的符号也基本上符合理论预期。在第（3）列的 Tobit 回归中，企业规模（Scale）的系数显著为正，这意味着企业规模能够有效地提高企业研发投入强度。这与吴延兵（2007）的研究结论是一致的，即规模大的企业具有较强的风险承担能力，同时又能配套研发项目所需的各种资源（Prashanth，2008）；我们并未发现，在 10% 的水平上，企业年龄（lnage）对研发投入强度具有显著的影响。对此一个可能的解释是虽然年长的企业具有较强的市场分析能力，能够快速地洞悉市场规律，把握研发项目投资机会。但是随着年龄的增长，企业可能越发擅长执行原有的惯例，并对企业先前的技术能力表现出过度自信的状态，以致企业醉心于原有的技术优势，而陷入"能力陷阱"。由此，年长的企业由于惰性的原因又可能会降低研发投入强度。国有股份比例（Soe）系数在 5% 的水平上显著为负，表明随着国有股份比例的增加，企业研发投入的强度会逐渐弱化。按理说，国有企业有着天然的政治关联或政府担保，这使得国有企业在当前的制度环境下具有较强的免疫力，以保证它的研发投资行为免受市场机制不完善带来的伤害。因此，国有企业在研发方面应更有优势。然而，本章的实证研究结果恰好相反。对此一个可能的解释是国有企业虽然可以通过天然的政治关联或政府担保优先获得各种资源，但国有企业这种天然的政治关联或政府担保在某种程度上限制或决定了企业的投资取向。我们认为，从 20 世纪 80 年代开始的地方政府官员之间围绕地区生产总值增长而展开的"政治晋升锦标赛"是理解国有企业与研发投入之间关系的关键线索之一。

"政治晋升锦标赛"由上级政府直至中央政府推行和实施，行政和人事方面的集权是其实施的基本前提之一。而政治锦标赛则可以将关心仕途的地方官员置于强力的激励之下，这种强力激励虽然有利于推动当地经济增长，但更重要的是这种激励模式产生了一系列的扭曲性后果（周黎安，2008）。尤其是在财政改革之后，地方政府向上级争取资源的机会受到限制（Coles et al., 2006）。因此，在地方政府财政预算不足的情况下，地方官员倾向于将政治和社会目标推向辖区企业，其中国有企业首当其冲。在这种情况下，国有企业通常背负着沉重的"政策性负担"，这些政策性负担扰乱了企业研发计划，造成企业过度投资和员工冗余。由此，我们可以将政策性负担视为国有企业获取各种资源所要付出的代价之一。需要强调的是，在晋升激励之下，官员需要在短期内向上级传递可置信的政绩信号。那些孕育周期长、投资风险大的项目通常难以迎合地方官员的政治偏好，为了配合地方政府的政治和社会目标，国有企业也只能将大量的精力放在短期内能够促进当地经济增长和降低失业率的项目上，挤出了企业创新所需投入的精力。此外，在国有控股的情况下，实际控制人通常是企业高级管理人员，他们的任免由政治过程决定而不是由人力资源市场竞争产生。并且他们领取的是固定薪酬，剩余索取权却归国家所有。作为理性的"经济人"，他们的目标更多地体现为职务待遇和提升机会，需要的是短期业绩稳定，而不是历经数载的研发投资项目。

企业市场竞争（Compet）的系数在1%的水平上显著为正，表明市场竞争越激烈，企业越倾向于研发，这与Nicholas（2011）的研究结论是一致的，这也在一定程度上印证了"熊彼特假说"，即在激烈的市场竞争环境中，企业为了取得竞争优势，免受淘汰厄运，就必须通过各种手段增强自身竞争力。而研发创新是企业创造、吸收、掌握和应用新技术成果，也是企业满足市场需求，提升竞争力的法宝。这也意味着市场竞争会给企业带来压力，迫使企业不断研发创新。企业出口（Export）的系数在1%的水平上显著为正，表明出口企业越倾向于研发。这可能是因为出口企业可以获得"出口中学"效应，较快地吸收了国外研发的技术外溢，推动了企业的研发活动。销售年平均增长率（Growth）的系数在1%的水平上显著为正，这意味着企业销售年平均增长率越高，企业创新活动的倾向和强度就越高。这是因为企业创新是一项耗资巨大的活动，丰厚的利润才能为这项活动提供物质基础。企业高层经理的工作经验（Exper）的系数在5%的水平上显著为正，这意味着企业高层经理的工作经验越丰富，企业研发活动投入强度越高。这与Ganatakis（2012）的研究结论是一致的。正式员工的平均教育年限（Edu）的系数在5%的水平上显著为正，这意味着正式员工的平均教育年限越长，企业创新活动的强度就会越激烈。这与 Roper 和 Love（2006）的研究结论是一致的。通常而言，较高的教育水平能够帮助员工提高认知复杂性，从而获得更强的能力来掌握新观念、学习新行为和解决新问题。由于研发项目通常是复杂和不确定的，而具有较高水平的员工可能更容易接受创新和忍受不确定性。此外，较高教育水平还能帮助员工消化和吸收新的知识和技术，有利于推动企业研发活动的开展（Roper & Love, 2006）。企业微机化程度（Computer）的系数在10%的水平上显著为正，这意味着微机化程度越高的企业越倾向于创新，且研发投入强度越高。企业员工培训（Train）的系数在5%的水平上显著为正，表明企业员工培训能够有效地促进企业研发。对此一个可能的解释是培训有利于促进员工吸收新的知识，从而有利于企业研发活动的开展。企业是否有透支额度（Overdraft）的系数在1%的水平上显著为正，这表明企业的透支额度对企业研发投入有显著的促进作用。对此一个可能的解释是企业的透支额度有利于缓解企业研发活动过程中所遭遇融资约束，从而有利于企业研发活动的开展。本地市场规模（Popula）对企业研发投入强度具有显著的正向影响（$\beta=0.0317$, $P<0.05$），这意味着本地市场规模越大，市场需求越多，企业越倾向于研发创新。最后，在10%的显著水平上，商业城市（Business）对企业研发投入强度的影响并不显著。

2. 内生性问题

已有相关文献在研究企业边界扩张与研发投资之间的关联性时，都面临着一个难题，即未能使用有效的策略识别出企业边界扩张与研发投资之间的因果关系。这是因为不仅企业边界扩张能够对研发投资产生影响，同时研发投资也会导致企业边界的变动。不可否认，研发活动在某种程度上会给企业的核心能力带来新的内容，从而决定了企业的长期竞争力，为企业边界扩张奠定了雄厚的基础。曾楚宏和朱仁宏（2014）指出，外部技术创新会对企业自身能力结构和交易成本水平造成影响，从而在某种程度上决定了企业的边界。为此，我们必须使用工具变量的方法来识别企业边界扩张与研发投资之间的因果关系走向。因为工具变量回归可以产生合适的估计量来克服现存的内生性问题。但是利用工具变量回归的一个难题是寻找出有效的工具变量，并且这一变量与内生解释变量强烈相关且满足排除限制（Exclusion restriction）。参照相关文献的经验做法（Fisman & Svensson, 2007; Reinnikka & Svensson, 2006），即企业所在城市的特征变量经常作为企业内生变量的工具变量。Fisman 和 Svensson（2007）使用企业所在地区相关经济变量的平均值作为工具变量。基于此，我们将使用企业所在城市同行业（Location-industry average）边界扩张的平均值作为企业边界的工具变量。利用这个工具变量，我们使用了 IVTobit、IVProbit

和 IVGMM 回归，分别报告在表 3-2 中的第（7）至第（9）列。回归结果显示，Wald 外生排除检验都拒绝了原假设，表明企业边界是内生的，同时"弱工具变量"的稳健性检验拒绝了原假设，表明不存在"弱工具变量"问题。在表 3-2 的第（7）列中，企业边界扩张（VI）的系数在 1% 的水平上显著为负。作为对比，在表 3-2 的第（8）列和第（9）列中，IVProbit 和 IVGMM 回归结果显示，企业边界扩张的系数在 1% 的水平上显著为负，这意味着本章研究结果具有较强的稳健性。从工具变量估计的结果来看，企业边界扩张对研发投资具有负面影响，且在 1% 的水平上显著，与普通的 Tobit、Probit 和 OLS 回归估计的结果基本吻合。值得注意的是，工具变量估计的结果与普通的 Tobit、Probit 和 OLS 回归估计的结果相比，工具变量估计的系数值提高较大。这表明，企业边界扩张的内生性使得普通的 Tobit、Probit 和 OLS 回归估计产生向下偏倚，从而倾向于低估企业边界扩张对研发投资的作用。

3. 不同情境下企业边界扩张对研发投资的影响

为了进一步深入探讨企业边界扩张对研发投资的影响，我们考虑了不同情境下企业边界扩张对研发投资影响的差异性，这些特定情境包括产权性质（Soe）、政治关联（Politi）、政策不确定性（Policy）、法治质量（Law）和游说水平（Lobby）等，具体检验结果如表 3-3 所示。

表 3-3　不同情境下企业边界扩张对研发投资影响的实证检验结果

变量	（1）IVTobit	（2）IVTobit	（3）IVTobit	（4）IVTobit	（5）IVTobit
VI	-0.1569***	-0.1613***	-0.1547***	-0.1564***	-0.1572***
	(0.0588)	(0.0571)	(0.0587)	(0.0600)	(0.0597)
Soe	-0.0747**				
	(0.0356)				
VI_soe	-0.0148*				
	(0.0083)				
Politi		0.0029**			
		(0.0014)			
VI_politi		-0.0047*			
		(0.0025)			
Policy			-0.1427***		
			(0.0442)		

表3-3(续)

变量	(1) IVTobit	(2) IVTobit	(3) IVTobit	(4) IVTobit	(5) IVTobit
VI_policy			-0.0716**		
			(0.0355)		
Law				0.0038*	
				(0.0021)	
VI_law				-0.0062	
				(0.0193)	
Lobby					0.0216**
					(0.0107)
VI_lobby					-0.0075*
					(0.0041)
其他变量	YES	YES	YES	YES	YES
城市效应	YES	YES	YES	YES	YES
行业效应	YES	YES	YES	YES	YES
AR	7.48***	8.14***	8.27***	7.43***	8.06***
Wald test	5.25***	6.06***	6.38***	5.01***	5.92***
N	1285	1285	1285	1285	1285

注：在构建交叉项的过程中，首先对需要交叉的变量进行中心化处理，以降低多重共线性的影响。

第一，我们检验了不同产权情境下企业边界扩张对研发投资的影响，回归结果列示在表3-3的第（1）列。结果显示，企业边界扩张与国有股份比例的交叉项（VI_soe）系数在10%的水平上显著为负，这意味着随着国有股份比例的增加，企业边界扩张对研发投资的负面影响也会逐渐强化。对此一个可能的解释是，在中国当前的制度环境下，国有企业不仅具有企业一般性质，还因国有的存在而具有特殊性质。一般企业以追求利润为唯一目的，国有企业则要承担一定的政治和社会责任，这显然分散了国有企业的精力，使其较难集中精力从事研发投资活动。特别地，随着企业边界的扩张，大型国有企业将拥有市场支配地位，它们缺乏足够的替代性竞争压力，企业通常难以感受到强烈的生存压力和发展压力，而市场支配地位使得它们能够攫取超额利润，因此相对于其他企业而言，大型国有企业更倾向于接纳保守的技术和产品，而不愿意选择那些投资大、风险高、周期长的研发投资活动。此外，大型国有企业家都对应着一定的行政级别，其任职通常由上级"国资委"直接任命，其职位升迁与调任、社会地位、荣誉与成就感通常与企业的社会和政治目标的实现程度有着密切关系，而与研发创新活动的直接关联度较弱。为了能够获得最大的效用，大型国有企业通常会优先实现上级政府部门布置的政治任务，而无意进行研发投资活动。

第二，我们检验了不同政治关联程度情境下企业边界扩张对研发投资的影响[①]，回归结果列示在表3-3的第（2）列。结果显示，政治关联对企业研发投资具有显著的正向影响（$\beta=0.0029$，$P<0.05$），对此可能的解释是企业高层管理人员主动与政府部门打交道而建立起来的政治关联与"政府任命高管"这种方式的政治关联的差异在于它较少受制于政治意志，更多地体现了一种社会交换关系，这种社会交换关系可以使得企业研发投资活动免受市场机制不完善带来的伤害。同时这一结论与谢家智、刘思亚和李后建（2014）的研究结论是一致的。企业边界扩张与政治关联的交叉项（VI_soe）系数在10%的水平上显著为负，这意味着随着政治关联程度的增加，企业边界扩张对研发投资的负面影响也会逐渐强化。对此一个可能的解释是，在中国当前的制度环境下，政府部门对企业运营具有较强的干预能力，并且有较大的权力主导资源配置，这使得当前不完善的经济体制中盛行寻租行为，为企业通过政治关联等手段取得市场竞争优势提供了大量机会。具有政治关联的企业利用它们的政治影响力来获得市场垄断地位，然后他们通过企业边界扩张来拓展它们的垄断权力范围。随着垄断地位的牢固确立，具有政治关联的垄断企业会运用政治影响力来阻止新的竞争者进入，甚至利用政治权力来威胁潜在竞争者，而无须冒风险通过研发投资来改进产品，并阻止竞争者来维持市场地位。由此可见，政治关联会在某种程度上强化企业边界扩张对研发投资的负面影响。

第三，我们检验了政策不确定性（Policy）情境下企业边界扩张对研发投资的影响[②]，回归结果列示在表3-3的第（3）列。结果显示，在1%的水平上，政策不确定性对企业研发投资具有显著的负面影响（$\beta=-0.1427$，$P<$

[①] 在本章中，政治关联界定为一周内企业高层管理者主动与政府部门打交道的天数，因此这种政治关联也被称为主动政治关联。

[②] 在本章中，政策不确定性界定为在样本期间，企业所在辖区的市长是否异地更替，如果市长异地更替则赋值为1，否则赋值为0。之所以这样界定是因为现有的研究表明，官员异地变更会引发政策不确定性（杨海生等，2014；李后建、张宗益，2014）。此外，在世界银行提供的调查问卷中，也涉及了有关企业对政局不稳定性的主观评价。为此，我们也将企业关于政局不稳定性评价的指标作为政策不确定性的代理变量，回归发现，研究结果与市长是否异地更替作为政策不确定性代理变量的回归结果相差并不明显，故在文中没有列出。

0.01），这与以往的研究结论是一致的（何山和李后建，2014）。这是因为政策的不确定性增加了企业对研发投资前景的不确定，此时研发投资等待的期权价值就会增加，理性的投资者会延迟高风险项目的投资（曹春方，2013）。政策不确定性与企业边界扩张的交叉项（VI_policy）系数在5%的水平上显著为负，这意味着随着政策不确定性程度的增加，企业边界扩张对研发投资的负面影响会逐渐强化。对此一个可能的解释是，在交易成本理论中，政策的不确定性使得企业无法预测市场需求以及供应商的行为，因此当环境不确定性与复杂性越高，资产的专属性越高时，不确定性会产生准租金，并提高企业机会主义行为的可能性，使得交易成本增加，此时企业会倾向采取垂直整合扩张边界的方式来应对环境的不确定性。而在当前中国的制度环境下，随着企业边界的不断扩张，企业研发投资的动机则愈发不足。

第四，我们检验了不同法治质量水平情境下企业边界扩张对研发投资的影响①，回归结果列示在表3-3的第（4）列。结果显示，在10%的水平上，法治质量对企业研发投资具有显著的正向影响（$\beta=0.0038$，$P<0.10$），这与现有的研究结论是一致的（Djankov et al.，2002）。这是因为良好的法治质量能够确保契约的执行并保护公民财产免受征用之风险，同时也为企业发展提供了一个相对稳定的商业环境。同样地，为了制定和执行规则，法律必须发挥配置、表达和问责的功能。当这些功能能够有效地发挥出来时，良好的制度会更加强调公众对制定和执行规则之政府机构的问责，从而形成一套相对最优的商业规则。这些商业规则在某种程度上确保了研发投资的事后收益，有利于激发企业研发投资的动机。法治质量与企业边界扩张的交叉项（VI_law）系数在10%的水平上并不显著，这意味着样本期间的法治质量对企业边界扩张与研发投资之间的关系并未起到显著的干扰效应。通常而言，买卖双方的交易困难可以通过有效的法律合同来规避，在法律合同中清晰地列示出买卖双方各自的权利和义务可以有效地减少买卖双方可能发生修改契约的要求和争议，也可以降低事后讨价还价来抽取租金的可能性。由此，具有法律保证的契约能够促进买卖双方之间的合作，发挥各自的比较优势，降低企业垂直整合动机，促进企业的研发投资。然而，中国当前的法律体系还需要进一步完善，法治质量水平还需要进一步提高。因此，当前质量水平的法律还不足以激励边界不断扩张的企业通过

---

① 对于法治质量水平，我们根据2012年世界银行关于中国企业营运的制度环境质量调查问卷中设置的问题："法院系统是公正、公平和廉洁的"，将其作为法治质量水平的度量。同时，企业管理层可以选择的答案为"非常不同意""倾向于不同意""倾向于同意"和"非常同意"。根据这些答案，我们依次赋值为1、2、3、4。

研发投资而非垄断来获得市场竞争优势。

第五，我们检验了不同游说水平情境下企业边界扩张对研发投资的影响①，回归结果列示在表3-3的第（5）列。结果显示，在5%的水平上，游说水平对企业研发投资具有显著的正向影响（$\beta=0.0216$，$P<0.05$）。这意味着企业游说使得政府官员在经济体中引入了有效的制度安排，也即游说会促使政府部门提供一种有价服务的制度安排来改善企业研发投资环境。对于处在经济转轨时期的中国而言，由于相关市场机制并不完善，再加上研发成果的非竞争性和非排他性，企业研发面临巨大的市场风险，而游说可以说服政府部门为企业研发投资提供有效的保护机制，这激发了企业研发投资的热情。游说与企业边界扩张的交叉项（VI_lobby）系数在10%的水平上显著为负，这意味着随着企业游说程度的提高，企业边界扩张对研发投资的消极影响会逐渐强化。对此可能的解释如下：尽管游说在某种程度上可以缓解市场机制不完善给企业研发投资带来的消极影响，然而对于边界不断扩张的企业而言，游说可以使得企业获得更多的市场特权，这些市场特权又进一步强化了不断扩张边界的动机，通过边界扩张，获得市场垄断地位的企业通常缺少研发创新的竞争压力，而乐意通过垄断和打压潜在竞争对手来攫取超额市场利润。

4. 稳健性检验

为了进一步检验企业边界扩张对研发投资的影响②，我们采用Hirano和Imbens（2004）所发展的基于连续性处理变量的广义倾向得分匹配方法（Generalized Propensity Score Matching，GPSM）并结合剂量响应模型（Dose-Response Model）进行稳健性分析，以进一步刻画不同边界扩张水平对企业研发投资的影响差异。

一般而言，运用广义倾向得分匹配法来实现因果关系估计的步骤如下：首先，我们计算出处理变量（VI）的广义倾向匹配得分③；其次，以企业研发投入强度作为被解释变量，以企业边界扩张水平作为关键解释变量，并将处理变量的广义倾向得分作为控制变量，然后通过OLS法进行估计。具体结果汇报在表3-4。由表3-4的结果可知，各变量一次项和交互项均通过了显著性检

---

① 我们使用企业非正式支付（Informal payment）的总额占年度销售额的百分比来度量企业的贿赂水平。Lewis（2001）认为非正式支付是指在正式渠道以外向个人支付的金钱以及提供的礼品或服务等。他同时指出非正式支付与贿赂、灰色支付、腐败活动、酬金、游说等描述的是同一类现象。

② 在稳健性检验过程中，我们也将样本按照制造业、零售和服务业进行分类回归（具体结果并未列出），发现企业边界扩张对研发投资始终具有显著的负向影响。

③ 此处没有列出所有匹配变量的估计值，感兴趣的读者可以通过E-mail的方式向作者索取。

验，我们将这一步的估计系数作为第三步估计的基础。在第三步估计之后，我们刻画了不同边界扩张水平下，企业研发投入强度的趋势走向，具体见图3-1。由图3-1的处理效应函数估计图的趋势走向可知，随着企业边界扩张水平从低分位点向高分位点的逐渐升高，企业边界扩张对研发投资强度的负向处理效应逐渐强化。从剂量响应函数估计图的趋势走向来看，企业边界扩张与研发投资强度之间呈现出强烈的负向关系。

表3-4　　　　　　　　　OLS 估计结果

变量	系数	标准差
VI	-0.1508***	0.0529
VI_sq	0.0427	0.0525
Pscore	-0.0863***	0.0305
Pscore_sq	0.0331	0.0235
VI_pscore	-0.0621**	0.0284
Constant	-0.0009	0.0120

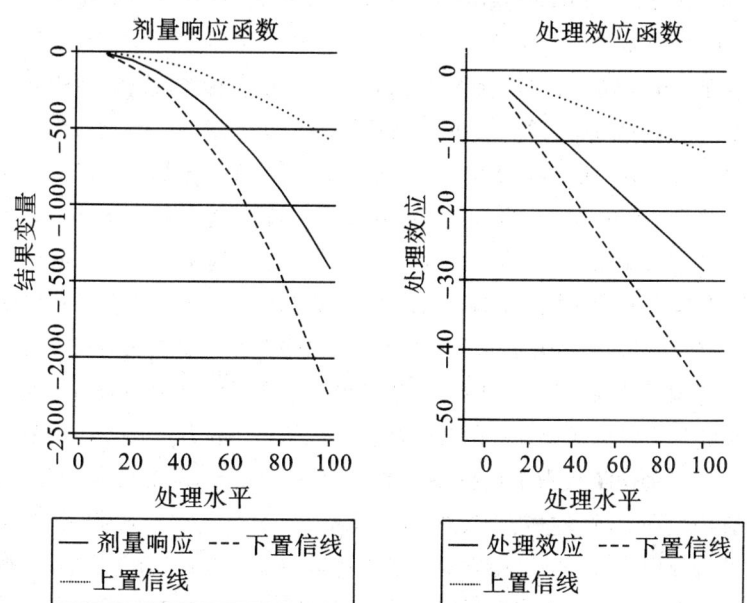

图3-1　不同处理水平下的剂量响应函数和处理效应函数估计图

第五节　结论与政策内涵

有关企业边界扩张与研发投资之间的关系一直是学术界和实践界普遍关注的重点议题。本章的目的在于运用2012年世界银行关于中国企业营运的制度环境质量调查数据实证分析企业边界扩张对研发投资的影响，并进一步研究不同情境下，企业边界扩张对研发投资影响的差异，这些情境包括产权制度、政治关联、政策不确定性、法治质量和游说水平等。

我们的实证结果提供的经验证据表明在当前的制度环境下，企业边界扩张对研发投资具有显著的消极影响。这意味着，一方面，边界扩张会导致企业缺乏灵活性，而这会妨碍企业创新，降低企业研发投资强度；另一方面，边界扩张会强化企业的市场垄断势力，导致企业缺乏研发创新的竞争压力，而乐于享受垄断带来的超额利润，弱化了企业研发创新的动机。本章研究为企业边界与企业内部资源配置之间的关系提供了来自中国的经验证据，同时也为企业组织方式能够解释企业间的研发投资活动的差异提供了更多的经验证据。

通过进一步研究，我们发现不同情境下，企业边界扩张对研发投资影响有一定的差异。具体而言，第一，随着国有控股程度的提高，边界扩张对企业研发投资的负面影响会进一步强化。这进一步说明在政府干预下，国有企业形成了"小而全""大而全"的局面，并且国有企业承担着大量的政策性负担，这显然分散了国有企业研发投资的精力。更重要的是，国有企业预算软约束使得其对外部政策环境变化惯常忽略，而导致其缺乏外部竞争的压力，从而缺少研发投资的动力。第二，政治关联也会进一步强化企业边界扩张对研发投资的负面影响。这说明具有政治关联的企业通常能够运用政治影响力获得市场垄断地位，并通过边界扩张来拓展它们的垄断权力范围。因此具有政治关联的垄断企业更倾向于利用政治权力来威胁潜在竞争者，并享受由垄断带来的超额利润，而无须冒风险通过研发投资来改进产品。第三，政策不确定性进一步强化了企业边界扩张对研发投资的负面影响。这意味着当企业面临高度的政策不确定性时，企业需要维持较高的弹性来应对外部环境的变化，此时企业边界的扩张会导致企业灵活性降低，并强化企业的核心刚度，抑制企业研发投资的行为。第四，法治质量水平并未有效地激励边界扩张型企业进行研发投资。这意味着全面推进法制建设，提高法治质量对于推动垂直整合型企业研发创新，从而推动中国经济转型具有至关重要的作用。第五，企业的游说力度会强化企业边界扩张对研发投资的消极影响。这说明游说可以为企业换取更多的市场特权，提高了潜在竞争者的进入障碍，弱化了市场竞争力度，导致垂直整合型企业创新动力不足。

上述研究结论蕴含着重要的政策内涵：

首先，推动中国企业垂直专业化分工，完善市场竞争机制。中国过去三十多年的发展经验告诉我们，中国经济增长的基础建立在政治晋升锦标赛和财政分权上，国有企业的投资成为拉动经济增长的主力。在这种粗放式的经济增长模式中，"大而全""小而全"的企业组织方式不仅导致企业内部资源配置效率降低，而且妨碍了企业研发创新的积极性，成为中国经济增长方式成功转型的掣肘。本章的经验证据表明，企业边界的不断扩张在某种程度上抑制了企业研发投资的倾向和力度。目前看来，中国的研发创新程度虽有提高，但大部分贡献仍依赖于国外的技术引进，并且中国的大部分技术产品都呈现出强烈的全球价值链嵌入性特征，并且大部分企业仍从事产品技术处在低端水平的加工或者代工环节。因此，单纯依赖技术引进并不能显著提升中国企业的创新能力。就中国的经验教训而言，加快推动企业的垂直专业化分工或许成为当前改善企业研发创新能力的重要途径。而在专业化分工的政策设计上，政府部门应着力完善市场竞争机制，制定一套相对最优的商业规则，减少企业在分工合作过程中的交易成本，激励企业的研发投资热情。

其次，减少政府部门的过度干预，营造企业研发投资的良好环境。长期以来，中国政府部门对企业的过度干预，严重地扭曲了企业内部资源的配置行为。本章提供的经验证据表明，国有控股比例、政治关联、政策不确定性和游说等都显著地强化了企业边界扩张对研发投资的消极影响。由此看来，政府部门通过制定大量繁琐的规则和制度来达到干预企业行为的这种方式不仅降低了企业内部资源配置的合理性，而且导致企业热衷于非生产性寻利活动，例如通过政治关联、游说等方式提高企业的政治影响力，并获得市场特权来打压潜在市场竞争者，破坏公平的市场竞争环境，扩大垄断权力范围来维持市场竞争优势。然而，在当前的制度环境下，但凡企业拥有了垄断势力，那么它们都会无限期地推迟研发创新计划，并极力推崇自身掌握的过时技术，对潜在竞争者的研发创新活动进行打压，并将潜在竞争者的研发创新活动视为对自身地位和权力的一种挑战。为了缓解上述情况，政府部门应该减少对企业的行政干预，并营造企业研发投资的良好环境。具体而言，政府部门在改进的进程中应该着重强调政企分离。在市场经济体系下，参与竞争的国企、民企等应该相互协调，不是国进民退，也不是国退民进，而是让所有的市场主体在公平竞争的条件下享有平等的地位。

最后，全面提高中国的法治水平，为企业提供良好的契约实施环境。当前中国的法治水平仍较为落后，这使得企业研发投资活动缺乏良好的契约实施环境。从本章的研究发现可知，法治水平并未缓解企业边界扩张对研发投资的消极影响。这也表明当前的法治水平还不足以激励边界不断扩张的企业积极开展研发投资这种高风险项目。营造良好的法制环境有利于降低契约的不完全性，为企业专业化分工与合作提供良好的契约实施环境。针对企业研发投资的法治化管理应具体体现在简化各种繁杂、有失合理，更缺乏监督制衡的行政审批，充分发挥市场的竞争优势，降低企业的税负负担，让企业有更多的精力关注研发投资，最终达到以法治精神推动企业创新发展的目的，让创新成为驱动中国经济结构转型升级的主动力。

参考文献：

［1］Ciliberto, F. (2006). Does organizational form affect investment decisions? [J]. The Journal of Industrial Economics, 54 (1): 63-93.

［2］Mullainathan, S., Scharfstein, D. (2001). Do firm boundaries matter? [J]. The American Economic Review, 91 (2): 195-199.

［3］Seru, A. (2014). Firm boundaries matter: Evidence from conglomerates and R&D activity [J]. Journal of Financial Economics, 111: 381-405.

［4］Li, H. L., Tang, M. J. (2010). Vertical integration and innovative performance: The effects of external knowledge sourcing modes [J]. Technovation, 30: 401-410.

［5］Fagerberg, J., Mowery, D. C., Nelson, R. R. (2005). The Oxford Handbook of Innovation [M]. Oxford: Oxford University Press.

［6］Coase, R. (1937). The nature of the firm [J]. Economica, 4: 386-405.

［7］Teece, D. J. (1986). Profiting from technological innovation [J]. Research Policy, 15 (6): 285-305.

［8］Schumpeter, J. S. (1943). Capitalism, Socialism and Democracy [M]. Routledge, UK.

［9］Coriat, B., Weinstein, O. (2002). Organizations, firms and institutions in the generation of innovation [J]. Research Policy, 31 (2): 273-290.

［10］Winter, S. G. (2006). The logic of appropriability: from Schumpeter to arrow to Teece [J]. Research Policy, 35 (8): 1100-1106.

[11] Arrow, K. (1958). On the stability of the competitive equilibrium [J]. Econometrics, 26 (4): 522-552.

[12] Teece, D. J. (2006). Reflections on profiting from innovation [J]. Research Policy, 35 (8): 1131-1146.

[13] Williamson, O. E. (1991). Strategizing, economizing and economic organization [J]. Strategic Management Journal 12 (S2): 75-94.

[14] Armour, H. O., Teece, D. J. (1980). Vertical integration and technological innovation [J]. The Review of Economics and Statistics, 62 (3): 470-474.

[15] Monteverde, K. (1995). Technical dialog as an incentive for vertical integration in the semiconductor industry [J]. Management Science, 41 (10): 1624-1638.

[16] Kumar, N., Saqib, M. (1996). Firm size, opportunities for adaptation and in-house R&D activity in developing countries: the case of Indian manufacturing [J]. Research Policy, 25 (5): 713-722.

[17] Chesbrough, H. W., Teece, D. J. (1996). When is virtual virtuous: organizing for innovation [J]. Harvard Business Review, 74 (1): 65-73.

[18] Afuah, A. (2001). Dynamic boundaries of the firm: are firms better off being vertically integrated in the face of a technological change? [J]. Academy of Management Journal, 44 (6): 1211-1228.

[19] Brocas, I. (2003). Vertical integration and incentives to innovate [J]. International Journal of Industrial Organization, 21 (4): 457-488.

[20] Harrigan, K. R. (1980). The effects of exit barriers upon strategic flexibility [J]. Strategic Management Journal, 1 (2): 165-176.

[21] Abernathy, W. J., Wayne, K. (1974). Limits of the learning curve [J]. Harvard Business Review, 52 (5): 109-119.

[22] Leonard-Barton, D. (1992). Core capabilities and core rigidities: a paradox in managing new product development [J]. Strategic Management Journal, 13: 111-125.

[23] Mascarenhas, B. (1985). Flexibility: its relationship to environmental dynamism and complexity [J]. International Studies of Management & Organization, 14 (4): 107-124.

[24] Kim, C., Song, J. (2007). Creating new technology through alliances:

an empirical investigation of joint patents [J]. Technovation, 27 (8): 461-470.

[25] Allain, M. L., Chambolle, C., Rey, P. (2011). Vertical integration, innovation and foreclosure. Working paper.

[26] Murphy, K., Shleifer, A. and Vishney, R. (1991). The Allocation of Talent: Implication for Growth [J]. Quarterly Journal of Economics, 105, 503-530.

[27] Karantininis, K., Sauer, J., Furtan, W. H. (2010). Innovation and integration in the agri-food industry [J]. Food Policy, 35 (2): 112-120.

[28] 周勤. 纵向一体化测度理论评价 [J]. 经济学动态, 2002, 1: 79-83.

[29] 吴利华, 周勤, 杨家兵. 钢铁行业上市公司纵向整合与企业绩效关系的实证研究: 中国钢铁行业集中度下降的一个分析视角 [J]. 中国工业经济, 2008 (5): 57-66.

[30] 李青原, 唐建新. 企业纵向一体化的决定因素与生产效率: 来自我国制造业企业的经验证据 [J]. 南开管理评论, 2010, 13 (3): 60-69.

[31] Du, J. L., Lu, Y., Tao, Z. G. (2012). Contracting institutions and vertical integration: Evidence from China's manufacturing firms [J]. Journal of Comparative Economics, 40 (1): 89-107.

[32] Abdel-Khalik, A. R. (1993). Why Do Private Companies Demand Auditing? A Case for Organizational Loss of Control [J]. Journal of Accounting, Auditing and Finance, 8 (1): 31-52.

[33] Jefferson G., Huamao, B., Xiaojing, G., and Xiaoyun, Y. R. (2006). Performance in Chinese Industry [J]. Economics of Innovation and New Technology, 15 (4-5): 345-366.

[34] Huergo, E., and Jaumandreu, J. (2004). How Does Probability of Innovation Change with Firm Age? [J]. Small Business Economic, 22 (3-4): 193-207.

[35] Shleifer, A. and Vishny, R. W. (1993). Corruption [J]. Quarterly Journal of Economics, 108 (3): 599-617.

[36] Boone, J. (2001). Intensity of Competition and the Incentive to Innovate [J]. International Journal of Industrial Organization, 19 (5): 705-726.

[37] Aw, B. Y., Roberts, M. J. and Xu, D. Y. (2008). R&D Investments, Exporting, and the Evolution of Firm Productivity [J]. American Economic Review, 98 (2): 451-456.

[38] Aw, B. Y., Roberts, M. J., Xu, D. Y. R&D Investment, Exporting, and

Productivity Dynamics. NBER Working Paper Series, National Bureau of Economic Research, Cambridge, MA, 2009.

[39] Ganotakis, P. (2012). Founders' human capital and the performance of UK new technology based firms [J]. Small Business Economics, 39 (2): 495-515.

[40] Shane, S. (2000). Prior knowledge and the discoveryof entrepreneurial opportunity [J]. Organization Science, 11 (4): 448-469.

[41] Roper, S. and Love, J. H. (2006). Innovation and Regional Absorptive Capacity [J]. Annals of Regional Science, 40 (2): 437-447.

[42] Goedhuys, M., Janz, N., and Mohnen, P. (2008). What Drives Productivity in Tanzanian Manufacturing Firms: Technology or Business Environment [J]. European Journal of Development Research, 20 (2): 199-218.

[43] 吴延兵. R&D 与创新：中国制造业的实证分析 [J]. 新政治经济学评论, 2007, 3 (3): 30-51.

[44] Prashanth, M. Corruption and Innovation: A Grease or Sand Relationship? Jena economic research papers, No. 2008, 017, 2008.

[45] Coles, J., Danniel, N., Naveen, L. (2006). Managerial Incentives and Risk-Taking [J]. Journal of Financial Economics, 79 (2): 431-468.

[46] 曾楚宏, 朱仁宏. 外部技术创新对企业边界的影响 [J]. 中南财经政法大学学报, 2014, 203 (2): 135-142.

[47] Fisman, R., Svensson, J. (2007). Are Corruption and Taxation Really Harmful to Growth? Firm Level Evidence [J]. Journal of Development Economics, 83 (1): 63-75.

[48] Reinnikka, R., Svensson, J. (2006). Using Micro-Surveys to Measure and Explain Corruption [J]. World Development, 34 (2): 359-370.

[49] 谢家智, 刘思亚, 李后建. 政治关联、融资约束与企业研发投入 [J]. 财经研究, 2014, 40 (8): 81-93.

[50] 何山, 李后建. 地方官员异地更替对企业 R&D 投资具有"挤出"效应吗？[J]. 产业经济研究, 2014, 71 (4): 30-40.

[51] 曹春方. 政治权力转移与公司投资：中国的逻辑 [J]. 管理世界, 2013 (1): 143-156.

[52] Djankov, S., La Porta, R., Lopez-de-Silanes, F., Shleifer, A. (2002). The regulation of entry [J]. Quarterly Journal of Economics, 117: 1-37.

[53] 李后建, 张宗益. 地方官员任期、腐败与企业研发投入 [J]. 科学学研究, 2014, 32 (5): 744-757.

[54] 杨海生, 聂海峰, 陈少凌. 财政波动风险影响财政收支的动态研究 [J]. 经济研究, 2014 (3): 88-100.

[55] Lewis, M. (2001). Who is Paying For Health Care in Eastern Europe and Central Asia? [M]. Washington, D. C.: World Bank.

[56] Hirano, K., and G. W. Imbens. The Propensity Score with Continuous Treatments. In Applied Bayesian Modeling and Causal Inference from Incomplete-Data Perspectives. England: Wiley InterScience, 2004.

第四章 银行信贷、所有权性质与企业创新

本章基于2012年世界银行关于中国企业运营的制度环境质量调查数据，旨在从实证角度研究银行信贷、所有权性质和企业创新之间的关系。结果表明，银行信贷对企业创新具有显著的积极影响，而所有权的国有比例会显著抑制企业创新，进一步地随着国有比例的增加，银行信贷对企业创新的积极影响会逐渐弱化。研究还发现小型企业和年轻企业的企业创新对银行信贷和所有权性质的敏感性更高。这些研究结论意味着深化金融体制改革，引导国有企业发挥企业创新的领头羊作用将有助于推动企业创新。本章为解释金融市场发展、政府干预与经济转型之间的因果关系提供了重要的微观基础。

第一节 引言

企业创新在创造、维持和增加企业价值方面发挥着至关重要的作用。对于处在转型时期的中国而言，企业创新的意义尤为重要。这是因为，企业创新不仅关乎中国经济增长模式的成功转变，而且成为实现伟大中国梦的重要途径之一。然而，在当前的制度环境下，中国企业创新任重道远。2014年中国科学技术发展战略研究院发布的《国家创新指数报告2013》显示，2013年中国规模以上工业企业R&D经费仅占主营业务收入的0.77%，仅比2000年提高0.2个百分点；新产品销售收入占主营业务收入的比重为11.9%，仅比2000年提高0.8个百分点。这促使我们思考中国应如何快速推动企业创新。现有的实践经验表明，产权制度（陈国宏、郭弢，2008）、政治关联（江雅雯等，2011）、金融发展（解维敏、方红星，2011）、企业规模（温军等，2011）、腐败（李

后建，2013）和市场化进程（江雅雯等，2012；李后建，2013）等都是影响中国企业创新的重要因素，但中国企业创新可能更多地面临着股权和债务融资的双重约束（温军等，2011）。通常而言，在发达的资本市场上，就企业创新项目融资而言，股权融资相比债务融资存在着三大优势：首先股东能够分享企业创新所带来的正向收益；其次，股权融资没有抵押品要求；最后，追加股权融资不会给企业财务困境等相关问题带来压力。然而，股权融资的这些优势通常受制于企业的内部现金流水平，这意味着对外发行股票对企业创新项目融资起着至关重要的作用（Gompers & Lerner，2006）。Kim和Weisbach（2008）提供的经验证据表明，股票发行能够缓解企业创新项目融资约束。由于信息不对称所导致的发行成本和"柠檬溢价"使得公众股权并非外部融资的完美替代品（Myers & Majluf，1984）。这些摩擦加大了外部成本和外部股权融资之间的裂痕。尽管如此，相对于债务融资而言，股票发行是企业创新项目融资的关键来源，特别针对年轻企业而言。

然而，中国当前正处在经济转轨的关键时期，资本市场体系并不完善，且企业上市条件异常苛刻。因此，大部分企业难以借助资本市场平台以股权的形式为企业创新项目融资。而就企业创新项目的债务融资而言，在信息不对称和抵押品短缺的情况下，创新投资活动的风险规避和私有信息会导致逆向选择和道德风险问题。此外，创新投资的一个重要特征就是它的成果具有强烈的知识溢出效应（Knowledge spillover effect），这意味着企业创新投资的私人最优收益与社会最优收益之间存在着"缺口"问题。上述问题的存在使得风险厌恶对创新活动失去投资兴趣。这势必会阻塞企业创新投资的债务融资渠道，使得企业创新活动陷入融资困境（Hall，2002）。因此，在双重融资约束下，中国企业创新规模不足且效率低下。

基于上述探讨，中国若要快速推动企业创新，首先必须有效解决企业创新面临的融资问题。事实上，企业融资文献表明，由不发达的金融系统所导致的市场缺陷很有可能是限制企业创新项目融资能力的重要因素。Demirguc-Kunt和Maksimovic（1998）强调了金融系统在放松企业外部融资约束方面的重要性。然而，鲜有文献提供了有关转型经济体中不同所有制结构下，银行信贷对中国企业创新影响的经验证据。这不仅造成现有金融体系对中国经济转型影响的正确评价缺少足够的依据，而且导致政府制定引导企业创新，从而推动经济转型的相关政策缺乏经验证据。为此，研究银行贷款和所有制对企业创新的影响，对提高微观层面的企业价值以及完善宏观层面的金融体系均具有一定的理论和现实意义。

第二节 文献探讨与研究假设

一、银行信贷与企业创新

企业引入创新的概率取决于内部投入要素（如企业研发与固定资产投资）。在内部要素投入量给定的情况下，银行信贷的持续供给是企业创新产出至关重要的外部投入要素之一。这是因为银行信贷的发展水平会影响企业所选项目的性质、内部投入要素的质量以及创新产出的有效性。更重要的是，银行信贷水平对研发支出数量具有直接影响（Benfratello et al.，2008）。此外，高度发达的银行系统能够产生有效的信息揭示机制，缓解由于信息不对称导致的道德风险和逆向选择问题，减少企业的外部融资成本，化解企业创新项目的融资困境，推动企业创新活动的顺利开展（Laeven et al.，2012）。

Greenwood 和 Jovanovic（1990）提供的一个基本观点是金融中介降低了信息获取的成本并对投资项目展开了有效的评估、筛选和监督。这也是解释银行业推动企业创新发展的核心所在。换言之，金融中介致力于提高信息收集能力有助于改善资源配置效率，从而推动经济增长，这便是 Greenwood 和 Jovanovic（1990）理论贡献的核心部分。更重要的是，King 和 Levine（1993）强调了金融中介的另一个重要功能，即金融中介能够以更低的成本识别那些更有能力引导创新的企业家。因此，驱动企业创新是金融发展影响经济增长的重要渠道之一。

近些年来，大量的文献探讨了融资的可获得性与创新之间的关系（Ayyagari et al.，2011；Brown et al.，2012；Sav-ignac，2008；Efthyvoulou & Vahter，2012；Hottenrott & Peters，2012）。Sav-ignac（2008）在考虑了融资约束的内生性问题之后，估计了法国企业融资约束对企业创新的影响。她发现融资约束会显著降低企业从事创新活动的可能性。同样地，Efthyvoulou 和 Vahter（2012）研究发现融资渠道的匮乏是阻碍企业创新绩效的重要因素之一。而 Hottenrott 和 Peters（2012）强调外部融资约束对小型企业研发和创新活动更具有制约作用。Ayyagari 等人（2011）利用有关企业创新的调查数据，在考虑了各类控制变量并使用工具变量技术控制了反向因果关系之后，发现企业外部融资的使用对创新具有显著的正向影响。类似地，Brown 等（2012）提供的有效证据表明融资额度的确事关企业研发强度，即资本市场的发展会增加企业层面的创新活动。

上述论断表明外部融资的可获得性对企业创新活动具有至关重要的影响，由此，我们提出第一个假设：

H1：银行信贷对企业创新具有显著的正向影响。

二、所有权性质与企业创新

企业创新通常被视为一种动态交互学习和积累的过程（Lundvall，1998），在这一过程之中，资源配置的效率取决于制度安排的质量。通常地，在推动企业创新的过程中，政府部门发挥着至关重要的作用（Haggard，1994）。因为，政府部门会针对科学与技术的发展制定一系列的政策，以激发企业参与学习与创新活动的积极性。这些政策工具包括战略性产业R&D投资便利化、政府对研究机构的资助计划、专利法律法规体系的建立与完善、国外先进技术的引进计划以及国家战略项目发布计划等。国有控股企业凭借与政府的天然联系，通常更容易优先享受国家给予的相关政策优惠，从而获取企业创新活动所需的各种资源，但国有企业并不一定将这些资源用于企业创新活动。这是因为在国有控股的情况下，实际控制人通常为企业高级管理人员，他们的任免过程并不是从人力资源市场竞争产生而是通过政治过程决定，由政府任命，任期较短，变数较大，并且领取的是固定薪酬，剩余索取权却由国家所有，作为理性的"经济人"，他们的目标函数更多地体现在职务待遇和晋升机会上，力求短期内业绩稳定，而不是历经数载的企业创新，最终酿成"前人栽树，后人乘凉"的"悲剧"，从而错失升迁之机会。这会促使国有控股企业高管理性地选择风险厌恶策略，排斥企业创新活动。更重要的是，国有控股企业通常将社会和政治目标界定为企业的最终目标，而这可能与企业长期的利润目标相悖。因此，国有控股企业承担了更多的政策性任务。在当前的制度环境下，政治晋升竞标赛使得大量的政策性任务具有急功近利的特点，这客观上要求国有控股企业将投资目标集中于见效快的政绩项目，而放弃孕育周期长、风险大的研发项目。对于非国有控股企业而言，复杂的市场环境给它们的生存带来了极大的挑战，若不通过创新来抓住市场机会，适应竞争环境变化，非国有控股企业恐难生存下去。Choi等（2011）认为非国有控股企业致力于创新活动的主要原因有二：其一是非国有控股企业为了致力于企业的稳定和持久的竞争优势，它们更倾向于投资R&D这样的长期项目，而不是利润最大化的短期项目；其二是非国有控股企业的员工希望通过技术创新与企业建立长期稳定的劳动关系。由此可见，非国有控股企业通常对市场动态更加敏感，但是它们对来自政府的制度压力缺乏敏感（Peng，2004）。因此，在区分所有权性质之后，我们提出以下假设：

H2：所有权的国有比例对企业创新具有显著的消极影响。

三、所有权情境效应

所有权差异作为转型经济体中的重要制度背景，是当前学者研究银行信贷与企业创新的重要情境（Aghion et al., 2013；Choi et al., 2011）。Allen 等（2005）指出四大国有商业银行的不良贷款是中国银行业所面临的关键问题之一。他们指出大部分的不良贷款都来源于国有企业。由于政治或其他非经济因素，中国银行业被迫将大量资金贷给国有企业。Park 和 Sehrt（2001）和 Cull 和 Xu（2003）通过研究发现，自 20 世纪 90 年代中期，国有银行在信贷资源配置方面显得愈发低效，这是因为国有银行被迫救助更多业绩不佳的国有企业。更重要的是，基于某些非经济因素，中国银行业在信贷配给过程中存在着严重的所有制歧视。相对而言，国有企业凭借其与政府部门之间的天然联系，因此它们在债务融资方面享有独到优势。但是，相对于非国有企业而言，国有企业通常背负着沉重的"政策性负担"，这些政策性负担会分散企业致力于研发的精力，同时挤出银行信贷中用于企业研发支出的部分。更重要的是，国有企业的投资战略通常要受到政府官员政治偏好的制约，它们需要协助政府部门促进本地经济和就业增长，为地方政府官员的政治升迁增加筹码。而企业创新这种周期长、风险大而收益不确定的投资活动很难满足当地政府官员短期内的政绩冲动要求。因此，国有企业被迫将大量信贷资金用于地方政府官员中意的项目中，这显然挤占了企业创新活动所需的银行信贷资金。

因此，我们认为在所有制的影响下，国有企业身份虽然能够为企业赢得银行信贷提供便利。但是与政府有着特殊关系的国有企业的产权性质决定了它的政治使命，而这种政治使命使得大量的银行信贷从企业创新活动项目中挤走，从而弱化了银行信贷与企业创新关系的显著性。基于上述分析，本章提出以下假设：

H3：随着所有权的国有比例提高，银行信贷与企业创新之间的正向关系会越来越弱。

第三节 研究设计

一、研究样本与数据来源

我们使用的数据来源于 2012 年世界银行关于中国企业运营的制度环境质量调查。这次共调查了 2848 家中国企业，其中国有企业 148 家，非国有企业 2700 家。参与调查的城市有 25 个，分别为北京、上海、广州、深圳、佛山、东莞、唐山、石家庄、郑州、洛阳、武汉、南京、无锡、苏州、南通、合肥、沈阳、大连、济南、青岛、烟台、成都、杭州、宁波、温州。涉及行业包括食品、纺织、服装、皮革、木材、造纸、大众媒体等 26 个行业。调查的内容包括控制信息、基本信息、基础设施与服务、销售与供应、竞争程度、生产力、土地与许可权、创新与科技、犯罪、融资、政企关系、劳动力、商业环境、企业绩效等。这项调查数据的受试者为总经理、会计师、人力资源经理和其他企业职员。调查样本根据企业的注册域名采用分层随机抽样的方法获取，因此调查样本具有较强的代表性。在本研究中，有效样本为 2422 个，这是因为我们剔除了一些指标具有缺失值的样本。需要说明的是，为了消除极端值对回归结果的影响，我们对连续变量按上下 1% 的比例进行 winsorize 处理。

二、计量模型和变量定义

为了考察银行信贷和所有权以及其他因素对企业创新的影响，我们遵照相关文献的经验做法（戴进、张建华，2013），将本章基本的计量回归模型设定如下：

$$innov_i = \alpha_0 + \alpha_1 credit_i + \alpha_2 soe_i + \alpha_3 credit_i \times soe_i + \beta Z_i + \varepsilon_i \tag{4.1}$$

在模型（4.1）中，$innov_i$ 表示第 i 个企业的创新行为。在本章中，我们运用创新产出来度量企业的创新行为。遵循 Chen 和 Miller 的做法，运用两个变量来度量企业创新，第一，近三年内企业平均每年引入的新产品或服务销售额占年度销售总额的百分比（innov1）；第二，近三年内，企业是否引入了新产品或服务（innov2），若引入了则赋值为 1，否则赋值为 0。

$credit_i$ 表示第 i 个企业银行信贷的情况，这是本章分析的关键变量。我们理论上预测 α_1 应该是正向的。在本章中，我们运用企业近期批准的人均贷款额度或信用额度的自然对数来度量企业银行贷款。

soe_i 表示第 i 个企业所有权的国有比例，这也是本章分析的关键变量。我们理论上预测 α_2 应该是负向的。

Z_i 表示控制变量向量，包括企业层面和企业所在城市层面两个维度的控制变量。企业层面的控制变量包括：

ln（labor）表示企业员工数的自然对数，用于测量企业的规模。主要理由包括大公司通常有更多的资源用于创新，并且能够在创新生产和营销过程中获得经济规模效益。

Edu 表示完成高中教育的企业员工比例，用以反映企业的人力资本状况。这一变量可能会与企业创新具有正向关系，因为教育水平越高的员工更有可能胜任企业创新活动。

lnage 表示企业年龄，定义为 2012 年减去企业创始年份并取其自然对数。关于企业年龄对创新的影响，目前的文献对这一问题并未达成一致。年轻的企业和成熟的企业在创新上各有优劣势，年轻企业的优势在于它们易于接受新的思想和方法，而劣势在于它们创新失败的风险可能要大于成熟企业。这是因为相对于成熟企业而言，年轻企业的市场经验显得相对不足，且要面临着各种资源的约束。

Compet 用以反映市场竞争程度，它定义为企业就非正式部门竞争者的行为对其营运影响的评价，根据影响程度的高低，依序赋值为 0 至 4。以往研究表明，在激烈的市场竞争环境中，企业若要巩固市场地位或扩大市场份额，那么企业必须持续地进行产品改进和过程创新，这将激励企业进行更多的创新活动。

Import 用于反映企业的转化能力，具体定义为进口的原材料投入比例。可以推测外国企业与市场很可能激励企业致力于更多的创新活动，因为外国企业和市场很可能拥有更好的技术、实践和产品。

Exper 用以反映企业高层经理的工作经验。具体定义为企业高层经理在特定行业领域从业年数的自然对数。Ganataki 认为创新活动是一项高风险的复杂活动，它对环境的敏感性较高，因此需要有工作经验丰富的高层管理人员对创新项目进行评估，才能有效地控制创新活动风险，从而推动企业创新。因此企业高层经理的工作经验越丰富就越有利于促进企业创新。

Computer 用以反映企业的微机化程度，具体定义为使用电脑的企业员工比例。企业的微机化程度越高，企业内部之间以及企业与外部之间的信息互动通道将更加便捷和畅通，有利于企业捕获市场机会，激发企业的创新意愿。

Growth 用以反映销售年平均增长率，它定义为三年平均增长率，即利用

2010年的年销售总额除以2008年的年销售总额，然后开三次方，最后将所得结果减去1。销售增长率是体现企业成长状况和发展能力的重要指标。一般而言，销售增长率越高表示企业成长状况越好，发展越有潜力。而这样的企业通常更有能力致力于企业创新。

根据2012年世界银行关于中国企业营运的制度环境质量调查，我们还控制企业层面上其他有可能影响企业创新的因素。首先，我们构建了企业对员工是否有正式培训计划的虚拟变量（Train），将其定义为若企业对员工有正式培训计划则赋值为1，否则为0。利用企业是否有员工正式培训计划的虚拟变量我们可以捕捉到正式培训对企业创新的影响。

最后，我们还控制了城市层面有可能影响企业创新的变量，例如该城市的市场规模（Loc），按照该城市的人口规模分为四个等级，人口少于5万的赋值为1，5万~25万（不含25万）的赋值为2，25万~100万（含100万）赋值为3，100万以上赋值为4；该城市是否是重要的商业城市（Business），若是则赋值为1，否则赋值为0。除此以外，由于以往的研究结论显示不同地区和不同行业的企业创新具有较大的差异，因此，我们纳入了城市和行业的固定效应。主要变量的描述性统计如表4-1所示。

表4-1　　　　　　　　主要变量描述性统计表

变量	观测值	均值	标准差	最小值	最大值
Innov1	2386	0.1185	0.1837	0	1
Innov2	2422	0.4798	0.4997	0	1
Credit	1888	1.5799	3.8295	0	14.6518
Soe	2422	0.0716	0.2461	0	1
Labor	2422	246.704	1240.158	4	30000
Edu	2422	0.5981	0.2994	0	1
lnage	2422	2.4413	0.4980	0	4.8903
Compet	2412	0.8888	0.8920	0	4
Import	2422	0.0233	0.1082	0	1
Exper	2422	2.7040	0.4858	0	4.0073
Computer	2422	0.3738	0.2990	0	1
Growth	2422	0.0992	0.4510	-0.9937	19.5637
Train	2422	0.8534	0.3538	0	1
Loc	2422	2.9765	0.2148	1	4
Business	2422	0.8708	0.3355	0	1

三、实证策略

使用最小二乘法或 Probit（Tobit）模型对计量方程（4.1）进行估计会导致关键参数的有偏估计。换言之，倾向于创新的企业很有可能较难获得银行信贷（Hajivassiliou & Savignac，2007），因此银行信贷与企业创新之间可能存在反向因果关系而导致内生性问题。为了修正内生性偏误，我们打算使用工具变量，这些工具变量会对企业银行贷款有直接影响，而并不会（直接）影响企业创新活动的强度。对企业现金收入的外生冲击因素似乎是企业银行贷款可行的工具变量。因为这样的外生冲击不仅会影响企业内部资金的数量，而且还会影响企业对外部投资者的信誉和吸引力，但是这些外生冲击对企业创新活动并无直接影响。

庆幸的是，2012年世界银行关于中国企业运营的制度环境质量调查不仅收集了有关企业现金流外生冲击的信息，而且还收集了企业应对这些冲击的策略信息。特别地，我们使用了两个工具变量。

第一个工具变量是 Poc，表示企业购买原材料或服务项目的货款中赊销的比例。这个变量之所以是可行的工具变量，其原因如下：首先企业不可能使用未支付的赊销货款（贸易信贷）作为企业创新的融资资金，因为这种外部融资方式的特点是企业逾期支付赊销货款会导致巨额罚息，因此它的融资成本是非常昂贵的（Elliehausen & Wolken，1993）。由此可见，除非企业面临严峻的流动性短缺问题，否则企业并不乐意赊销。在信息不对称的情况下，外部投资者并不能有效地区分资不抵债的企业和无流动资金而有偿债能力的企业，因此对于未支付赊销货款的企业而言，它们的外部融资额度会下降。

第二个变量 Lost 用于反映企业外部不可控事件导致的损失经历。在2012年的调查中，我们用"由于断电导致的损失额占企业年度销售总额的比例""在产品运送过程中由于盗窃导致的损失额占产品价值总额的比例""在产品运送过程中由于破损或变质导致的损失额占产品价值总额的比例"等来反映企业经历的外部不可控事件。上述事件的特点可以概括为：（1）意料之外的事件；（2）可能会导致流动性资金额度暂时性的减少；（3）企业的外生事件。因此 Lost 与企业银行贷款具有强烈的关联性并满足排除限制。注意到我们的基准工具变量具有企业层面的变异，因此相对于使用省域或产业层面的工具变量，它能够捕捉到大部分的变异，并使得估计结果更加精确。

第四节 实证检验

一、基准分析

在这一部分，我们通过估计计量方程（4.1）来验证本章第二部分的主要研究假设。在表4-2中，我们报告了银行贷款和所有权性质对企业创新影响的基准回归分析结果。考虑到横向截面的动态变化，因此需要将内生性和异方差等问题进行充分考虑。为此我们控制了行业和城市的虚拟变量，并且估计了聚合在行业性质层面的稳健性标准误。由于企业创新强度是非负的连续变量，故我们优先使用Tobit方法对计量模型进行估计。

表4-2中的列（1）和列（2）分别汇报的是没有纳入银行信贷和所有权性质交互项的Probit和Tobit回归结果，发现银行信贷和国有比例的系数在1%的水平上分别显著为正和负。这意味着银行信贷对企业创新决策和创新强度皆具有显著的积极影响，而国有比例的增加则会妨碍企业创新决策并弱化企业创新强度，这与研究假设1和2是一致的。与此同时，我们在表4-2中的列（3）和列（4）中纳入了银行信贷和所有权性质的交互项，主要考察在所有权性质的影响下，银行信贷对企业创新决策和创新强度的影响。研究结果显示，银行信贷和所有权性质交互项（Credit×soe）的系数在10%的水平上显著为负。这意味着随着所有权中国有比例的增加，银行信贷对企业创新决策和创新强度的积极影响会逐渐弱化，这与研究假设3是一致的。但正如本章第三部分所述，银行信贷和企业创新之间的内生性将会导致最小二乘法的估计结果向下偏倚，这是因为倾向于创新的企业可能面临着更加严重的信息不对称问题，而遭遇银行信贷条款的硬性约束。基于此，我们在表4-2的列（5）至列（8）中分别报告了与列（1）至列（4）相呼应的工具变量回归结果，即IVProbit和IVTobit回归结果。回归结果显示，尽管关键解释变量的系数符号并无变化，但系数的显著性和大小有了明显的改变，工具变量的回归结果使得关键解释变量的估计系数更加显著，且更大。这与以往的研究结论是一致的（de Mel et al., 2008; Banerjee & Duo, 2008），即相对于工具变量估计而言，最小二乘法会导致估计结果向下偏倚，从而低估银行信贷的处理效应。注意到我们的工具变量与内生解释变量之间具有强烈的正向关系。一方面，弱工具变量[Wald（IVtest）]检验在1%的显著水平上拒绝了原假设，意味着我们使用的工具变量并非弱工具变量；另一方面，排除限制检验（FAR）接受了原假设，意味着

我们使用的工具变量满足排除限制的条件。由此可见，我们使用的工具变量是有效的。

表4-2　银行贷款、所有权性质与企业创新的基准回归结果

	Probit	Tobit	Probit	Tobit	IVProbit	IVTobit	IVProbit	IVTobit
	(1)	(2)	(3)	(4)	(5)	(6)	(7)	(8)
Credit	0.0495***	0.0075***	0.0496***	0.0076***	0.3752***	0.0932***	0.3754***	0.0956***
	(0.0131)	(0.0023)	(0.0131)	(0.0023)	(0.0785)	(0.0194)	(0.0792)	(0.0201)
Soe	−0.7711***	−0.1553***	−0.7677***	−0.1555***	−0.6540***	−0.1739***	−0.7224***	−0.1751***
	(0.2081)	(0.0591)	(0.2053)	(0.0581)	(0.1944)	(0.0518)	(0.2069)	(0.0538)
Credit×soe			−0.0151*	−0.0028**			−0.5565***	−0.1742***
			(0.0088)	(0.0012)			(0.1291)	(0.0517)
ln(labor)	0.1565***	0.0284***	0.1566***	0.0283***	0.1319**	0.0372**	0.1427**	0.0300*
	(0.0311)	(0.0073)	(0.0311)	(0.0073)	(0.0619)	(0.0153)	(0.0621)	(0.0152)
ln(labor)^2	−0.0155**	−0.0039***	−0.0156**	−0.0040***	−0.0159*	−0.0116*	−0.0171*	−0.0125*
	(0.0071)	(0.0015)	(0.0072)	(0.0016)	(0.0083)	(0.0062)	(0.0093)	(0.0068)
Edu	0.4904***	0.1131***	0.4901***	0.1134***	0.3002**	0.0663**	0.3195**	0.0612*
	(0.1207)	(0.0289)	(0.1205)	(0.0291)	(0.1501)	(0.0325)	(0.1702)	(0.0457)
lnage	−0.1417*	−0.0354*	−0.1416*	−0.0354*	−0.2461**	−0.0609**	−0.2363**	−0.0588**
	(0.0761)	(0.0190)	(0.0761)	(0.0190)	(0.1002)	(0.0262)	(0.0994)	(0.0269)
Compet	0.1044**	0.0084	0.1047**	0.0082	0.0936*	0.0108	0.0852*	0.0087
	(0.0414)	(0.0115)	(0.0418)	(0.0114)	(0.0503)	(0.0132)	(0.0505)	(0.0136)
Import	1.0597**	0.2210***	1.0615**	0.2200***	1.0446**	0.2432**	1.1485**	0.2485**
	(0.4836)	(0.0832)	(0.4854)	(0.0833)	(0.4573)	(0.1141)	(0.4580)	(0.1162)
Exper	0.2482***	0.0632***	0.2480***	0.0633***	0.0814	0.0081	0.0751	0.0088
	(0.0765)	(0.0219)	(0.0764)	(0.0219)	(0.1060)	(0.0272)	(0.1059)	(0.0136)
Computer	0.3183*	0.1229***	0.3181*	0.1230***	0.4332**	0.1609***	0.4080**	0.1637***
	(0.1661)	(0.0378)	(0.1661)	(0.0378)	(0.1740)	(0.0452)	(0.1730)	(0.0464)
Growth	0.8434***	0.1806***	0.8437***	0.1805***	0.7791***	0.1843***	0.7567***	0.1902***
	(0.2246)	(0.0478)	(0.2241)	(0.0478)	(0.2510)	(0.0649)	(0.2490)	(0.0671)
Train	0.1845**	0.0410*	0.1843**	0.0411*	0.0919	0.0022	0.0069	0.0034
	(0.0930)	(0.0223)	(0.0930)	(0.0223)	(0.1297)	(0.0338)	(0.1282)	(0.0348)
Loc	0.2186	0.0181	0.2189	0.0180	0.3357	−0.1009	−0.4211	−0.1038
	(0.2716)	(0.0693)	(0.2717)	(0.0692)	(0.5336)	(0.1251)	(0.3209)	(0.0824)
Business	−0.3362*	−0.1444***	−0.3364*	−0.1443***	0.3837**	0.0171	0.3924**	0.0182
	(0.1825)	(0.0548)	(0.1827)	(0.0548)	(0.1244)	(0.0324)	(0.1238)	(0.3309)
Constant	−2.4458***	−0.3123	−2.4414***	−0.3150	−0.2263	0.1629	0.2240	0.1836
	(0.9372)	(0.2658)	(0.9366)	(0.2661)	(1.0637)	(0.2714)	(1.0932)	(0.2783)

表4-2(续)

	Probit	Tobit	Probit	Tobit	IVProbit	IVTobit	IVProbit	IVTobit
	(1)	(2)	(3)	(4)	(5)	(6)	(7)	(8)
Citydum	已控制	已控制	已控制	已控制	已控制	已控制	已控制	已控制
Inddum	已控制	已控制	已控制	已控制	已控制	已控制	已控制	已控制
Wald test					29.61***	30.89***	28.00***	31.23***
Wald(IVtest)					22.83***	23.15***	22.44***	22.74**
FAR(P)					0.1192	0.1861	0.1161	0.1752
伪 R^2	0.1845	0.2560	0.1846	0.2562				
N	1887	1871	1887	1871	1813	1792	1807	1790

注：1. *、**、*** 分别表示在10%、5%和1%的水平上具有统计显著性，以下相同，不再赘列；2. 列（1）至列（4）括号（）内表示基于行业聚类稳健性标准差，其余括号内表示稳健性标准差；3. citydum 表示城市固定效应，inddum 表示产业固定效应，以下相同，不再赘列；4. Wald(IVtest) 表示弱工具变量检验，Stata12.0 的命令为 weakiv；4. FAR(p) 为排除限制假设检验，Stata12.0 的命令为 far，具体可以参见 Berkowitz et al.（2012）的相关论述；5. 此处样本量并非单个变量的有效样本量，而是各个变量有效样本量的交集，因此回归的有效样本要比各个变量的有效样本少，以下相同，不再赘列。

在表4-2中，关于控制变量，有几个有趣的发现值得一提。第一，现有的文献（Becheikh et al., 2006）和熊彼特假说皆表明规模更大的企业更倾向于创新。而在本研究中，企业创新的规模效应呈倒U形。这意味着当企业达到一定的规模时，企业规模的扩大可能会对创新产生抑制效应，这有可能源于企业规模扩大带来的垄断利润使得企业对创新表现出强烈的惰性。第二，人力资本对企业创新表现出强烈的正向效应，即完成高中教育的企业员工比例越高，企业引进新产品或服务的可能性越大，强度越高。第三，相对于年轻的企业而言，年老的企业引进新产品或服务的可能性更小，强度更低。对此一个可能的解释是虽然年长的企业具有较强的市场分析能力，能够快速地洞悉市场规律，把握创新项目投资机会。但是随着年龄的增长，企业可能越发擅长执行原有的惯例，并对企业的先前的技术能力表现出过度自信的状态，以致企业陶醉于原有的技术优势，而陷入"能力陷阱"。因此，年长的企业由于惰性的原因又可能会减少尝试创新的机会。第四，在10%的水平上，企业市场竞争（Compet）的系数在大部分的模型中显著为正，表明市场竞争越激烈，企业越倾向于创新。这与 Nicholas 的研究结论是一致的，这也在一定程度上印证了"熊彼特假说"，即市场力量在某种程度上决定了企业创新的倾向。第五，企业转化能力（Import）的系数在10%的水平上显著为正，这意味着企业的转化能力越强，企业创新可能性越大、创新强度越高。这与 Gorodnichenko 等（2010）的研究结论是一致的。第六，企业微机化程度（Computer）的系数在10%的水平上显著为正，这意味着微机化程度越高的企业越倾向于创新，且创新强度越高。第七，销售年平均增长率（Growth）的系数在10%的水平上显著为正，这意味着企业销售年平均增长率越高，企业创新活动的倾向和强度就越高。这是因为企业创新是一项耗资巨大的活动，丰厚的利润才能为这项活动提供物质基础。其他的控制变量对企业创新的影响并不明显。

二、稳健性检验

企业创新拥有多个维度。典型地，企业创新可以被度量为：（1）为生产或流程的改善，企业是否引进了新技术和设备（NTC）；（2）在生产或运营过程中，企业是否引进了新的质量控制程序（NQC）；（3）企业是否引进了新的管理或行政流程（NMP）；（4）企业是否为员工提供了技术培训（PTT）；（5）企业是否引进了新产品或新服务（NPS）；（6）企业是否为现有产品或服务增添了新的特征（AEF）；（7）企业是否采取了相关措施来降低生产成本（RPC）；（8）企业是否采取了相关措施来改善生产柔性（IPF）。因此，我们将以上企业创新活动的八个维度分别作为被解释变量进行稳健性检验，若企业管理层对上述问题的回答为"是"则赋值为1，"否"则赋值为0。通过IVProbit回归分析方法重新对计量模型（4.1）进行回归估计，估计结果汇报在表4-3的列（1）至列（8）。结果表明，在10%的水平上，除（4）、（7）和（8）这三种类型的企业创新外，银行信贷对各种类型的企业创新皆具有显著的积极影响，而除（4）和（7）这两类企业创新外，国有比例对各类企业创新皆具有显著的消极影响。最后，在10%的水平上，随着国有比例的增加，银行信贷对以上八类企业创新的影响都会显著弱化。

当然特定企业可能从事上述某几种创新活动，企业从事创新活动的种类越多，则企业的创新活动表现得越活跃。为此，我们将上述八个维度分别相加，从而得到企业创新活动类型的计数，该计数最大值为8，最小值为0。基于这类数据的特点，我们运用基于工具变量的泊松回归对计量模型的系数进行估计。研究结果汇报在表4-3的列（9），结果表明，银行信贷会增加企业创新活动的多元化，而国有比例则会弱化企业创新活动的多元化，同时随着国有比例的增加，银行信贷对企业创新活动多元化的积极影响会显著弱化。

此外，企业研发支出水平一直作为测度企业创新努力程度的重要代理指标之一。这一代理指标的优势在于它是一个相对容易理解的学术术语，并且它提供了可以测度的币值用于后续分析。因此我们将企业研发支出水平作为企业创新的另一种测量指标。在衡量中，我们将企业近三年来，平均每年的研发支出额度除以企业员工数，然后再取对数作为企业创新强度的测度。利用IVTobit重新对计量模型（4.1）进行回归估计，研究结果汇报在表4-3的列（10）。结果表明，银行信贷对企业研发强度具有积极影响，而国有比例则会弱化企业研发强度，同时随着国有比例的增加，银行信贷对企业研发强度的积极影响会显著弱化。

表4-3　　银行贷款、所有权性质与企业创新的稳健性回归结果

	NTE (1)	NQC (2)	NMP (3)	PTT (4)	NPS (5)	AEF (6)	RPC (7)	IPF (8)	IVPossion (9)	IVTobit (10)
Credit	0.1251**	0.1276**	0.1136**	0.0546	0.3021***	0.1113**	0.0048	0.0099	0.0914***	0.0514***
	(0.0613)	(0.0606)	(0.0601)	(0.0605)	(0.0595)	(0.0409)	(0.0581)	(0.0592)	(0.0304)	(0.0180)
Soe	−0.6332***	−0.6369***	−0.8172***	0.1214	−0.6923***	−0.4983***	0.1550	−0.9311***	−0.3985***	−0.4987***
	(0.1647)	(0.1757)	(0.1738)	(0.1412)	(0.1731)	(0.1712)	(0.1382)	(0.1708)	(0.1229)	(0.1183)
Credit×soe	−0.0984**	−0.1229***	−0.1226**	−0.0919**	−0.1715***	−0.0712*	−0.1087***	−0.1514***	−0.1544***	−0.4513***
	(0.0394)	(0.0419)	(0.0466)	(0.0387)	(0.0383)	(0.0391)	(0.0381)	(0.0399)	(0.0363)	(0.1752)
其他变量	已控制	已控制	已控制	已控制	已控制	已控制	已控制	已控制	已控制	已控制
Citydum	已控制	已控制	已控制	已控制	已控制	已控制	已控制	已控制	已控制	已控制
Inddum	已控制	已控制	已控制	已控制	已控制	已控制	已控制	已控制	已控制	已控制
Wald test	8.71**	7.93**	6.48**	1.28	12.95***	4.92***	0.97	0.22		15.75***
Wald (IV)	4.17**	4.40**	3.95**	0.81	13.16***	5.81***	1.13	0.81		8.12***
FAR (P)	0.0948	0.1273	0.1024	0.0413	0.1538	0.1021	0.0126	0.0185		0.2183
N	1814	1814	1814	1814	1811	1811	1814	1814	1809	1783

三、分样本回归分析

针对不同类型的企业样本，银行信贷对企业创新的影响可能存在异质性，为了验证这一可能性，我们针对不同类型的子样本重新估计了计量模型（4.1）。在这些子样本中，我们主要关注的是企业引进新产品或服务的强度。表4-4报告了按照行业（制造业和服务业）、年龄（大于10岁为成熟企业，而小于或等于10岁则为年轻企业）、规模（员工人数大于等于5且小于或等于19则为小型企业；员工人数大于等于20且小于或等于99则为中型企业；员工人数大于等于100则为大型企业）等分类的子样本回归结果。

首先，对于服务业或制造业的企业而言，银行信贷、国有比例以及两者之间的交互项对企业创新的影响并无明显差异，且与基准回归结果类似。

其次，相对于成熟的企业而言，年轻企业创新对银行信贷和国有比例具有

更强的敏感性,这与 Ayyagari 等(2011)的研究结论是一致的,即年轻企业可能只有较短的信用记录,这使得它们获得外部融资的难度加大,再加上它们很少有机会积累内部资金,因此它们可能更依赖于外部融资。在企业投资的现金流敏感性分析的文献中,企业年龄通常作为企业的典型特征来区分外部融资难度不同的企业(Fazzari et al., 1988)。同样地,我们的发现也与 Brown 等(2009)的研究结论一致,即相对于年轻企业而言,成熟企业的 R&D 支出可能对现金流和外部股权融资并不那么敏感。

最后,银行信贷、国有比例以及两个变量之间的交互项对企业创新的影响会随着企业规模的变化而有不同的响应。即企业的规模越小,则企业创新对银行信贷、国有比例以及两者之间交互项的影响具有更强的敏感性。这一发现与以往的研究结论是一致的,即小型企业更有可能遭遇外部资金的匮乏和严重的信息摩擦等问题(Harho, 1998;Canepa & Stoneman, 2008;Ughetto, 2008;Ayyagari et al., 2011),最终导致企业创新对银行信贷具有更强的敏感性。

表 4-4　　银行贷款、所有权性质与企业创新的分样本回归结果

	Manu (1)	Serv (2)	New (3)	Old (4)	Small (5)	Medium (6)	Large (7)
Credit	0.1395***	0.1022**	0.2012***	0.0961*	0.4175***	0.1310**	0.0545**
	(0.0533)	(0.0510)	(0.0513)	(0.0509)	(0.0611)	(0.0539)	(0.0262)
Soe	−0.7116***	−0.5041**	−0.9131***	−0.3181**	−1.2741***	−0.2718**	0.1966
	(0.2013)	(0.2125)	(0.1491)	(0.1308)	(0.1960)	(0.1141)	(0.2154)
Credit×soe	−0.1257**	−0.0991*	−0.2104***	−0.1576**	−0.3520***	−0.1388**	0.0914
	(0.0516)	(0.0508)	(0.0530)	(0.0632)	(0.0628)	(0.0616)	(0.1057)
其他变量	已控制	已控制	已控制	已控制	已控制	已控制	已控制
Citydum	已控制	已控制	已控制	已控制	已控制	已控制	已控制
Inddum	已控制	已控制	已控制	已控制	已控制	已控制	已控制
Wald test	6.28**	5.71**	7.18***	7.71***	11.76***	4.45**	2.15
Wald (IV)	6.85**	3.82*	6.39***	6.13***	12.59***	3.97*	0.99
FAR (P)	0.1135	0.0937	0.1850	0.1501	0.2916	0.1018	0.0145
N	1125	667	605	1187	676	637	479

第五节　结论与政策内涵

本章基于金融资源配置的角度，运用 2012 年世界银行关于中国企业营运的制度环境质量调查数据实证分析了银行信贷和所有权性质对企业创新的影响。研究发现银行信贷对企业创新具有显著的正向效应，而所有权的国有比例对企业创新具有消极影响；进一步地，随着所有权国有比例的增加，银行信贷对企业创新的正向效应会逐渐弱化。因此，本章的研究结论为转型经济体中金融市场发展、政府干预与经济转型之间关系的因果解释提供了微观基础。

此外，我们也提供了不同类型的企业有关银行信贷和所有权的国有比例对企业创新影响的详细描述。值得关注的是小型企业或年轻企业，它们的创新倾向和创新强度对银行贷款和所有权的国有比例更加敏感。换言之，小型企业或年轻企业在创新的过程中更容易遭受外部融资摩擦，从而表现出对银行信贷的高度敏感。这些证据意味着转型和新兴市场经济体应该将相关优惠政策向融资摩擦高度敏感的企业倾斜，夯实它们进行创新活动所需的资本基础。

从广义的层面而言，从微观层面对企业创新行为的分析表明提高金融市场的发展水平有助于缓解企业所面临的融资约束问题，从而促进企业创新，并推动经济体的成功转型。随着银行系统和金融部门改革的进一步深化，由金融摩擦导致的不良影响会逐步缓解，并最终激励经济转型和维持经济的可持续增长。与此同时，在加快和推进金融系统的改革和进程中，我们应该牢记一个重要原则，外部融资的收益取决于仔细的筛选和监督。因此，一个明智的策略应该是减少银行的歧视性信贷政策，并逐步实现利率市场化，同时还要实行一些策略组合，包括强化筛选流程、改善信息系统、完善信用记录和促进信用担保。针对企业创新的中国金融市场改革而言，倡导金融所有制改革并消除金融所有制歧视能有效地改善商业银行的信贷和风险管理技能，并在企业创新的银行信贷过程中有效地引入风险管理的理念，提高信贷资源配置效率，强化银行信贷对企业创新的积极影响。另外，降低国有企业凭借与政府部门的独特优势获得的超额收益，激励国有控股企业摆脱创新惰性并依靠创新获得市场竞争优势。对此，政府部门应该减少国有企业部门的政策性负担，同时加强对国有企业创新活动的监督和激励，引导国有企业在创新方面发挥领头羊的作用。

参考文献：

[1] 陈国宏,郭弢. 我国 FDI、知识产权保护与自主创新能力关系实证研究 [J]. 中国工业经济, 2008 (4)：25-33.

[2] 江雅雯,黄燕,徐雯. 政治联系、制度因素与企业的创新活动 [J]. 南方经济, 2011 (11)：3-15.

[3] 解维敏,方红星. 金融发展、融资约束与企业研发投入 [J]. 金融研究, 2011 (5)：171-183.

[4] 温军,冯根福,刘志勇. 异质债务,企业规模与 R&D 投入 [J]. 金融研究, 2011 (1)：167-181.

[5] 李后建. 市场化,腐败与企业家精神 [J]. 经济科学, 2013 (1)：99-111.

[6] Gompers, P., Kovner, A., Lerner, J., & Scharfstein, D. (2006). Skill vs. luck in entrepreneurship and venture capital：Evidence from serial entrepreneurs. WorkingPaper (No. w12592), National Bureau of Economic Research.

[7] Kim, W. and Weisbach, M. S. (2008). Motivations for Public Equity Offers：An International Perspective [J]. Journal of Financial Economics, 87：281-307.

[8] Myers, S. C., and Majluf, N. S. (1984). Corporate Financing and Investment Decisions When Firms have Information that Investors Do Not [J]. Journal of Financial Economics, 13：187-221.

[9] Hall, B. H. (2002). The financing of research and development [J]. Oxford Review of Economic Policy, 18 (1)：35-51.

[10] Demirgüç-Kunt, A., Maksimovic, V. (1998). Law, finance, and firm growth [J]. The Journal of Finance, 53 (6)：2107-2137.

[11] Benfratello, L., Schiantarelli, F., Sembenelli, A. (2008). Banks and innovation：Micro-econometric evidence on Italian firms [J]. Journal of Financial Economics, 90 (2)：197-217.

[12] Laeven, L., & Valencia, F. (2012). The use of blanket guarantees in banking crises [J]. Journal of International Money and Finance, 31 (5)：1220-1248.

[13] Greenwood, J., & Jovanovic, B. (1990). Financial Development, Growth and the Distribution of Income [J]. Journal of Political Economy, 98: 1076-1107.

[14] King, R. G., & Levine, R. (1993). Finance, entrepreneurship and growth [J]. Journal of Monetary Economics, 32 (3): 513-542.

[15] Ayyagari, M., Demirguc-Kunt, A. and Maksimovic, V. (2011). Firm innovation in emerging markets: The roles of governance and finance [J]. Journal of Financial and Quantitative Analysis, 46 (6): 1545-1580.

[16] Brown, J. R., Martinsson, G., and Petersen, B. C. (2012). Do Financing Constraint Matter for R&D? [J]. European Economic Review, 56: 1512-1529.

[17] Savignac, F. (2008). Impact of financial constraints on innovation: What can be learned from a direct measure? [J]. Economics of Innovation and New Technology, 17 (6): 553-569.

[18] Efthyvoulou, G., & Vahter, P. (2012). Innovative Performance and Financial Constraints: Firm-level Evidence from European Countries [J]. Sheffield Economic Research Paper Series, No. 2012030.

[19] Hottenrott, H., & Peters, B. (2012). Innovative capability and financing constraints for innovation: More money, more innovation? [J]. Review of Economics and Statistics, 94 (4): 1126-1142.

[20] Lundvall, B. A. (1998). Why study national systems and national styles of innovation? [J]. Technology analysis & strategic management, 10 (4): 403-422.

[21] Haggard, S. M. (1998). Business, politics and policy in East and Southeast Asia [M]. Behind East Asian growth: The political and social foundations of prosperity, 78-104.

[22] Choi, S. B., Lee, S. H., Williams, C. (2011). Ownership and firm innovation in a transition economy: Evidence from China [J]. Research Policy, 40: 441-452.

[23] Peng, M. W. (2004). Outside directors and firm value during institutional transitions [J]. Strategic Management, 25: 453-471.

[24] Aghion, P., & Burgess, R. (2013). Financing in Eastern Europe and The Former Soviet Union [M]. International Finance: Contemporary Issues, 101.

[25] Allen, F., Qian, J., Qian, M. (2005). Law, Finance, and Economic Growth in China [J]. Journal of Financial Economics, 77: 57-116.

[26] Park, A., & Sehrt, K. (2001). Tests of financial intermediation and

banking reform in China [J]. Journal of Comparative Economics, 29 (4): 608-644.

[27] Cull, R., & Xu, L. C. (2005). Institutions, ownership, and finance: the determinants of profit reinvestment among Chinese firms [J]. Journal of Financial Economics, 77 (1): 117-146.

[28] 戴静, 张建华. 金融所有制歧视、所有制结构与创新产出——来自中国地区工业部门的证据 [J]. 金融研究, 2013 (5): 86-98.

[29] Chen, W. R., Miller, K. D. (2007). Situational and Institutional Determinants of Firms' R&D Search Intensity [J]. Strategic Management Journal, 28 (4): 369-381.

[30] Hajivassiliou, V. and Savignac, F. (2007). Financing constraints and arm's decision and ability to innovate: Establishing direct and reverse effects. FMG Discussion Paper 594.

[31] Elliehausen, G. and Wolken, J. (1993). The demand for trade credit: An investigation of motives for trade credit use by small businesses, Staff Study Board of Governors of Federal Reserve System, 165: 1-18.

[32] De Mel, S., McKenzie, D. and Woodru, C. (2008). Returns to capital in microenterprises: Evidence from a field experiment [J]. Quarterly Journal of Economics, 123 (4): 1329-1372.

[33] Banerjee, A. V. and Duo, E. (2013). Do firms want to borrow more? Testing credit constraints using a directed lending program [J]. The Review of Economic Studies, 1: 1-36.

[34] Becheikh, N., Landry, R. and Amara, N. (2006). Lessons from innovation empirical studies in the manufacturing sector: A systematic review of the literature from 1993—2003 [J]. Technovation, 26 (5-6): 644-664.

[35] Gorodnichenko, Y., Svejnar, J. and Terrell, K. (2010). Globalization and innovation in emerging markets [J]. American Economic Journal: Macroeconomics, 2 (1): 194-226.

[36] Fazzari, S. M., Hubbard, G. R. and Petersen, B. C. (1988). Financing constraints and corporate investment [C]. Brookings Papers on Economic Activity, 1: 141-195.

[37] Harho, D. (1998). Are there financing constraints for R&D and investment in German manufacturing firms [J]. Annales d'Economie et de Statistique, 49: 421-456.

[38] Canepa, A. and Stoneman, P. (2008). Financial constraints to innovation in the UK: Evidence from CIS2 and CIS3 [C]. Oxford Economic Papers, 60: 711-730.

[39] Ughetto, E. (2008). Does internal finance matter for R&D? New evidence from a panel of Italian firms [J]. Cambridge Journal of Economics, 32 (6): 907-925.

第五章　政策不确定性、银行授信与企业研发投入

本章利用2012年世界银行关于中国企业运营的制度环境质量调查数据，旨在从实证的视角研究政策不确定性、银行授信与企业研发投入之间的内在关系。研究发现，随着政策不确定性程度的增加，企业会减少研发投入，而银行授信水平则激发了企业的研发投入动机。进一步地，随着政策不确定性程度的增加，银行授信对企业研发投入的正向激励作用会逐渐弱化，而且这一结果具有较强的稳健性。进一步研究发现，处于制度质量水平较高地区的企业，银行授信对企业研发投入具有更加强烈的积极影响，然而制度质量并不能有效地弱化政策不确定性通过银行授信对企业研发投入造成的消极影响。本章的研究结论对于理解宏观政策和资本市场对企业研发投入的影响以及制度质量的作用具有一定的参考价值。

第一节　引言

研发投资不仅是企业获取竞争优势的关键手段（Franko，1989），而且是国民经济可持续发展的重要引擎（Aghion & Howitt，1992）。尤其对于处在转型关键时期的中国而言，企业研发投资是推动中国经济转型升级的内生性动力（李后建，2013）。不过，企业研发过程不仅漫长、特殊和变化莫测，而且还面临着过高的失败风险（Hsu，et al.，2014）。因此，有效地促进企业研发需要运转良好的金融市场有效地发挥降低融资成本、分配稀缺资源、评价研发项目、管理创新风险和监督经理人的功能（李后建、张宗益，2014a；Hsu，et al.，2014）。但是，对于处在新兴加转轨阶段的中国而言，相关正式制度并不

完善，金融市场运行相对不畅，大部分企业依然陷入融资困境（Banerjee & Duflo, 2010）。与普通的投资相比，企业研发投资所产生的无形资产通常难以符合抵押品资质标准，这使得金融机构不愿为此类项目放款（Kochhar & David, 1996）。此外，高新技术企业国内上市条件异常苛刻（Hsu, et al., 2014）。因此，在中国当前的制度环境下，保证企业研发获得稳定、持续和长期的资金支持似乎并不现实。

然而，银行授信为企业从银行获得稳定和持续的资金提供了一个重要的渠道（马光荣等，2014）。银行授信，有时被称为信贷承诺或周转信用协议，是银行在预先确定的条件下承诺给企业的信贷额度（Lockhart, 2014）。与抵押贷款相比，银行授信为企业减少了向银行借款的繁琐检查程序，节约了双方的交易成本（Demiroglu & James, 2011）。更重要的是银行授信通常不需要抵押品，企业可以根据自身经营状况在授信额度范围内自主地申请贷款，降低了债务契约的刚性，在某种程度上满足了企业研发项目融资的所需灵活性（O'Brien, 2003）。但是，银行授信可得性取决于借款人和贷款人双方的财务条件（Demi-roglu & James, 2011）。Demiroglu 和 James（2011）认为如果贷款人违反贷款条约，那么银行通常有权否决借款人申请的信用额度。特别地，在政策不确定性的条件下，银行可能会直接拒绝履行提供承诺信贷的义务以降低信贷风险（Ivashina & Scharfstein, 2010）。

当前，我国经济社会发展在进入新常态的过程中，不确定性状态更加复杂，主要表现为政策效果的不确定性增加；突发事件的影响力增大；系统性风险积累叠加。不确定性的增加会对金融市场风险有直接的影响（Krkoska & Teksoz, 2009），尤其是银行系统风险（Talavera et al., 2012）。现有文献的结论表明政策不确定性的增加会导致银行贷款损失拨备和不良债务增加，迫使银行紧缩贷款条件（Quagliarieuo, 2006）。Baum 等人（2009a）在他们构建的投资组合模型中探究了宏观经济不确定性对银行信贷行为的影响。他们认为银行判断投资机会的能力受制于宏观经济不确定性，因为宏观经济的不确定性会制造出期望收益的噪音信号，由此产生的羊群效应弱化了银行贷款的决策能力。

基于上述探讨，银行授信通常可以缓解企业的融资约束，从而促进企业研发投资。然而，随着政策不确定性的增加，银行授信对企业研发投资的影响是否会发生变化？针对这一问题，本章在理论分析的基础上，运用世界银行关于2012年中国企业运营制度环境质量的调查数据，将是否拥有银行授信以及授信额度大小作为衡量银行授信的指标，考察其对企业研发投入的影响。结果发现，银行授信会提高企业的研发倾向，并强化企业的研发强度，而政策不确定性会降低企业的研发倾向，并弱化企业的研发强度。此外，随着政策不确定性的增加，银行授信对企业研发的积极影响会逐渐弱化。进一步研究发现，制度质量的提升有助于强化银行授信对企业研发投入行为的积极影响，却并不能弱化政策不确定性通过银行授信对企业研发投入造成的消极影响。

本章的研究从以下两个方面丰富和拓展了现有文献：第一，探讨了政策不确定性下银行首先对企业研发投入的影响，有助于进一步理解不同情境下，银行授信对企业可持续发展重要性的差异。第二，从信用的角度加深了对中国经济转型的理解，为我们正确理解在金融市场运转不畅的情况下，信用对中国经济转型的作用机制提供了经验证据。

第二节　文献探讨与研究假设

由于研发项目的投资和回报之间的时间间隔较长，再加上研发过程中出现的某些无法预料的外部因素都会影响研发项目的最终回报（Hill & Snell，1988），因此，有效地评价研发投资的成效是非常困难的（Laverty，1996）。更重要的是，这些无法预料的外部因素所带来的不确定性会导致潜在的逆向选择和道德风险，最终弱化企业研发投入的动机（David，2008）。特别地，在中国政治晋升锦标赛的官员考核机制下，地方官员的轮替和交接会带来一系列的政策不确定性（王贤彬等，2011）。这是因为，来自中央政府的相对绩效考核机制会促使新上任的地方官员有执行差异化策略的强烈动机，从而突出表现与前任非一致的施政方针，以便中央政府有效地区分现任地方官员与前任地方官员之间的政绩差异，这会带来政策的不确定性（李后建、张宗益，2014b）。显然，政策的不确定性增加投资前景的不确定性，弱化了企业的投资判断能力。此时，投资等待的期权价值就会增加，理性的企业通常会延迟对高风险项目的投资（Bloom et al.，2007）。Chen 和 Funke（2003）指出当投资风险增加时，企业对投资的态度将变得异常谨慎并会抑制高风险项目的投资。因此，地方官员的轮替和交接对企业而言就如同 Bernanke（1983）所强调的"坏消息"。具体而言，当存在坏消息时，不确定性的增加会导致企业优先减少周期长、风险大的项目投资。由于研发项目具有投资大、周期长和风险高的特点，因此，政策不确定性的增加会导致辖区内企业优先减少或停止对研发项目的投入（李后建、张宗益，2014b）。

此外，中国正处在经济转型的关键时期，此时中国政府会推行一系列的重大改革措施，这些重大的改革举措可能会带来一定程度的政策不确定性。Rodrik（1991）指出发展中国家的改革所带来的政策不确定会导致企业投资项目的延迟，尤其是一些高风险项目会优先被延迟，直到关于改革成功与否的不确定性被消除时，企业才有可能重新启动这些被延迟的投资项目。Jeong（2002）研究指出政策不确定性会提高企业的预期成本，促使企业减少长期投资。Pastor 和 Veronesi（2013）的理论模型和实证研究结果表明，政策的不确定性降低了政府对市场价值的保护程度，增加了企业对未来投资前景评判的难度，提高了企业的融资成本，弱化了企业对长期投资的激励。由于研发投资是高风险的长期投资项目，它对相关政策具有较高的敏感性，因此，政策不确定性会促使企业优先减少研发项目的投资。根据以上分析，我们提出以下有待检验的假设：

H1：政策不确定会弱化企业的研发投入。

毋庸置疑，相对于普通的投资项目而言，企业研发是一个漫长和持续的过程，例如持续地引入新技术、新设备和人才。这意味着在研发项目的孕育周期内，企业必须时刻备足资金来支持研发项目的规模与效率，否则研发项目将可能由于融资约束而被迫中止（Hsu, et al., 2014）。由此可见，对于任何企业而言，有限内部资金可能无法填补研发项目的资金缺口，企业必须持续地进行外部融资，以保证创新项目的持续运行。然而，与普通项目的外部融资相比，企业研发项目可能面临着股权和债务融资的双重约束。Kim 和 Weisbach（2008）通过研究发现，企业研发项目的融资约束可以通过发行股票得以缓解。然而，由于信息不对称导致的发行成本和"柠檬溢价"使得公众股权并非外部融资的完美替代品（Myers & Majluf, 1984），这些金融摩擦显然扩大了外部成本和外部股权融资之间的裂痕。对于处在经济转型的中国而言，资本市场体系并不完善，企业上市条件异常苛刻，因此，大部分企业通过信贷市场以债务的形式为研发项目融资。然而，债务融资亦不能有效地促进企业研发投入，其主要的原因有三点。第一，债务融资过程中缺少以噪声理性预期均衡为特征的反馈机制。Rajan 和 Zingales（2001）的研究表明，由于缺少价格信号，银行可能会为企业提供持续的融资，甚至为企业亏损的项目进行融资。因此，正如 Beck 和 Levine（2002）所言，以银行为基础的金融系统可能会妨碍外部资金向最具有创新能力的企业有效地流动。第二，致力于创新的企业通常会产生不稳定的和有限数量的内部现金流来偿债（Brown et al., 2012）。此外，企业研发所构建的知识资产通常是无形的，并且大部分嵌入人力资本当中（Hall & Lerner, 2010）。因此，无形资产的有限抵押品价值极大地限制了企业对债务融资的使用（Brown et al., 2009）。第三，满足债务融资支付条款的必要条件会降低融资的灵活性，加上可能出现的无法预料的流动性问题，这可能导致经理人中断正在持续的研发项目（O'Brien, 2003）。

基于上述考虑，银行授信可以被视为某种周转信用条件（Demiroglu & James, 2011）。相对于现金持有量，银行授信是缓冲流动性的一种有效机制（Holmstrom & Tirole, 1998）。银行能够对出现信息问题的企业做出提供流动性支持的承诺，而资本市场却不能。这是因为银行具有资本市场投资者所不具备的筛选和监督能力（Demiroglu & James, 2011）。此外，发放贷款和吸收存款的协同效应使得银行具有天然的对冲属性。当企业的流动性需求上升时，这种天然的对冲属性能够降低流动性供给的相关成本（Gatev & Strahan, 2006）。

从企业的角度来看，相对于现金，银行授信的主要优势体现在，当出现有价值的投资项目时，银行授信便成为企业获得流动性支持的重要承诺，有助于企业克服与现金持有相关的管理代理问题（Demiroglu & James, 2011），从而为企业研发项目提供某种程度的外部融资保障；相对于债务，银行授信的主要优势体现在它能在某种程度上克服债务契约刚性给企业研发项目融资所需的财务灵活性造成的损害（O'Brien, 2003）。此外，由于银行授信反映了银企之间的密切关系，通常具有较强的私密性（Petersen & Rajan, 1994），它并不需要公共信息披露，因此它有助于限制竞争对手占用企业通过研发获得的专有知识（David, 2008）。更重要的是，银行授信通常无须企业提供任何抵押品以及额外的担保措施，这在一定程度上克服了致力于研发的企业由于缺乏抵押品而造成的融资困境（David, 2008）。最后，银行授信使得企业能够规避繁杂的贷款审批程序，帮助企业快速地筹措资金，有助于企业及时地捕捉市场商业机会，激发了经理人研发投资的热情（Demiroglu & James, 2011）。根据以上分析，我们提出以下有待检验的假设：

H2：银行授信有助于强化企业的研发投入。

银行授信是企业获得资金最为常见的债务形式。银行授信为企业提供了灵活和可信的短期可用性资金，然而，银行授信的条款也会随时发生变化（Sufi, 2009）。这是因为政策不确定性会加剧银行与企业之间的信息不对称程度，随着信息不对称程度的增加，银行通常会要求修改授信条款，并减少事先协商确定的信贷额度，以缓解代理问题。Baum等（2009b）的研究表明政策的不确定性通过影响银行经理对贷款机会回报率的预测能力而对银行的信贷策略产生重要的影响。他们进一步指出在政策明朗期，银行可以获得更多的可用信息，而这些信息是银行做出贷款决策的重要依据，此时它们可能会放宽贷款条件，从而降低了企业获取外部融资的成本。由此可见，随着政策不确定性程度的增加，银行的等待期权价值也会增大，此时，推迟贷款决策对银行而言是有益的。Valencia（2014）指出外部融资溢价和较高的不确定性会增加银行破产的风险，因此，在政策不确定性期间，银行通常会减少信贷供给。事实上，银行会根据某些特定的财务指标来评估企业的违约风险和偿债能力，从而决定是否向企业授信（Behr & Güttler, 2007）。然而，政策不确定性将可能恶化企业的财务状况，提高企业的违约风险并降低企业的偿债能力（Norton, 1991），此时银行为了避免损失会违反事先与企业签订的授信协议而拒绝向企业授信（Talavera et al., 2012）。

特别地，企业研发项目是一项不可逆的资本投资，因为研发投资的大部分比例都用于支付研究人员的工资以及完成特定任务所需购买的设备和材料。如果研发项目最终落败，那么企业的前期投入便不可回收。然而，企业通过等待有关政策条件的新信息可以避免巨额亏损，即当信息不利时，企业通常会放弃投资（Dixit & Pindyck, 1994）。由此，企业便会降低研发投入水平。更重要的是，政策不确定性可能会弱化银行授信对企业研发投入的影响。这是因为在政策不确定的情境下，银企之间的信息不对称程度加重，这使得银行对授信的审批保持审慎的态度（Behr & Güttler, 2007）。为了降低不良贷款的风险，应对政策的不确定性，银行可能会不顾声誉而违反与企业事前签订的针对研发项目的授信协议，推迟信贷额度的兑现或者要求重新修改授信协议，增加各种苛刻条款。这是因为研发项目对政策不确定性具有高度的敏感性，而这种高度敏感性显然弱化了银行对企业研发项目经济价值的有效评估，并给银行带来了较高的授信风险。因此，政策不确定性增加了企业通过银行授信的方式为研发项目融资的难度，迫使企业中断研发项目的投入。根据以上分析，我们提出以下有待检验的假设：

H3：政策不确定性弱化了银行授信对企业研发投入的积极影响。

第三节 研究设计

一、研究样本和数据来源

本研究使用的数据来自于由世界银行发起的关于2012年中国企业营商制度环境质量调查。此次调查采取的抽样方法为根据注册域名进行分层随机抽样，并由企业的总经理、会计师、人力资源经理和其他企业职员填写问卷。此次调查总共抽取到的企业为 2848 家，其中国有企业和非国有企业分别为 148 家和 2700 家。这些企业分布在北京、上海、广州、深圳、佛山、东莞、唐山、石家庄、郑州、洛阳、武汉、南京、无锡、苏州、南通、合肥、沈阳、大连、济南、青岛、烟台、成都、杭州、宁波和温州等 25 个城市。调查过程中，涉及 26 个行业，包括服装、纺织、皮革、造纸等。在本研究中，有效样本为 1781 个，这是因为我们剔除了一些指标具有缺失值的样本。需要强调的是，在接下来的回归过程中，我们按上下 1% 的比例对研究中所有的连续变量进行 winsorize 处理，以缓解极端值对回归结果的影响。

二、计量模型与变量定义

为了考察政策不确定性、银行授信以及其他因素对企业研发投入的影响，我们遵照现有文献的经验做法（马光荣等，2014），将本章的基本计量回归模型设定如下：

$$RD_i = \alpha_0 + \alpha_1 line_i (lines_i) + \alpha_2 policy_i + \alpha_3 line(lines) \times policy_i + \beta Z_i + \varepsilon_i \quad (5.1)$$

在模型（5.1）中，RD_i 表示第 i 个企业近三年来的研发投入情况，若企业在近三年内开展了研发投资活动则赋值为 1，否则为 0；其次，RD_i 也表示第 i 个企业近三年来平均每年研发投入与企业销售额的比值。我们的关键解释变量 $line_i$ 表示第 i 个企业是否获得银行授信，若企业获得银行授信则赋值为 1，否则赋值为 0；$lines_i$ 表示第 i 个企业拥有的银行授信额度与销售额的比值，没有授信额度的企业则比重为 0。$line$ 和 $lines$ 值越大，表示企业有较好的外部融资渠道。$policy_i$ 表示第 i 个企业所在地区的政策不确定性，对于政策不确定性的衡量，我们借鉴徐业坤等（2013）的做法，即将企业注册地所在城市市委书记或市长的异地更替作为政策不确定性的衡量。在中央政府的相对绩效考核机制之下，新上任的地方官员迫切希望在新的工作岗位上超越前任。为了更加突出与前任不同的政绩，新上任的地方官员有强烈的动机实施差异化的策略，推行与前任非一致的一系列政策。因此，地方官员的异地更替通常会给辖区内的宏观政策带来强烈的不确定性（王贤彬等，2011；宋凌云等，2012；徐业坤等，2013；李后建、张宗益，2014b）。为了获得市委书记和市长异地更替的数据，我们首先根据样本的注册城市，从新华网和人民网等查询到企业所在城市市长和市委书记的任职年份；在此基础上，通过倒推方法，继续利用百度等网络收集企业所在城市市委书记和市长的简历，最终确定市委书记和市长异地轮替的年份和月份。政策不确定性的具体操作性定义如下：若 2010 年企业所在城市的市委书记和市长皆未发生异地轮替，则赋值为 0；若 2010 年企业所在城市的市委书记或市长发生异地轮替,则赋值为1;若2010年企业所在城市的市委书记和市长同时发生异地轮替,则赋值为3。$line(lines) \times policy_i$表示政策不确定性与银行授信的交互项,它主要用于检验不确定性条件下银行授信对企业研发投入的影响。ε_i表示的是误差项。

Z_i表示控制变量向量,包括企业层面和企业所在城市层面两个维度的控制变量。企业层面的控制变量包括:

(1)企业规模(Scale)。借鉴现有文献的经验,我们将企业员工人数的自然对数作为企业规模的衡量指标。通常而言,规模越大的企业,其声誉优势和规模效应就越明显,企业也越有可能获得项目研发所需具备的各类条件,因此现有研究认为企业规模是影响企业研发投入的重要因素之一(Jefferson et al., 2006)。

(2)企业年龄(lnage)。企业年龄定义为2012年减去企业的创始年份并取其对数。关于企业年龄对研发投入的影响,现有文献对这一问题并未达成一致(Huergo & Jaumandreu, 2004)。因为年轻的企业和成熟的企业在研发上各有优劣,年轻企业的优势在于它们易于接受新的思想和方法,而劣势在于它们研发失败的风险可能要大于成熟企业。这是因为相对于成熟企业而言,年轻企业的市场经验显得相对不足,而且还要面临各种资源的约束。

(3)国有控股比例(Soe)。国有控股比例定义为国有股份在所有制结构中所占的比例。通常地,国有企业在实际控制人的影响下必须附庸地方政府,并助其实现相应的政治和社会目标。这意味着国有控股企业的相关行为囿于地方政府的政治偏好之下。因此,控制住国有控股比例,我们可以捕捉到地方官员政治偏好对企业研发投资行为的干扰效应。

(4)市场竞争程度(Compet)。市场竞争程度定义为企业就非正式部门竞争者行为对其营运影响的评价,根据影响程度的高低,依序赋值为0至4。现有研究表明,在激烈的市场竞争环境中,企业若要保持永续的竞争优势,那么必须不断地进行产品改进和过程创新,这将激励企业开展更多的研发项目(Boone, 2001)。

(5)企业出口(Export)。企业出口定义为若企业将所有的产品在国内出售,则赋值为0,否则赋值为1。出口可以促使企业进行外部学习,激发企业研发投入行为;同时出口使得企业面临更多的市场竞争对手,由此带来的竞争压力迫使企业进行持续的研发投资行为。

(6)销售年平均增长率(Growth)。销售年平均增长率定义为近三年来,企业的平均销售增长率,即2010年的年销售总额除以2008年的年销售总额,然后开三次方,最终所得结果减去1。年销售增长率是反映企业成长动力和发展空间的重要指标之一。通常地，年平均销售增长率越高，表明企业的成长动力更足，发展空间更大，只有这样的企业才更有能力承担起高风险的研发项目。

（7）企业高层经理的工作经验（Exper）。企业高层经理的工作经验定义为企业高层经理在特定行业领域里的从业年数并取其自然对数。由于研发活动是一项高风险的复杂活动，它对环境的敏感性较高，因此需要工作经验丰富的高层管理人员对研发项目进行评估，才能有效地掌控研发过程中所面临的各类风险，从而为企业顺利开展研发活动提供保障。

（8）正式员工的平均教育年限（Edu）。正式员工的平均教育年限是企业人力资本质量的重要体现。对于企业研发而言，提高具有高等教育学历的员工比例有助于提升企业的吸收能力，从而有效地推动企业研发活动的顺利开展。

（9）企业的微机化程度（Computer）。它定义为使用电脑的企业员工比例。微机化程度越高的企业，企业内部以及企业与外部之间的信息传递、知识分享和知识扩散的管道便会更加便捷和畅通，有利于企业吸收新鲜的知识并捕捉商业机会，激发企业研发投入的动机。

（10）正式培训计划（Train）。它定义为企业是否为员工安排正式培训计划。若企业为员工安排了正式的培训计划则赋值为1，否则赋值为0。利用企业是否为员工安排正式培训计划的虚拟变量我们可以捕捉到正式培训对企业研发投入的影响。

最后，我们还控制了来自企业所在城市层面可能影响企业研发的系列变量，例如该城市的市场规模（Popula），按照该城市的人口规模分为四个等级，人口少于5万的赋值为1，5万~25万（不含25万）的赋值为2，25万~100万（含100万）赋值为3，100万以上赋值为4。除此以外，由于以往的研究结论显示不同地区和行业的企业研发活动具有较大的差异，因此，我们还纳入了城市和行业的固定效应。

第四节　实证结果与分析

一、基准回归结果

考虑到本研究的因变量是非负的连续变量，因此我们使用 Tobit 模型，同时考虑到内生性和异方差等问题，我们采用了聚合在行业性质层面的稳健性标准误并且控制了行业和城市的固定效应。

表5-1汇报的是基层回归结果。其中第（1）至（2）列的结果显示，首

先，无论是否纳入控制变量，政策不确定性（Policy）的回归系数在1%的水平上均显著为负，这意味着政策不确定性对企业研发投入水平会产生显著的抑制作用，支持了研究假设1。这与以往的研究结论是一致的（徐业坤等，2013；宋凌云等，2012；王贤彬等，2009），即，在官员异地更替背后隐含着政策连续性的中断，由政策连续性中断带来的政策不确定性会增加企业的投资风险，降低企业的投资规模。根据Dixit和Pindyck（1994）的经典论述，投资项目的期权特征决定了不确定性对投资影响的重要性。投资项目的收益通常取决于投资项目的迟延期权、不可逆性和未来价格的不确定性。期权的价值源于投资项目的迟延有助投资者获得更准确、真实和可靠的政策信息，从而有效地应对政策的不确定性。Goel和Ram（1999）的研究结论表明，企业研发投资对不确定性具有更强的敏感性。这是因为研发投资通常具有较强的资产专用性、较高的路径依赖性和较多的条款默示性，这就使得研发投资项目具有很强的不可逆性。因此，政策的不确定性便成为企业研发投资项目顺利开展的重大阻碍因素之一。

其次，银行授信（Line）的回归系数在1%的水平下均显著为正，这说明银行授信对企业研发投入具有显著的积极影响，支持了研究假设2。这与马光荣等（2014）的研究结论是一致的。银行授信为企业研发提供了比较灵活的融资来源，缓解了企业研发项目的融资约束，有利于激发企业研发投资的热情。

最后，交互项Line×policy的回归系数在5%的水平上显著为负，这说明，随着政策不确定性的增加，银行授信对企业研发投入的正向影响会逐渐弱化，由此研究假设3获得实证结果支持。

除了关键解释变量政策不确定性、银行授信以及两者交互项外，控制变量的符号也基本上符合理论预期。在第（2）列的Tobit回归中，企业规模（Scale）的系数显著为正，这意味着企业规模能够有效地提高企业研发投入强度。这与吴延兵（2007）的研究结论是一致的，即规模大的企业具有较强的风险承担能力，同时又能配套研发项目所需的各种资源（Prashanth，2008）；我们并未发现在10%的水平上，企业年龄（lnage）对研发投入强度具有显著影响。对此一个可能的解释是虽然年长的企业具有较强的市场分析能力，能够快速地洞悉市场规律，把握研发项目投资机会。但是随着企业年龄的增长，企业越发可能擅长执行原有的惯例，并对先前成功的技术能力表现出过度自信的状态，以致企业醉心于原有的技术优势，而陷入"能力陷阱"。由此，年长的企业由于惰性的原因又可能会降低研发投入强度。国有股份比例（Soe）系数在5%的水平上显著为负，表明随着国有股份比例的增加，企业研发投入的强度会逐渐弱化,这与李后建和刘思亚(2015)的研究结论是一致的。按理说,国有企业有着天然的政治关联或政府担保,这使得国有企业在当前的制度环境下具有较强的免疫力,以保证它的研发投资行为免受市场机制不完善带来的伤害。因此,在正式制度并不完善的经济体中,国有企业在研发投资方面的优势更加明显。然而,本章的研究结果却与之相悖。对此一个可能的解释是国有企业虽然可以通过天然的政治关联或政府担保优先获得各种资源,但国有企业这种天然的政治关联或政府担保在某种程度上限制或决定了企业的投资取向。这是因为国有企业的实际控制人通常是由政府主管部门任命或者委派,并领取固定薪酬,而剩余索取权则归国家所有。因此,国有企业实际控制人通常具有强烈的非财务动机(Non-financial motives),例如努力完成政府布置的任务,帮助消化政府的困难,促进个人政治生涯的发展等。为此,他们为了职务待遇和提升机会,通常会优先完成政治任务,而非将精力集中在孕育周期长的研发投资项目。此外,由中央自上而下推行和实施的"政治晋升锦标赛"可以将关心仕途的地方官员置于强力的激励之下,而这种激励模式却导致了一系列的扭曲性后果。尤其是在财政改革之后,地方政府向上级争取资源的机会受到限制(Coles et al.,2006)。因此,在地方政府财政预算不足的情况下,地方官员倾向于将政治和社会目标推向辖区内企业,尤其是国有企业。为此,国有企业通常肩负着沉重的"政策性负担",这些政策性负担扰乱了企业研发投资计划,造成企业过度投资和员工冗余。由此,我们可以把政策性负担视为国有企业获取各种资源所要付出的代价之一。需要强调的是,在晋升激励之下,官员需要在短期内向上级传递可置信的政绩信号。那些孕育周期长、投资风险大的项目通常难以迎合地方官员的政治偏好,为了配合地方政府的政治和社会目标,国有企业也只能将大量的精力放在短期内能够促进当地经济增长和降低失业率的项目上,挤出了企业创新所需投入的精力。

企业市场竞争(Compet)的系数在1%的水平上显著为正,这意味着市场竞争越激烈,企业越倾向于研发,这与Nicholas(2011)的研究结论是一致的。这也在一定程度上印证了"熊彼特假说",即在激烈的市场竞争环境中,企业为了维持市场竞争优势,攫取垄断租金,就必须通过有效手段强化自身竞争力。而研发创新是企业掌握和应用新技术的重要法宝,也是企业迎合市场需求,维持竞争优势的重要手段。因此,激烈的市场竞争给企业带来的压力会不断地激励企业进行研发创新。企业出口(Export)的系数在1%的水平上显著为正,这意味着出口有助于激励企业进行研发创新。这可能是因为出口企业可以获得"出口中学"效应,较快地吸收了国外研发的技术外溢,推动了企的研发活动。销售年平均增长率（Growth）的系数在1%的水平上显著为正，这意味着企业销售年平均增长率越高，企业创新活动的倾向和强度就越高。这是因为企业创新是一项耗资巨大的活动，丰厚的利润才能为这项活动提供物质基础。企业高层经理的工作经验（Exper）的系数在5%的水平上显著为正，这意味着企业高层经理的工作经验越丰富，企业研发活动投入强度越高。这与Ganatakis（2012）的研究结论是一致的。正式员工的平均教育年限（Edu）的系数在5%的水平上显著为正，这意味着正式员工的平均教育年限越长，企业创新活动的强度就会越激烈。这与Roper和Love（2006）的研究结论是一致的。通常而言，较高的教育水平能够帮助员工提高认知复杂性，从而获得更强的能力来掌握新观念、学习新行为和解决新问题。由于研发项目涉及复杂的技术问题并且对政策环境的不确定性具有高度的敏感性，因此，只有较高教育水平的员工才有可能成功应对研发项目中的复杂技术问题，并忍受研发项目的高风险。较高教育水平还能帮助员工消化和吸收新的知识和技术，有利于推动企业研发活动的开展（Roper & Love, 2006）。企业员工培训（Train）的系数在5%的水平上显著为正，表明企业员工培训能够有效地促进企业研发。对此一个可能的解释是培训有利于促进员工吸收新的知识，从而有利于企业研发活动的开展。企业微机化程度（Computer）的系数在10%的水平上显著为正，这意味着微机化程度越高的企业越倾向于创新，且研发投入强度越高。本地市场规模（Popula）对企业研发投入强度具有显著的正向影响（$\beta = 0.0307$，$P < 0.01$），这意味着本地市场规模越大，市场需求越多，企业越倾向于研发创新。

表5-1 政策不确定性和银行授信对企业研发投入影响的实证检验结果

变量	(1) Tobit	(2) Tobit	(3) Tobit	(4) Probit	(5) Probit	(6) IVTobit	(7) IVProbit	(8) IVTobit	(9) IVPobit
Line	0.0425***	0.0396***		0.6904***		0.2151***	1.5763***		
	(0.0077)	(0.0059)		(0.1014)		(0.0581)	(0.5676)		
Line×policy	−0.0321***	−0.0276**		−0.4812***		−0.0925**	−0.7216**		
	(0.0104)	(0.0106)		(0.1454)		(0.0453)	(0.3156)		
Policy	−0.0781***	−0.0673***	−0.0764***	−0.9451***	−0.9017***	−0.0649***	−0.8915***	−0.0637***	−0.8816***
	(0.0091)	(0.0087)	(0.0091)	(0.0911)	(0.1235)	(0.0117)	(0.1484)	(0.0118)	(0.1145)
Lines			0.0086***		0.1016***			0.0194***	0.2464***
			(0.0024)		(0.0361)			(0.0061)	(0.0718)
Lines×policy			−0.0094***		−0.1276***			−0.0138***	−0.1406**
			(0.0031)		(0.0473)			(0.0043)	(0.0591)

表5-1(续)

变量	(1) Tobit	(2) Tobit	(3) Tobit	(4) Probit	(5) Probit	(6) IVTobit	(7) IVProbit	(8) IVTobit	(9) IVPobit
Scale		0.0074*	0.0070*	0.1970***	0.1958***	0.0065*	0.1732***	0.0058*	0.1637***
		(0.0038)	(0.0038)	(0.0515)	(0.0516)	(0.0039)	(0.0547)	(0.037)	(0.0541)
lnage		0.0008	0.0010	−0.0548	−0.0574	0.0006	−0.0952	0.0005	−0.0947
		(0.0051)	(0.0047)	(0.0653)	(0.0667)	(0.0057)	(0.0803)	(0.0043)	(0.0826)
Soe		−0.0305**	−0.0312**	−0.2890	−0.2761	−0.0211	−0.2220	−0.0196	−0.2154
		(0.0142)	(0.0145)	(0.2545)	(0.2158)	(0.0152)	(0.2300)	(0.0153)	(0.2304)
Computer		0.0099***	0.0094***	0.0958**	0.0944**	0.0162***	0.1385***	0.0158***	0.1276**
		(0.0020)	(0.0022)	(0.0295)	(0.0302)	(0.0053)	(0.0482)	(0.0054)	(0.0486)
Export		0.0187***	0.0182***	0.2354***	0.2419***	0.0153**	0.2477***	0.0148**	0.2469***
		(0.0048)	(0.0051)	(0.0744)	(0.0753)	(0.0072)	(0.0804)	(0.0070)	(0.0806)
Growth		0.0311***	0.0296***	0.5528***	0.5610***	0.0403**	0.5977***	0.0387**	0.6010***
		(0.0081)	(0.0076)	(0.2271)	(0.2303)	(0.0176)	(0.2231)	(0.0184)	(0.2236)
Exper		0.0119*	0.0110	0.4143***	0.4025***	0.0073	0.3344***	0.0081	0.3341***
		(0.0061)	(0.0066)	(0.1010)	(0.0968)	(0.0076)	(0.1187)	(0.0073)	(0.1189)
Edu		0.0057***	0.0061***	0.0785***	0.0801***	0.0048**	0.0668**	0.0052**	0.0648*
		(0.0014)	(0.0018)	(0.0198)	(0.0200)	(0.0021)	(0.0318)	(0.0022)	(0.0322)
Train		0.0187**	0.0180**	0.4487***	0.4491***	0.0149*	0.3164**	0.0171**	0.3014*
		(0.0077)	(0.0080)	(0.1414)	(0.1415)	(0.0082)	(0.1620)	(0.0081)	(0.1622)
Comput		0.0004*	0.0004*	0.0004	0.0003	0.0005*	0.0019	0.0006**	0.0020
		(0.0002)	(0.0002)	(0.0018)	(0.0015)	(0.0002)	(0.0021)	(0.0002)	(0.0020)
Popula		0.0307***	0.0301***	0.4834***	0.4451***	0.0279*	0.4101**	0.0264*	0.4169**
		(0.0102)	(0.0097)	(0.1348)	(0.1276)	(0.0154)	(0.1830)	(0.0148)	(0.2010)
Constant		−0.2864***	−0.0657***	−4.7772***	−1.5393***	−0.2241***	−3.8284***	−0.1893***	−2.8176***
		(0.0354)	(0.0061)	(0.3976)	(0.4017)	(0.0663)	(1.1330)	(0.0516)	(0.8139)
城市效应	已控制	已控制	已控制	已控制	已控制	已控制	已控制	已控制	已控制
行业效应	已控制	已控制	已控制	已控制	已控制	已控制	已控制	已控制	已控制
Pseudo R^2	0.0054	0.1579	0.1428	0.1475	0.1360				
AR						22.41***	21.03***	20.64***	19.48***
Wald test						16.18***	15.28***	17.06***	14.63***
N	1781	1781	1781	1781	1781	1781	1781	1781	1781

注：1. *、**、*** 分别表示在10%、5%和1%的显著水平上拒绝原假设，以下相同，不再赘列；

2. Wald test 表示的是外生排除性检验；

3. Tobit 和 Probit 回归中的括号()内表示基于行业聚合的稳健性标准差；

4. 在构建交叉项的过程中，首先对需要进行交叉相乘的两个变量进行中心化，然后交叉相乘构成交叉项；

5. AR 表示弱工具变量的稳健性检验，stata13 版本命令为 weakiv。

进一步地，表5-1中列（3）显示银行授信规模的系数在1%的水平上显著为正，这意味着银行授信规模对企业研发投入具有显著的正向影响。同样地，政策不确定性与银行授信规模的交互项（Lines×policy）在1%的水平上显著为负，这意味着随着政策不确定性的增加，银行授信规模对企业研发投入强度的积极影响会逐渐弱化。表1中列（4）和列（5）的回归结果也显示，政策不确定性对企业研发投入倾向具有显著的抑制作用，而银行授信和银行授信规模对企业研发投入倾向皆具有显著的促进作用。同样地，随着政策不确定性的增加，银行授信和银行授信规模对企业研发投入倾向的积极影响会逐渐弱化。

二、内生性问题

1. 工具变量方法

使用最小二乘法或Probit（Tobit）模型对计量方程（1）进行估计会导致关键参数的有偏估计。换言之，致力于研发的企业很有可能较难获得银行授信（Hajivassiliou & Savignac, 2007），因此银行授信与企业研发投入之间可能存在由于反向因果关系导致的内生性问题。为了修正内生性偏误，我们打算使用工具变量，这些工具变量会对企业获得银行授信有直接影响，而并不会（直接）影响企业研发投入强度。对企业现金收入的外生冲击因素似乎是企业获得银行授信可行的工具变量。因为这样的外生性冲击不仅会影响企业内部资金的数量，而且还会影响企业对外部投资者的信誉和吸引力，但是这些外生性冲击对企业研发投入强度并无直接影响。

庆幸的是，2012年世界银行关于中国企业运营的制度环境质量调查不仅收集了有关企业现金流外生冲击的信息，而且还收集了企业应对这些冲击的策略信息。

特别地，我们使用两个工具变量：

第一个工具变量是Poc，表示企业购买原材料或服务项目货款中的赊销比例。这个变量之所以是可行的工具变量，其原因如下：首先企业不可能使用未支付的赊销货款（贸易信贷）作为研发活动的融资资金，因为这种外部融资方式的特点是企业逾期支付赊销货款会导致巨额罚息，因此它的融资成本是非常昂贵的（Elliehausen & Wolken, 1993）。由此可见，除非企业面临严峻的流动性短缺问题，否则企业并不乐意使用未支付的赊销货款。其次，在信息不对称的情况下，外部投资者并不能有效地区分资不抵债的企业和无流动资金而有偿债能力的企业，因此对于未支付赊销货款的企业而言，银行授信的额度会下降。

第二个变量 Lost 用于反映企业外部不可控事件导致的损失经历。在 2012 年的调查中，我们使用"由于断电导致的损失额占企业年度销售总额的比例""在产品运送过程中由于盗窃导致的损失额占产品价值总额的比例""在产品运送过程中由于破损或变质导致的损失额占产品价值总额的比例"等来反映企业经历的外部不可控事件。上述事件的特点可以概括为：（1）意料之外的事件；（2）可能会导致流动性资金额度暂时性的减少；（3）企业的外生事件。这些外生事件的冲击会对企业声誉造成某种程度的影响，从而影响银行对企业的授信倾向和授信额度。因此，lost 与企业银行授信之间存在强烈的关联性并满足排除限制。注意到我们的基准工具变量具有企业层面的变异，因此相对于使用省域或产业层面的工具变量，它能够捕捉到大部分的变异，并使得估计结果更加精确。

利用上述工具变量，我们使用了 IVTobit 和 IVProbit 回归，分别报告在表 5-1 中的第（6）列至第（9）列。回归结果显示，Wald 外生性排除检验都拒绝了原假设，表明银行授信是内生性，同时弱工具变量的稳健性检验拒绝了原假设，表明不存在"弱工具变量"问题。在表 5-1 中第（6）列至第（9）列的银行授信（Line 和 Lines）系数在 1% 的水平上显著为正，与普通的 Tobit 和 Probit 回归估计的结果基本吻合。值得注意的是，工具变量估计的结果与普通的 Tobit 和 Probit 回归估计的结果相比，表 5-1 中第（6）列至第（9）列的银行授信系数提高较大。这表明，银行授信的内生性使得普通的 Tobit 和 Probit 回归估计产生向下偏倚，从而倾向于低估银行授信对企业研发投入的影响。

2. Heckman 样本选择模型估计

通常，银行授信是由银行部门根据企业某些财务指标以及企业声誉等综合考察决定的，同时致力于研发的企业也存在自主选择银行授信的强烈动机。这是因为在信息不对称和抵押品奇缺的情况下，企业研发项目活动可能会陷入债务融资困境，而银行授信却在某种程度上放松了债务契约的刚性，为企业研发项目提供了灵活、便捷和稳定的融资来源，这也使得致力于研发的企业有申请银行授信的强烈动机。因此，银行授信这一变量的内生性问题也表现为自选择（Self selection）问题，这可能会影响本章实证结果的可靠性。基于此，我们参考马光荣等（2014）的做法，利用 Heckman 两步法来修正这种选择性偏差。首先构建一个银行授信的选择模型，然后计算出每个观测值的逆米尔斯比率（Inverse Mills ratio），对银行授信可能存在的内生性问题进行控制。银行授信的选择模型（Probit 模型）如下：

$$line_i = \alpha_0 + \beta Z_i + \varepsilon_i \tag{5.2}$$

其中解释变量 Z_i 包括企业规模、企业年龄、国有控股比例、销售年平均增长率、企业高层经理的工作经验、正式员工平均教育年限、企业是否获得国际质量认证、企业是否聘请外部审计师对财务状况进行审查、城市的市场规模以及城市和行业的固定效应。

其次，我们将式（5.2）估计获得的逆米尔斯比率代入到式（5.1），即

$$RD_i = \alpha_0 + \alpha_1 line_i (lines_i) + \alpha_2 policy_i + \alpha_3 line(line) \times policy_i + \alpha_4 IMR_i + \beta Z_i + \varepsilon_i \tag{5.3}$$

其中，IMR_i 表示第一步估计出的第 i 个企业的逆米尔斯比率。如果逆米尔斯比率的系数 α_4 在10%的水平上是显著的，那么样本存在选择偏差问题。回归结果报告在表5-2中，从回归结果可以看出 α_4 在10%的水平上没有通过显著性检验；同时银行授信与企业研发投入之间的关系依然显著为正，这意味着在考虑了可能存在的内生性和样本选择偏差问题之后，银行授信对企业研发投入水平产生正面影响的结论是稳健的。

表 5-2　　　　　　　　　　Heckman 样本选择模型估计

	研发投入倾向 （1）	研发投入强度 （2）
Lines	0.1017***	0.0087***
	（0.0359）	（0.0024）
Policy	-0.9009***	-0.0759***
	（0.1234）	（0.0093）
Lines×policy	-0.1270***	-0.0089***
	（0.0471）	（0.0035）
IMR	-0.0003	-0.0005
	（0.0016）	（0.0021）
Pseudo R^2	0.1361	0.1429
N	1781	1781

3. 广义倾向得分匹配估计

为了更好地反映银行授信对企业研发投入力度变化的影响效应，我们采用 Hirano 和 Imbens（2004）所发展的基于连续性处理变量的广义倾向得分匹配方法（Generalized Propensity Score Matching, GPSM）进行实证分析，以进一步刻画不同银行授信水平对企业研发投入力度的影响差异。一般而言，运用广义

倾向得分匹配法来实现因果关系估计的步骤如下：首先，我们计算出处理变量（Lines）的广义倾向匹配得分；其次，以研发投入力度变化作为被解释变量，以银行授信作为关键解释变量，并将处理变量的广义倾向匹配得分作为控制变量，然后通过 OLS 法进行估计。具体结果汇报在表 5-3。由表 5-3 的结果可知，各个变量及其平方项和交互项均通过了显著性检验，我们将这一步的估计系数作为第三步估计的基础。在第三步估计之前，我们刻画了不同银行授信水平下，企业研发力度的趋势走向，具体见图 5-1。由图 5-1 的处理效应函数估计图的趋势走向可知，随着银行授信水平从低分位点向高分位点的逐渐升高，银行授信对企业研发投入的正向处理效应逐渐强化。从剂量响应函数估计图的趋势走向可知，银行授信与企业研发投入之间始终呈现显著的正向关系。

表 5-3　　　　　　　　　　OLS 估计结果

变量	系数	标准差
Lines	0.0266 ***	0.0057
Linessq	-0.0208 ***	0.0043
Pscore	0.0208 ***	0.0065
Pscoresq	-0.0636 ***	0.0174
Lines×pscore	0.0553 **	0.0272
Constant	0.0088	0.0062

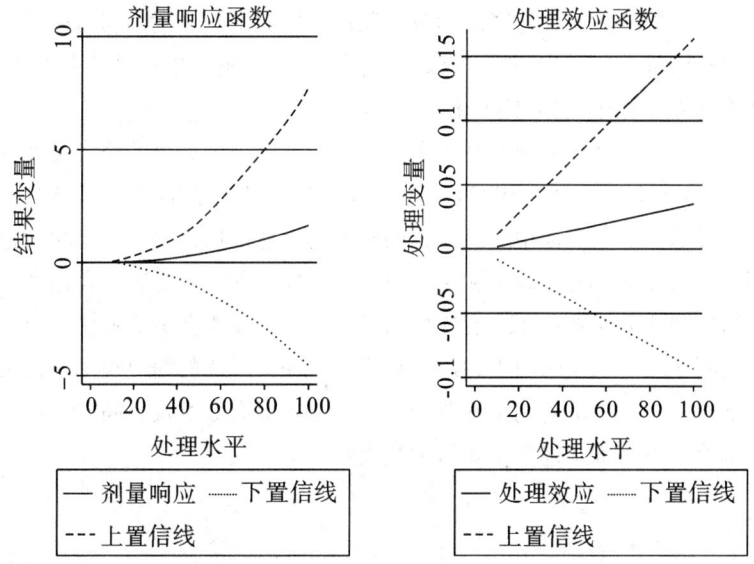

图 5-1　不同处理水平下的剂量响应函数和处理效应函数估计图

三、稳健性检验

为了检验研究结果的稳健性,我们从以下几个方面进行了稳健性检验,稳健性检验结果经整理后汇报在表 5-4 中:

其一,基于产业类别的回归分析。表 5-4 中列(1)至列(4)的结果分别显示,不管是制造业(Manu)还是零售和服务业(Reta),在 5%的水平上,政策不确定性对企业研发投入强度仍具有显著的负面影响,而银行授信和银行授信规模对企业研发投入强度仍具有显著的正向影响,且随着政策不确定程度的增加,银行授信和银行授信规模对企业研发投入强度的积极影响会逐渐弱化。

其二,剔除注册地为直辖市的样本。在本研究中,考虑到直辖市特殊的政治经济环境可能会对估计结果有噪音影响,因此我们剔除注册地所在城市为北京的样本进行重新检验的结果表明,主要结论依然成立,具体见表 5-4 中的列(5)和列(6)。

其三,寻找银行授信和银行授信规模的替代性工具变量。参照相关文献的经验做法(Fisman & Svensson, 2007; Reinnikka & Svensson, 2006),即企业所在城市的特征变量经常作为企业内生变量的工具变量。Fisman 和 Svensson(2007)使用企业所在地区相关经济变量的平均值作为工具变量。基于此,我们将使用企业所在城市同行业(Location-industry average)的银行授信和银行授信规模的平均值作为银行授信和银行授信规模的工具变量,利用这一工具变量,我们对计量模型(1)进行重新估计的结果表明,主要结论依然是成立的,具体见表 5-4 中的列(7)和列(8)。

其四,纳入制度环境的控制变量。良好的制度被视为决定经济发展的重要因素之一(Djankov et al., 2002)。这是因为良好的制度能够确保契约的执行并保护公民的财产免受征用之风险,同时也为企业发展提供了一个相对稳定的商业环境。同样地,为了制定和执行规则,制度必须发挥配置、表达和问责的功能。当这些功能能够有效地发挥出来时,良好的制度会更加强调公众对制定和执行规则之政府机构的问责,从而形成一个相对最优的商业规则。在良好的制度性框架内,信贷市场优化资源配置的功能才能有效实现,同时企业也能更有效地应对政策不确定性给企业研发投资带来的风险。

表 5-4　稳健性检验结果

变量	(1) Manu	(2) Reta	(3) Manu	(4) Reta	(5) IVTobit	(6) IVTobit	(7) IVTobit	(8) IVTobit	(9) IVTobit	(10) IVTobit
Line	0.2316***	0.1938***			0.2147***		0.2206***		0.2153***	
	(0.0603)	(0.0618)			(0.0583)		(0.0521)		(0.0581)	
Line×policy	−0.1022**	−0.0817*			−0.0931**		−0.0937**		−0.0927**	
	(0.0457)	(0.0460)			(0.0461)		(0.0388)		(0.0460)	
Policy	−0.0711***	−0.0431***	−0.0713***	−0.0477***	−0.0641***	−0.0630***	−0.0581***	−0.0684***	−0.0633***	−0.0637***
	(0.0120)	(0.0142)	(0.0125)	(0.0120)	(0.0116)	(0.0117)	(0.0143)	(0.0120)	(0.0119)	(0.0114)
Lines			0.0215***	0.0156**		0.0185***		0.0193***		0.0188***
			(0.0057)	(0.0062)		(0.0057)		(0.0053)		(0.0058)
Lines×policy			−0.0143***	−0.0093**		−0.0133***		−0.0136***		−0.0126***
			(0.0049)	(0.0043)		(0.0047)		(0.0044)		(0.0045)
Law							0.0048***	0.0047***		
							(0.0013)	(0.0014)		
Line×law							0.0011*		0.0006*	
							(0.0006)		(0.0003)	
Policy×law									0.0012	
									(0.0013)	

表5-4(续)

变量	(1) Manu	(2) Reta	(3) Manu	(4) Reta	(5) IVTobit	(6) IVTobit	(7) IVTobit	(8) IVTobit	(9) IVTobit	(10) IVTobit
Line×policy×law									0.0005 (0.0008)	
Lines×law										0.0009** (0.0004)
Lines×policy×law										0.0004 (0.0008)
其他控制变量	已控制	已控制	已控制	已控制	已控制	已控制	已控制	已控制	已控制	已控制
城市固定效应	已控制	已控制	已控制	已控制	已控制	已控制	已控制	已控制	已控制	已控制
产业固定效应	已控制	已控制	已控制	已控制	已控制	已控制	已控制	已控制	已控制	已控制
AR	20.21***	19.20***	21.64***	19.73***	22.65***	20.94***	24.17***	20.81***	21.48***	18.76***
Wald test	16.53***	14.76***	17.02***	15.08***	18.46***	16.43	19.61***	14.97***	18.21***	15.71
N	1193	588	1193	588	1685	1685	1781	1781	1781	1781

由上述结论推导，良好的制度环境能够弱化政策不确定性对企业研发投入的消极影响，同时强化银行授信对企业研发的积极影响。进一步地，我们还可以断定在司法质量较高的水平下，政策不确定性对银行授信与企业研发投入之间正向关系的弱化作用会下降。基于此，我们纳入了制度质量（Law），制度质量与银行授信的交互项（Line×law），制度质量与政策不确定性的交互项（Policy×law），制度质量、银行授信与政策不确定性三者间的交互项（Line×policy×law），制度质量与银行授信规模的交互项（Lines×law），制度质量，银行授信规模与政策不确定性三者间的交互项（Lines×policy×law）。在度量制度质量时，我们根据2012年世界银行关于中国企业营运的制度环境质量调查问卷中设置的问题："法院系统是公正、公平和廉洁的"，将其作为司法质量（Law）的度量。同时，企业管理层可以选择的答案为"非常不同意""倾向于不同意""倾向于同意""非常同意"。根据这些答案，我们依次赋值为1、2、3、4。回归结果经整理后汇报在表5-4的列（9）和（10）。结果显示，制度质量（Law）的系数在1%的水平上显著为正，这意味着正式制度质量对企业研发投入具有显著的正向影响。制度质量分别与银行授信（Line×law）和银行授信规模（Lines×law）的交互项系数在10%的水平上显著为正，这意味着处于制度质量较高地区的企业，银行授信和银行授信规模对企业研发投入具有更强烈的正向影响。制度质量与政策不确定性的交互项（Policy×law）以及制度质量交互项的系数、银行授信（银行授信规模）与政策不确定性三者交互项的系数在10%的水平上并不显著，这意味着当前的制度质量并不能有效弱化政策不确定性通过银行信贷对企业研发投入造成的负面影响。

第五节 结论与政策内涵

本章运用2012年世界银行关于中国企业营运的制度环境质量调查数据实证分析政策不确定性和银行授信对企业研发投入的影响。研究发现，随着政策不确定性程度增加，企业的研发投入水平会明显下降。此外，研究发现银行授信对企业研发投入具有显著的正向影响效应。进一步地，随着不确定性程度的增加，银行授信对企业研发投入的正向影响会逐渐弱化。相关结果在考虑内生性的问题时依然成立，并且上述结论在不同产业的样本中得到了佐证。政策不确定性对企业研发投入产生影响的原因主要有两个方面。一方面是政策不确定性弱化了银行部门对企业研发项目价值的有效评估能力，导致银行紧缩贷款条件，使得企业研发项目陷入融资困境；另一方面是政策不确定性提高了具有投资不可逆性项目的等待期权价值，使得理性的投资者无限期地推迟研发投资。在此基础上，我们进一步研究了不同制度质量水平下，政策不确定性、银行授信与企业研发投资之间的关系。研究发现，在制度质量较高的地区，银行授信对企业研发投入具有更强的积极影响，但制度质量并不能有效地弱化政策不确定性通过银行授信对企业研发投入造成的消极影响。

总体而言，本章的实证结果表明，由官员更替带来的政策不确定性以及企业缺乏外部融资渠道是企业投入不足的重要原因，成为中国经济转型升级的重要掣肘，而提高当前的制度质量便成为当前缓解政策不确定性影响的有效措施之一。本研究不单深化了对企业研发投入的理解，还深化了宏观政策环境、银行授信以及制度质量对企业风险投资影响的理解。基于上述分析，本研究结论的政策内涵如下：

（1）在地方官员异地更替的过程中，中央政府要确保辖区内政策的连续性和政治的稳定性。本研究结论显示，由于官员异地更替导致的政策不确定会弱化企业研发投入动机，降低企业研发投入水平。官员的频繁异地更替不仅会影响辖区内施政的稳定性，而且还可能会诱发执政理念的短期化、执政行为的浮躁化甚至政绩泡沫等问题，最终抑制辖区内企业研发投入行为。为此，中央政府应该尽量避免官员频繁异地更替，并将官员更替频率控制在一个合理的范围之内。同时在政干部轮换交流之际，应该综合考虑人事行政的规律性。高层领导干部既要具备宏观的视野，又要有丰富的基层工作经验，从而制定出有利于当地经济长期发展的选贤任能制度。

（2）健全和完善制度机制，提高法治水平。本章的研究结论显示，在制度质量较高地区，银行授信对辖区内企业研发投入行为具有更加强烈的积极影响，然而当前的制度质量却不能有效弱化政策不确定性通过银行授信对企业研发投入行为造成的消极影响。为此，健全和完善相关制度机制，提高法治水平或许将成为企业研发投入过程中应对政策不确定性的重要制度性保障。在法治过程中要大力弘扬以法治为主要内容的社会主义核心价值观，增强全民法治的道德观念，强化规则意识，倡导契约精神，尊崇公序良俗。特别地，在新常态下，中国必须坚持强化市场经济法治建设，充分地发挥法律的配置、表达和问责功能，从而形成一套相对最优的商业规则。通过这些商业规则来确保研发投入的事后收益，并弱化政策不确定性对企业研发投入的消极影响。针对企业研发投入的法治化管理应具体体现在简化各种繁杂有失合理更缺乏监督制衡下的行政审批，充分发挥市场的竞争优势，降低研发企业的税负负担，让企业有更多的精力关注研发投入，最终达到以法治精神推动企业创新发展，让创新成为驱动中国经济结构转型升级的主动力。

（3）通过银行授信来缓解企业研发投入面临的融资约束，激发企业的研发投入动机。本章的研究结论显示，银行授信对企业研发投入具有显著的正向影响，而且这一结果具有较强的稳健性。基于此，政府部门应该通过金融体系的改革来提高银行部门的授信水平，从而有效缓解企业研发投入面临的融资约束，减少信贷配给和歧视，降低企业的融资成本，提高企业研发投入的积极性。当然，随着制度质量水平的不断提升，银行部门也应该在机制建设、产品创新和风险控制等方面探索新理念、新技术和新模式，并完善银行的授信工作机制，为企业研发投入提供快速的授信业务，降低企业的外部融资成本，激发企业加大研发投入的热情，从而为中国经济结构转型升级以及经济的新常态提供有力的金融支持。

参考文献：

[1] Franko, L. G. (1989). Global corporate competition: Who's winning, who's losing, and the R&D factor as one reason why [J]. Strategic Management Journal, 10 (5): 449-474.

[2] Aghion, P., Howitt, P. (1992). A model of growth through creative destruction [J]. 60 (2): 323-351.

[3] 李后建. 市场化、腐败与企业家精神 [J]. 经济科学, 2013 (1): 99-111.

[4] Hsu, P. H., Tian, X., Xu, Y. (2014). Financial development and innovation: Cross-country evidence [J]. Journal of Financial Economics, 112 (1): 116-135.

[5] 李后建, 张宗益. 金融发展、知识产权保护与技术创新效率——金融市场化的作用 [J]. 科研管理, 2014, 35 (12): 160-167.

[6] Banerjee, A. V., Duflo, E. (2005). Growth theory through the lens of development economics [J]. Handbook of economic growth, 1 (PartA): 473-552.

[7] Kochhar, R., David, P. (1996). Institutional investors and firm innovation: A test of competing hypotheses [J]. Strategic Management Journal, 17 (1): 73-84.

[8] 马光荣,刘明,杨恩艳. 银行授信、信贷紧缩与企业研发[J]. 金融研究, 2013 (7): 76-93.

[9] Lockhart, G. B. (2014). Credit lines and leverage adjustments [J]. Journal of Corporate Finance, 25 (4): 274-288.

[10] Demiroglu, C., James, C. (2011). The use of bank lines of credit in corporate liquidity management: A review of empirical evidence [J]. Journal of Banking & Finance, 35 (4): 775-782.

[11] Ivashina, V., Scharfstein, D. (2010). Bank lending during the financial crisis of 2008 [J]. Journal of Financial Economics, 97 (3): 319-338.

[12] O'Brien, J. (2003). The capital structure implication of pursuing a strategy of innovation [J]. Strategic Management Journal, 24 (5): 415-431.

[13] Krkoska, L., Teksoz, U. (2009). How reliable are forecasts of GDP growth and inflation for countries with limited coverage? [J]. Economic Systems, 33 (4): 376-388.

[14] Talavera, O., Tsapin, A., Zholud, O. (2012). Macroeconomic uncertainty and bank lending: The case of Ukraine [J]. Economic Systems, 36 (2): 279-293.

[15] Quagliariello, M. (2009). Macroeconomic uncertainty and banks' lending decisions: the case of Italy [J]. Applied Economics, 41 (6): 323-336.

[16] Baum, C. F., Caglayan, M., Ozkan, N. (2009a). The second moments matter: the impact of macroeconomic uncertainty on the allocation of loanable funds [J]. Economics Letters, 102 (2): 87-89.

[17] Hill, C. W. L., & Snell, S. A. (1988). External control, corporate strategy, and firm performance in research-intensive industries [J]. Strategic Management Journal, 9 (8): 577-590.

[18] Laverty, K. J. (1996). Economic "short-termism": The debate, the unresolved issues, and the implications for management practice and research [J]. Academy of Management Review, 21 (3): 825-860.

[19] David, P., O'Brien, J. P., Yoshikawa, T. (2008). The implications of debt heterogeneity for R&D investment and firm performance [J]. Academy of Management Journal, 51 (1): 165-181.

[20] 王贤彬,张莉,徐现祥. 辖区经济增长绩效与省长省委书记晋升[J]. 经济社会体制比较, 2011 (1): 110-122.

[21] 李后建, 张宗益. 地方官员任期、腐败与企业研发投入 [J]. 科学学研究, 2014, 32 (5): 744-757.

[22] Bloom, N., Bond, S., Van Reenen, J. (2007). Uncertainty and investment dynamics [J]. Review of Economic Studies, 74 (2): 391-415.

[23] Chen, Y. F., Funke, M. (2003). Option value, policy uncertainty, and the foreign direct investment decision [R]. Hamburg Institution of International Economics discussion paper.

[24] Bernanke, B. S. (1983). Irreversibility, uncertainty, and cyclical investment [J]. Quarterly Journal of Economics, 97 (1): 85-106.

[25] Rodrik, D. (1991). Policy uncertainty and private investment in developing countries [J]. Journal of Development Economics, 36 (2): 229-242.

[26] Jeong, B. (2002). Policy uncertainty and long-run investment and output across countries [J]. International Economic Review, 43 (2): 363-392.

[27] Pastor, L., Veronesi, P. (2013). Political uncertainty and risk premia [J]. Journal of Financial Economics, 110 (3): 520-545.

[28] Kim, W., Weisbach, M. S. (2008). Motivations for public equity offers: An international perspective [J]. Journal of Financial Economics, 87 (2): 281-307.

[29] Myers, S. C., Majluf, N. S. (1984). Corporate financing and investment decisions when firms have information that investors do not have [J]. Journal of Financial Economics, 13 (2): 187-221.

[30] Rajan, R., Zingales, L. (2001). The influence of the financial revolution on the nature of firms [J]. American Economic Review, 91 (2): 206-212.

[31] Beck, T., Levine, R. (2002). Industry growth and capital allocation: Does having a market-or bank base system matter? [J]. Journal of Financial Economics, 64 (2): 147-180.

[32] Hall, B. H., Lerner, J. (2010). The financing of R&D and innovation [M]. Hall, B. H., Rosenberg, N. Handbook of the Economics of Innovation. Amsterdam: Elsevier-North Holland, 2010.

[33] Brown, J. R., Martinsson, G., Petersen, B. C. (2012). Do financing constraints matter for R&D? [J]. European Economic Review, 56 (8): 1512-1529.

[34] Brown, J. R., Fazzari, S. M., Petersen, B. C. (2009). Financing innovation and growth: cash flow, external equity and the 1990s R&D boom [J]. Journal

of Finance, 64 (1): 151-185.

[35] Holmstrom, B., Tirole, J. (1998). Private and public supply of liquidity [J]. Journal of Political Economics, 106 (1): 1-40.

[36] Gatev, E., Strahan, P. (2006). Banks' advantage in hedging liquidity risk: Theory and evidence from the commercial paper market [J]. Journal of Finance, 61 (2): 867-892.

[37] Petersen, M., Rajan, R. G. (1994). The benefits of lending relationships: Evidence form small business data [J]. Journal of Finance, 49 (1): 3-37.

[38] Sufi, A. (2009). Bank lines of credit in corporate finance: an empirical analysis [J]. Review of Financial Studies, 22 (3): 1057-1088.

[39] Baum, C. F., Caglayan, M., Talavera, A. (2009). Parliamentary election cycles and the Turkish banking sector [J]. Journal of Banking and Finance, 34 (11): 2709-2719.

[40] Villacorta, A. (2014). Optimal lending contract with uncertainty shocks [M]. Stanford University, Working Paper.

[41] Behr, P., Güttler, A. (2007). Credit risk assessment and relationship lending: An empirical analysis of German small and medium-sized enterprises [J]. Journal of Small Business Management, 45 (2): 194-213.

[42] Norton, J. J. (1991). Bank regulation and supervision in the 1990s [M]. London: Lloyd's of London Press Ltd.

[43] Dixit, A., Pindyck, R. S. (1994). Investment under uncertainty [M]. Princeton: Princeton University Press.

[44] 徐业坤,钱先航,李维安.政治不确定性、政治关联与民营企业投资——来自市委书记更替的证据 [J]. 管理世界, 2013 (5): 116-130.

[45] 宋凌云,王贤彬,徐先祥.地方官员引领产业结构变动 [J]. 经济学季刊, 2012, 12 (1): 71-92.

[46] Jefferson G., Huamao, B., Xiaojing, G., Xiaoyun, Y. R. (2006). Performance in Chinese Industry [J]. Economics of Innovation and New Technology, 15 (4-5): 345-366.

[47] Huergo, E., Jaumandreu, J. (2004). How Does Probability of Innovation Change with Firm Age? [J]. Small Business Economic, 22 (3-4): 193-207.

[48] Boone, J. (2001). Intensity of Competition and the Incentive to Innovate [J]. International Journal of Industrial Organization, 19 (5): 705-726.

[49] Goel, R. K., Ram, R. (1999). Variations in the effect of uncertainty on different types of investment: An empirical investigation [J]. Australian Economic Papers, 38 (4): 481-492.

[50] 吴延兵. R&D 与创新：中国制造业的实证分析 [J]. 新政治经济学评论, 2007, 3 (3): 30-51.

[51] Prashanth, M. Corruption and Innovation: A Grease or Sand Relationship? [W]. Jena economic research papers, No. 2008, 017, 2008

[52] Coles, J., Danniel, N., Naveen, L. (2006). Managerial Incentives and Risk-Taking [J]. Journal of Financial Economics, 79 (2): 431-468.

[53] Nicholas, T. (2011). Did R&D firm used to patent: Evidence from the first innovation survey [J]. Journal of Economic History, 71 (4): 1032-1059.

[54] Ganotakis, P. (2012). Founders' human capital and the performance of UK new technology based firms [J]. Small Business Economics, 39 (2): 495-515.

[55] Roper, S., Love, J. H. (2006). Innovation and Regional Absorptive Capacity [J]. Annals of Regional Science, 40 (2): 437-447.

[56] Hajivassiliou, V., Savignac, F. (2007). Financing constraints and arm's decision and ability to innovate: Establishing direct and reverse effects [W]. FMG Discussion Paper.

[57] Elliehausen, G. and Wolken, J. (1993). The demand for trade credit: An investigation of motives for trade credit use by small businesses [W]. Staff Study Board of Governors of Federal Reserve System Working Paper.

[58] Hirano, K., Imbens, G. W. (2004). The Propensity Score with Continuous Treatments. In Applied Bayesian Modeling and Causal Inference from Incomplete-Data Perspectives [M]. England: Wiley Inter Science.

[59] Fisman, R., Svensson, J. (2007). Are Corruption and Taxation Really Harmful to Growth? Firm Level Evidence [J]. Journal of Development Economics, 83 (1): 63-75.

[60] Reinnikka, R., Svensson, J. (2006). Using Micro-Surveys to Measure and Explain Corruption [J]. World Development, 34 (2): 359-370.

第六章 政治关联、地理邻近性与企业联盟研发投入

本章基于2012年世界银行关于中国企业经营管理的制度环境质量调查数据，从实证角度探究政治关联、地理邻近性和企业联盟研发之间的内在关系。研究发现，政治关联和地理邻近性对企业联盟研发投入倾向和强度皆具有显著的正向影响，此外，政治关联会强化地理邻近性对企业联盟研发行为的积极影响。内生性检验和稳健性分析的结果表明政治关联、地理邻近性与企业联盟研发之间的内在影响关系非常稳健。进一步地，本章研究还发现信息通信技术的使用有助于弱化地理邻近性对企业联盟研发投入的积极影响，这为联盟研发企业打破地域上的"空间粘性"提供了有效途径。本章的研究结论在一定程度上解释了在欠发达和转型的经济体中孱弱的正式制度与积极创新并存的悖论，为更深层次地理解企业联盟研发行为提供了详细的微观经验证据。

第一节 引言

企业间激烈竞争的焦点已经转向它们能否通过及时、低成本和高效率的方式进行知识创造和知识商业化（Sampson，2007）。随着知识经济时代的到来，技术发展的步伐不断加快，产品生命周期不断缩短，资本设备更新的成本不断上涨。为了应对这些竞争压力，企业通常需要寻求内部研发的替代方案。而企业联盟研发便是一种有效的替代方案。凭借它，企业可以获得互补性资源、收获研发的规模经济效益、缩短研发周期并拓展产品线的宽度和深度，同时企业还可以分摊研发成本和风险（Powell & Grodal，2005）、向合作伙伴学习（Wassmer，2010）。既然企业联盟研发的收益如此丰厚，那么为何并非所有企业都

结盟呢（Ahuja，2000）？事实上，企业的联盟研发策略取决于其所在国家或地区的司法效率、金融体系和产权保护等制度安排与实施机制。政治关联作为正式市场制度的替代性机制（Zhou，2013），也会对企业联盟研发决策产生深刻的影响。对于转型经济体而言，政治关联犹如"援助之手"和"攫取之手"，对企业联盟研发投入产生"挤入"和"挤出"两种效应。一方面，凭借政治关联，企业可以降低创新活动过程中由糟糕的契约实施环境所产生的交易成本（Tan et al.，2009），并为企业创新提供产权保护（Aidis et al.，2008；Luo & Chung，2005）等，从而挤入了企业的联盟研发投入；另一方面，凭借政治关联，企业通常可以获得市场特权，而无意为创新冒风险，从而妨碍了企业创新，产生出政治资源的诅咒效应（袁建国等，2015），从而挤出了企业的联盟研发投入。

同样地，在转型经济体中，地理邻近性也是企业联盟研发投入决策过程中需要着重考虑的关键因素之一。现有的文献，无论是基于交易成本的视角，还是网络理论的观点，都强调了区位特征在企业联盟研发投入过程中的重要作用（Narula & Zanfei，2005；Iammarino & McCann，2006）。这些理论一致认为地理邻近性能够降低合作伙伴的机会主义行为并促进知识转化（Narula & Santangelo，2009）。

特别地，对于处在经济转型关键时期的中国而言，市场环境不稳定、正式制度不完善和政府管制过严等问题并存，严重制约了企业致力于创新活动的动机（Luo，2003；Li & Zhang，2007），同时也妨碍了企业研发联盟的形成（Mukherjee et al.，2013）。在当前的制度环境下，如何通过促进企业创新来实现现阶段中国经济从"要素驱动"向"创新驱动"转变已经成为学术界和实践界普遍关注的重大课题之一。基于此，本研究根据新制度经济学的观点，并基于现有政治关联和地理邻近性的文献基础，系统地评估了转型经济体中政治关联和地理邻近性对企业联盟研发投入倾向和强度的影响。

与现有研究相比，本章有如下特色和贡献：（1）现有研究仅强调了地理邻近性对企业联盟研发的影响，而并未指出交通基础条件以及区域的通达度对企业联盟研发的影响。而本章的研究结论表明，并不仅仅是地理邻近性有助于企业联盟研发，更重要的是地理空间上的交通基础条件和通达度。举例而言，纵使企业之间具有地理上的邻近性，但附着在企业之间的交通基础设施并不完备或者交通并不通达，那么企业之间面对面交流的交通成本便会提高，妨碍了企业联盟研发的形成。（2）本章的研究结论有助于更好地理解在正式制度缺失的经济体中，政治关联对企业联盟研发行为的重要影响，同时也揭示出政治关联是地理邻近性与企业联盟研发投入之间关系的有效调节变量之一，为进一步理解非正式制度条件下，地理邻近性与企业联盟研发投入之间的关系提供了详实的微观经验证据。（3）本章进一步研究发现信息通信技术的使用有助于弱化地理邻近性对企业联盟研发投入的积极影响，这为联盟研发企业打破地域上的"空间粘性"提供了有效途径。

本章余下的结构安排如下：第二部分为理论分析与研究假设。第三部分介绍数据来源与研究方法。第四部分展示实证结果，并对结果加以分析和讨论。最后是本章的结论与政策内涵。

第二节 理论分析与研究假设

一、政治关联与企业联盟研发投入

对于处在经济转型期的中国而言，在正式制度缺失的情况下，一些非正式的替代机制便嵌入行为准则、伦理规范和风俗习惯之中（North, 1990），并对企业的生存和发展起着至关重要的作用，其中最具代表性的替代性机制便属政治关联。大量文献探讨了政治关联对企业行为和企业绩效的影响（Zhou, 2013；Guo et al., 2014；李维安等，2015；徐业坤等，2013；谢家智等，2014）。这些文献的研究结论显示，在正式制度缺失的发展中国家，特别是处于转型期的新兴国家，政治关联会给企业带来显著的正向收益。这是因为政治关联不仅有助于企业获得关键资源和机会，而且还可以帮助企业顺利开展其他业务，例如企业联盟研发。

在法治制度并不完善的经济体中，政治关联能够为知识产权提供有效保护。新制度经济学理论表明，产权保护是企业联盟研发形成的一个重要前提（Dixit, 2004）。这是因为产权保护可以有效地抑制合作伙伴的机会主义行为（North, 1990）。然而，在转型的经济体中，政府部门通常不能为知识产权提供足够的正式保护，这迫使某些企业试图寻求产权保护的替代性机制（Dixit, 2004）。Faccio（2006）指出，政治关联可能是知识产权保护的一种有效机制，因为政府部门通常享有强制力，它们能够为企业的知识产权提供有效的强力保护。

除此之外，在市场机制并不完善的经济体中，政府部门通常在配置资源和经济机会的过程中发挥着至关重要的作用（Faccio, 2006；Siegel, 2007）。因此，建立政治关联的企业能够优先地享有政府部门提供的资源与经济机会。而这种资源与经济机会是企业联盟研发的基础，并且部分决定了企业的盈利能力和生存机会（Johnson et al., 2002；Shane & Cable, 2002）。因此，政治关联通常有利于企业研发联盟的形成。

最后，政治关联是关于企业声誉和未来业绩的有效市场信号，它能够降低企业之间的信息不对称程度（于蔚等，2012），减少企业搜寻研发伙伴的时间，从而有助于企业联盟研发的形成。在信息不对称的情况下，企业无法有效辨识合作伙伴质量的优劣。尽管完善的评级和审计机构可以有效地对企业质量与未来业绩加以分析评估，从而为企业确定联盟研发伙伴提供信息支持，然而，中国的市场机制并不完善，市场上缺少具有高公信力和专业水平的独立第三方认证机构，这使得企业关于合作伙伴信息的来源渠道非常有限。而政治关联却是一种重要的声誉机制（叶会、李善民，2008），而良好的声誉是一种信号显示机制。通常地，在联盟研发伙伴的选择过程中，企业可以根据这种信号快速识别联盟研发伙伴质量的优劣，节省了企业的搜寻时间，有助于企业形成研发联盟。

当然，对于企业联盟研发投入，政治关联也具有"攫取之手"的作用。首先，政治关联不仅有助于企业获得重要的政策性资源，而且还有可能让企业获得市场特权，从而打压潜在企业的竞争，最终弱化企业通过创新活动来获取市场竞争优势的动机（谢家智，2014；袁建国，2015）。其次，企业与政府官员建立政治关联也要付出一定的代价，例如为迎合地方政府官员的政治偏好而花费大量的时间和精力（谢家智，2014），这在一定程度上挤出了企业联盟研发活动所需投入的精力。最后，政府通常会直接任命高管而形成企业的政治关联，以便强化政府对企业的控制，助其实现特定的政治目标（江雅雯等，2011）。在中国特色的政治晋升锦标赛模式中，地方政府官员竞争目标通常建立在本地经济增长率和失业率基础之上（Li & Zhou, 2005）。因此，地方政府官员有更加强烈的动机利用政治关联的高管来达到他们的政治和社会目标，例如提高经济增长率和降低失业率。由此可知具有政治关联的高管除了要实现企业自身的目标外，还担负着沉重的政策性负担。为了实现地方政府官员的政治和社会目标，企业通常要压缩联盟研发支出规模，因为某些联盟研发支出可能与地方政府的政治和社会目标相悖。此外，由地方政府指派的企业高管通常会对创新活动表现出"激励不足"，因为相对于企业市场竞争目标而言，他们肩负的政治使命更重要。因此，他们的去留并非取决于企业的财务目标，这在一定程度上给足了具有政治关系的高管安于现状的激励，而无意为研发冒风险（Betrand & Mullainathan, 2003）。袁建国等（2015）的研究表明企业存在政治资源诅咒效应，即政治关联会妨碍企业创新活动。由此可见，政治关联也会对企业联盟研发投入产生"挤出"效应。综上，本章建立如下两个竞争性的备选研究假设：

H1a：政治关联有助于企业联盟研发投入。

H1b：政治关联有碍于企业联盟研发投入。

二、地理邻近性与企业联盟研发投入

地理邻近性通常是指区域内主体在地理上的聚集（韩宝龙、李琳，2011）。地理上的邻近可以缩短人力和物资等运输时间，减少交易成本，有助于企业从业界同行获取知识的溢出效应，共享互补性资源，促使企业研发联盟的形成（Feinberg & Gupta，2004）。具体而言，地理邻近性可以从以下三个方面促进企业研发联盟的形成。

首先，地理邻近性有助于企业之间的员工频繁地进行面对面的交流，这可以有效地加速隐性知识转移，有助于员工及时地接触到新的知识和理念，激发企业结成研发联盟的强烈动机（Florida，2002）。通常地，距离越远，知识的正向外部性就会越弱，这使得隐性知识在企业之间的转移变得异常困难，而企业联盟研发通常伴随着大量隐性知识在联盟伙伴之间的转移，倘若这些隐性知识在传递过程中的渠道过长，那么隐性知识传递的效率就会降低（Blanc & Sierra，1999），研发联盟企业之间便无法快速获取所需知识，这显然会妨碍企业研发联盟的形成（Laursen et al.，2012）。Whittington et al.（2009）指出本地企业通常难以从远距离合作伙伴那里获取知识，正所谓鞭长莫及，彼此地理空间越邻近，知识溢出才会越激烈。同样地，Narula 和 Zanfei（2005）、Iammarino 和 McCann（2006）指出企业之间的联盟研发活动强烈地依赖于区位特征，表现出空间集聚的特点。此外，科学群体的嵌入（Gittelman，2007）和熟练员工的招募（Almeida & Kogut，1999）都必须在地理邻近的条件下才能有效发挥资源效应，促进企业联盟研发。

其次，地理邻近性有助于企业监督研发联盟伙伴，同时提高信息的对称性，防止机会主义行为的发生（Gulati，1998）。具体而言，在研发联盟过程中会存在一些隐性知识，合作企业为了防止竞争优势的丧失，会向合作方刻意隐瞒一些重要信息（彭本红、周叶，2008），而这些重要信息对研发联盟顺利推进有着至关重要的作用。当然，在研发联盟过程中也会存在一些搭便车行为，即个体的机会主义行为会带来"集体行动的难题"，具体表现为在联盟研发交易中合作方特定形式的"偷懒"却获得相同甚至更高的报酬。在联盟研发中，由于知识和技术等资源具有公共品的性质，而个体的有限理性造成了联盟的负外部性，为机会主义行为的产生创造了条件，这显然会导致企业联盟研发的失败。地理上的邻近性使得企业在联盟研发过程中发挥有效的监督作用，弱化合作方"偷懒"等机会主义行为。此外，在联盟研发过程中，合作方通常会签订非披露性条款以防止双方所拥有的信息被泄露给第三方。但是，倘若合作方违反了非披露性条款，法庭对此类诉讼的处理通常消极怠慢。另外，研发联盟双方也很难通过商业秘密法来防止知识的私占。由此，联盟研发双方必须有效地监督对方，才有可能防止由于弱知识产权保护导致的信息泄露问题。而地理邻近性使得研发联盟企业之间比较熟悉或者存在"熟悉"的隐性契约关系，可以有效降低监督成本，提高彼此之间监督的有效性。总之，联盟研发中还会出现其他各种机会主义行为，如"敲竹杠"行为。这些机会主义行为的产生都源于研发联盟的契约不完全和信息不对称，而地理邻近性有利于将研发联盟伙伴共同的价值观、习俗、态度和规范镶嵌于区域文化之中，构成维持联盟研发的非正式契约和脉络性条件（王孝斌、李福刚，2007）。

最后，地理邻近性有助于企业之间的相互协作。Malmberg 和 Maskell（2006）指出随着时间的推移，地理邻近性使得联盟企业之间的员工有共同的惯例、解释模式和其他制度等，由此来达到联盟企业员工之间协同攻关之目的。事实上，联盟研发活动的顺利开展仰仗于通过制定相关流程来解决合作冲突，并协调它们的创新活动，而地理邻近性有助于信息流动和研发投资计划的协调，从而促进企业研发联盟投入。综上，本章建立如下研究假设：

H2：地理邻近性有助于企业联盟研发投入。

三、政治关联的调节效应

转型时期的新兴国家，各项制度并不完善，这使得研发联盟中机会主义行为表现得更为突出（Sampson，2004）。机会主义行为显然会弱化地理邻近性对企业联盟研发的动机。尽管企业通过各种制度安排去抑制研发联盟中的机会主义（Oxley & Sampson，2004），但这些制度安排的有效性最终取决于研发联盟的外部契约环境。然而，长期以来，中国大部分企业的产权和契约一直难以获得法律的有效保护（Che & Qian，1998），这严重抑制了相邻企业之间联盟研发的动机。在这种相对糟糕的外部契约环境下，大部分企业只能凭借一些非正式制度来寻求司法和法律的保护，其中建立政治关联便是重要的手段之一。王永进和盛丹（2012）的研究表明主动的政治关联通常能够改善企业的契约实施环境。由此看来，在相关制度缺失的经济体中，地理邻近性对企业联盟研发的影响依赖于政治关联这种非正式制度安排。

毋庸置疑,地理邻近的企业在研发联盟之前,企业一方面可以通过政治关联获得制度优势和支持(Li & Zhou, 2010),例如提供联盟研发所需的资源,包括土地、资本、经营许可和技术培训等;另一方面,政治关联还可以帮助企业识别出诸多市场机会(Bruton et al., 2010),特别地,在政策环境动荡期,政治关联还可以弱化企业面临的政策不确定性,为企业联盟研发提供稳定的政策环境(Baum & Oliver, 1991)。地理邻近的企业在联盟研发之后,可以通过政治关联适度保护联盟研发过程中有意或无意共同分享的技术资产,妥善解决联盟研发的利益分配问题等。

当然,政治关联也可能会弱化地理邻近性对联盟研发投入的积极影响[①]。其原因如下:第一,政治关联可以为联盟研发企业的知识产权提供私人保护,联盟研发企业可以通过政治关联来防范联盟研发过程中的机会主义行为。因此,对于有政治关联的企业而言,为了防范联盟研发过程中的机会主义行为,它们可能会降低对地理邻近性的依赖。第二,拥有政治关联的企业通常具有更明显的优势(Faccio, 2006; Siegel, 2007),这可能会造成合作双方地位的不平等,具有政治关联的企业会有更强的动机侵占联盟研发过程中的合作收益,这种信号通常更易由地理上更邻近的企业获知,由此可知政治关联会弱化地理邻近性对企业研发联盟投入之间的积极影响。综上,本章建立如下两个竞争性的备选研究假设:

H3a:政治关联会强化地理邻近性对联盟研发投入的积极影响。

H3b:政治关联会弱化地理邻近性对联盟研发投入的积极影响。

第三节 研究设计

一、数据来源与研究样本

本章使用的数据来源于 2012 年世界银行关于中国企业运营的制度环境质量调查。这次共调查了 2848 家中国企业,其中国有企业 148 家,非国有企业 2700 家。参与调查的城市有 25 个,分别为北京、上海、广州、深圳、佛山、东莞、唐山、石家庄、郑州、洛阳、武汉、南京、无锡、苏州、南通、合肥、沈阳、大连、济南、青岛、烟台、成都、杭州、宁波、温州。涉及的行业包括

[①] 此处感谢匿名审稿人的宝贵意见。

食品、纺织、服装、皮革、木材、造纸、大众媒体等 26 个行业。调查的内容包括控制信息、基本信息、基础设施与服务、销售与供应、竞争程度、生产力、土地与许可权、创新与科技、犯罪、融资、政企关系、劳动力、商业环境、企业绩效等。这项调查数据的受试者为总经理、会计师、人力资源经理和其他企业职员。调查样本根据企业的注册域名采用分层随机抽样的方法获取，因此调查样本具有较强的代表性。在本研究中，我们根据以下原则进行了缺失值处理：对于过去三年内企业是否与其他企业进行联盟研发的响应样本有 1728 个，其中 15 个样本给出的信息为"不知道"，为此，我们删除了未响应的样本 1120 个，同时将回答为"不知道"的样本也进行了删除。同样地，关键解释变量和控制变量的"缺失值"处理原则也做了类似的处理。最终，我们得到的有效样本为 1683 个。不过，我们注意到，"缺失值"的存在使得大量样本丢失，这有可能会破坏原始调查过程中抽样的科学性，从而影响有效样本的代表性。为此，我们将总体样本和有效样本进行独立样本 t 检验，发现其他主要信息在这两组之间并不存在明显差异，这意味着样本的丢失并不会对抽样的科学性造成实质性的损害。最后，需要说的是，在回归过程中，我们对连续变量按上下 1% 的比例进行 winsorize 处理①。

二、计量模型与变量定义

为了有效地评估政治关联和地理邻近性对企业联盟研发投入的影响，本研究参照相关文献的经验做法（谢家智等，2014；Funk，2014），将计量回归模型设置如下：

$$(Ally_i \text{ or } Allyint_i) = \alpha_0 + \alpha_1 Poc_i + \alpha_2 Geo_i + \alpha_3 Poc \times Geo_i + \gamma X_i + \varepsilon_i \quad (6.1)$$

其中 $Ally_i$ 表示的是第 i 个企业联盟研发投入倾向，具体定义为在过去三年内，企业是否进行了联盟研发，若是则赋值为 1，否则赋值为 0；同样地，$Allyint_i$ 表示第 i 个企业联盟研发投入强度，具体定义为在过去三年内，企业平均每年的研发投入强度，即平均每年的联盟研发投入额度占年度销售额的比值。Poc_i 表示的是企业的政治关联，具体定义为，若企业获得政府订单则赋值为 1，

---

① 关于有效样本在各个城市的分布状态，本章限于篇幅，并未列出；同样地，我们将样本分为政治关联组和非政治关联组，然后将主要变量进行独立样本 t 检验，发现主要变量存在明显的组别差异；同样地，我们将地理邻近性按照均值分为高地理邻近性和低地理邻近性两组，通过独立样本 t 检验，也发现主要变量存在明显的组别差异。为了简略地了解政治关联、地理邻近性与企业联盟研发投入之间的关系，我们通过线性拟合了它们之间的关系，限于篇幅，上述结果也均未列出。

否则赋值为0。这与现有研究关于政治关联的定义有一定的差异。现有研究通常将政治关联界定为公司董事、高管或顾问的政治背景。事实上,公司的董事、高管或顾问的政治背景所能发挥的作用还取决于其他一些因素,例如这些董事、高管或顾问的个人特质等。更重要的是,董事、高管或顾问的政治背景通常反映的是政治关联的形式。而能否获得政府订单体现的是企业政治关联的实质性内容。Agrawal 和 Knoeber(2001)发现在美国获得政府订单越多的企业,具有政治背景的外部董事人数也越多;同样地,Goldman 等(2009)发现,美国政治竞选中与当选政党有关的企业通常能够获得更多的政府订单。当然,无须探究企业通过何种方式获得政府订单,只要企业获得政府订单,那么企业便与政府部门建立起了一种契约关系,形成了利益风险共同体。企业与政府部门的这种契约关系实质上是企业主动式的政治关联。通过这种主动式的政治关联,企业可以督促政府有关部门通过各种措施来确保企业联盟研发过程中无形资产的专有性。同样地,这种主动式的政治关联也是一种信号显示机制[1]。当然政治关联的度量方式不同,其传导机制也会发生明显差异。例如政府任命高管这种被动式的政治关联,则是政府部门强化对企业控制的方式,可能扭曲了企业的某些市场行为。而本章度量的政治关联与主动政治关联的传导机制具有一致性[2]。Geo_i 表示地理邻近性,考虑到区域交通内外联系属性以及相关数据的可得性,本研究参照李琳和熊雪梅(2012)的研究将地理邻近性定义为城市内企业密度数乘以交通通达度,其中城市内企业密度数为2010年全部工业企业数除以该城市总面积,而交通通达度则为城市内公路里程和铁路延展里程与该城市总面积的比值[3],相关数据来源于25个城市的统计年鉴。$Poc×Geo_i$ 表示企业政治关联与地理邻近性的交叉项,用于评估企业政治关联对地理邻近性与企业联盟研发投入之间关系的调节效应[4]。ε_i 表示的是误差项。

X_i 表示控制变量向量,包括企业层面和企业所在城市层面两个维度的控制变量。企业层面的控制变量包括:(1)企业规模(Size),具体定义为企业总员工数的自然对数。规模较大的企业通常拥有更多的资源和更大的能力去改变网络结构,并快速寻找到理想的合作伙伴,因此规模越大的企业越有可能结成

---

[1] 例如有些银行规定,只有拥有政府订单的企业才能获得贷款,同时享受优惠利率。详见 http://roll.sohu.com/20121207/n359774831.shtml。
[2] 此处感谢匿名审稿人的宝贵意见。
[3] 地理邻近性指标构建之后进行了归一化处理。
[4] 在构建交叉项的过程中,首先分别将 Poc 和 Geo 进行中心化,然后将中心化后的 Poc 和 Geo 分别相乘构成 Poc 和 Geo 的交叉项 Poc×Geo。

研发联盟。(2) 企业年龄（lnage），具体定义为 2012 年减去企业创始年份并取其自然对数。(3) 国有控股比例（Soe），具体定义为所有制结构中国有股份所占的比例。(4) 企业高层经理的工作经验（Exper），具体定义为企业高层经理在特定行业领域里的从业年数。由于联盟研发等创新活动是一项高风险的复杂活动，它对环境具有较高的敏感性，因此需要有工作经验丰富的高层管理人员对联盟研发项目进行评估，才能有效地控制联盟研发活动的风险，促进企业联盟研发的形成。(5) 人力资本投资（Capital），具体定义为企业对员工是否具有正式的培训计划，若有则赋值为 1，否则为 0。利用员工正式培训计划的虚拟变量，我们可以捕捉到人力资本投资对联盟研发的影响。(6) 银行授信（Credit），具体定义为企业是否从金融机构获得授信额度与销售收入的比值，银行授信能够在某种程度上克服信贷契约的刚性，并在某种程度上满足企业在联盟研发过程中的融资需求，因此，利用银行授信可以捕捉到融资约束对联盟研发的影响。(7) 微机化程度（Computer），定义为使用电脑的员工比例。企业的微机化程度越高，研发联盟企业之间的信息互动通道将更加便捷和畅通，有利于隐性知识的转移，从而促进企业联盟研发的顺利开展。(8) 多元化程度（Diver），具体定义为企业主要产品销售额占总销售额比例的倒数，多元化程度越高，意味着企业具有开辟新市场的强烈动机。为了开辟新市场，分散风险，企业可能有强烈的动机以联盟研发的方式投资不同于现有的业务，如新产品、新服务和新技术等。(9) 企业出口（Export），具体定义为若企业所有产品都在国内销售，则赋值为 0，否则赋值为 1。企业出口之所以作为控制变量是因为出口可以使得企业扩大合作伙伴的搜索范围，有助于企业寻找更加合适的联盟研发合作伙伴，从而促进企业联盟研发。(10) 女性总经理（Female），具体定义为若企业的总经理为女性则赋值为 1，否则赋值为 0。之所以将女性总经理纳为控制变量是因为在面临不确定性时，女性管理层的行为更加谨慎，具有强烈的风险规避性。而联盟研发通常是一项复杂和高风险的项目，因此女性总经理通常会弱化企业联盟研发的动机。

城市层面的控制变量包括：(1) 城市规模（Csize），具体定义为该城市年末总人口数并取自然对数；(2) 商业城市（Business），具体定义为若该城市为重要的商业城市则赋值为 1，否则为 0；(3) 人均地区生产总值，该指标主要用于捕捉城市经济发展水平对企业联盟研发的影响；(4) 高等教育机构数（Edu），该指标主要用于捕捉城市教育发展对企业联盟研发的影响。需要注意的是人均地区生产总值和高等教育机构数这两个指标的数据来源于 2011 年各地级市统计年鉴。此外，根据现有研究经验，不同地区和不同行业的企业联盟研发具有较大的差异，故本研究纳入了城市和行业的固定效应。

主要变量的描述性统计和相关系数矩阵如表6-1所示。其中，联盟研发倾向（Ally）的均值为0.1207，标准差为0.3258，这意味着样本范围内，有12.07%的企业从事联盟研发；联盟研发强度（Allyint）的均值为0.0025，标准差为0.0103，这意味着在有效样本范围内，企业联盟研发投入额度与销售额的平均占比为0.0025；政治关联（Poc）的平均值为0.1239，标准差为0.3295，这意味着样本范围内，有12.39%的企业有政治关联；最后，地理邻近性（Geo）的平均值为0.6646，标准差为0.1713。

第四节　实证结果与分析

一、政治关联、地理邻近性与企业联盟研发投入倾向

在评估政治关联和地理邻近性对企业联盟研发投资决策影响的过程中，考虑到采取的截面数据要求考察横向截面的动态变化，因此需要将内生性和异方差等问题充分考虑。为此，我们控制了行业和城市的满秩固定效应，并且估计了聚合在行业性质层面的稳健性标准误。由于企业联盟研发投入倾向为二元离散选择变量，故本研究采用Probit方法对计量模型进行估计。计量模型的估计结果汇报在表6-2中。在表6-2的列（1）中，我们仅考虑了政治关联（Poc）和地理邻近性（Geo）对企业联盟研发投入倾向的影响，其结果显示政治关联和地理邻近性的系数在1%的水平上皆显著为正。在表6-2的列（2）中，我们在列（1）的基础上纳入了政治关联和地理邻近性的交互项，结果显示政治关联和地理邻近性的交互项系数在1%的水平上显著为正，这意味着政治关联会正向调节地理邻近性对企业联盟研发投入倾向的正向影响。为了控制企业层面和城市层面等因素的影响，我们在表6-2中的列（3）和列（4）中逐步纳入了企业层面和城市层面的控制变量，结果显示政治关联（Poc）、地理邻近性（Geo）及其交互项系数的绝对值并无明显变化，且符号仍显著为正。为了进一步明确政治关联和地理邻近性对企业联盟研发投入倾向的影响，我们在表6-2中列（4）汇报了政治关联、地理邻近性及其交互项对企业联盟研发投入倾向影响的边际效应。其中，与没有政治关联的企业相比，有政治关联的企业致力于联盟研发投入的概率会增加6.04%。现有的研究提供了解释政治关联推动企业致力于联盟研发动机的线索，即在转型经济体中，政治关联是市场和法

表 6-1　主要变量的描述性统计和相关矩阵

变量	均值	1	2	3	4	5	6	7	8	9	10	11	12	13	14
1 Ally	0.1207 [0.3258]	1.000 —													
2 Allyint	0.0025 [0.0103]	0.7019*** (0.0000)	1.0000 —												
3 Poc	0.1239 [0.3295]	0.1513*** (0.0000)	0.0539*** (0.0000)	1.0000 —											
4 Geo	0.6646 [0.1713]	0.2191*** (0.0000)	0.0987*** (0.0000)	0.0020 (0.9170)	1.0000 —										
5 Size	4.4394 [1.2748]	0.1617*** (0.0000)	0.0605*** (0.0014)	0.1420*** (0.0000)	0.0875*** (0.0000)	1.0000 —									
6 Inage	2.4508 [0.5101]	0.0231 (0.3446)	−0.0017 (0.9290)	0.0488** (0.0109)	0.0213 (0.2650)	0.2523*** (0.0000)	1.0000 —								
7 Soe	0.0506 [0.2062]	−0.0315 (0.1933)	−0.0370* (0.0506)	0.0607*** (0.0013)	−0.0333* (0.0769)	0.0953*** (0.0000)	0.1269*** (0.0000)	1.0000 —							
8 Exper	2.7436 [0.4599]	0.0986*** (0.0000)	0.0359* (0.0600)	0.1106*** (0.0000)	0.0218 (0.2521)	0.2255*** (0.0000)	0.3966*** (0.0000)	0.0229 (0.2274)	1.0000 —						
9 Capital	0.8588 [0.3483]	0.0682*** (0.0048)	0.0294 (0.1206)	0.0441** (0.0196)	−0.0238 (0.2064)	0.1848*** (0.0000)	0.0084 (0.6580)	0.0645*** (0.0006)	−0.0274 (0.1490)	1.0000 —					
10 Credit	0.3434 [0.4750]	0.1062*** (0.0000)	0.0617*** (0.0014)	0.1256*** (0.0000)	0.0265 (0.1669)	0.2596*** (0.0000)	0.0548*** (0.0047)	−0.0440** (0.0215)	0.1048*** (0.0000)	0.0292 (0.1270)	1.0000 —				
11 Computer	0.2715 [0.4750]	0.0386 (0.1111)	−0.0476** (0.0120)	0.0489** (0.0098)	−0.0872*** (0.0000)	−0.2192*** (0.0000)	−0.0753*** (0.0001)	0.1006*** (0.0000)	−0.1210*** (0.0000)	0.0067 (0.7210)	−0.0041 (0.8316)	1.0000 —			
12 Diver	1.0592 [0.1097]	0.0617*** (0.0108)	0.0132 (0.4863)	0.0239 (0.2060)	0.0127 (0.5002)	0.0586*** (0.0000)	0.0394** (0.0388)	−0.0067 (0.7215)	0.0279 (0.1418)	0.0305 (0.1042)	0.0604 (0.0016)	0.0978*** (0.0000)	1.0000 —		
13 Export	0.3286 [0.4699]	0.1677*** (0.0000)	0.1180*** (0.0000)	0.0103 (0.5872)	0.1216 (0.0000)	0.02328*** (0.0000)	0.0358** (0.0601)	−0.0796*** (0.0000)	0.0899*** (0.0000)	0.0516*** (0.0059)	0.1926*** (0.0000)	−0.0614*** (0.0011)	0.0352* (0.0610)	1.0000 —	
14 Female	0.0841 [0.2776]	−0.0243** (0.0136)	−0.0271** (0.0152)	−0.0448** (0.0178)	−0.0083 (0.6599)	−0.0709*** (0.0178)	−0.0250 (0.1898)	−0.0422** (0.0248)	−0.0763*** (0.0001)	−0.0017 (0.9298)	0.0241 (0.2072)	0.0924*** (0.0000)	0.0256 (0.1739)	−0.0076 (0.6875)	1.0000 —

注：方括号 [ ] 内表示标准差，括号 ( ) 内表示 P 值，*、**、*** 分别代表在 10%、5% 和 1% 的水平上显著。

表6-2 政治关联和地理邻近性对企业联盟研发投入倾向影响的实证检验结果

	(1) Probit		(2) Probit		(3) Probit		(4) Probit		边际效应	
Poc	0.5481***	[0.1270]	0.4909***	[0.1507]	0.3164**	[0.1521]	0.3304**	[0.1566]	0.0604**	[0.0283]
Geo	0.3845***	[0.0637]	0.3428***	[0.0751]	0.3452**	[0.0843]	0.3456***	[0.0985]	0.0535***	[0.0143]
Poc×Geo			0.1939**	[0.0770]	0.2402*	[0.1395]	0.1921**	[0.0910]	0.0298*	[0.0153]
Size					0.0943**	[0.0428]	0.1148***	[0.0442]	0.0178***	[0.0064]
lnage					−0.1453*	[0.0831]	−0.1496*	[0.0842]	−0.0232*	[0.0125]
Soe					−0.4242	[0.2784]	−0.3080	[0.3018]	−0.0477	[0.0459]
Exper					0.3043*	[0.1575]	0.3054*	[0.1785]	0.0473*	[0.0282]
Capital					0.2697*	[0.1555]	0.3461**	[0.1609]	0.0451**	[0.0180]
Credit					0.1976**	[0.0873]	0.2069**	[0.1076]	0.0335*	[0.0172]
Computer					0.5093**	[0.2714]	0.4846*	[0.2366]	0.0750**	[0.0370]
Diver					0.4976**	[0.2413]	0.2472	[0.2619]	0.0383	[0.0404]
Export					0.3375***	[0.1130]	0.1957*	[0.1036]	0.0318*	[0.0191]
Female					−0.3322**	[0.1576]	−0.2814*	[0.1533]	−0.0370*	[0.0209]
Csize							0.2943	[0.2603]	0.0456	[0.0416]
Business							0.3600***	[0.1679]	0.0465***	[0.0173]
地区生产总值							0.0734***	[0.0189]	0.0114***	[0.0030]
Edu							−0.2277***	[0.0593]	−0.0353***	[0.0114]
城市固定效应	YES		YES		YES		YES		YES	
产业固定效应	YES		YES		YES		YES		YES	
Constant	−1.5426***	[0.0874]	−1.5130***	[0.0977]	−3.4796***	[0.5964]	−5.5131***	[1.5619]	—	
Wald（p）	0.0000		0.0000		0.0000		0.0000			
Log likelihood	−557.3531		−556.0441		−489.8750		−465.2391			
伪R²	0.0765		0.0787		0.1426		0.1857			
N	1683		1683		1555		1555			

注：方括号[]内表示聚合在行业性质层面的稳健性标准误，*、**、***分别代表在10%、5%和1%的水平上显著，以下相同，不再赘列。

律制度缺失的一种有效替代。通过建立政治关联，企业可以优先获得各种资源（Faccio，2006；Siegel，2007），而足够的资源是企业结成联盟研发的基础。特别地，通过政治关联，企业还可以获得知识产权保护，而知识产权保护是企业联盟研发的先决条件，因为只有联盟企业的研发成果不被竞争对手毫无成本地模仿而侵蚀殆尽时，企业才有足够的动机结成联盟并进行研发投入（Dixit，2004）。同样地，地理上越邻近，企业致力于联盟研发投入的概率就越大，即地理邻近性从平均值的边际增加会使得企业致力于联盟研发投入的概率增加5.35%。现有研究也提供了解释地理邻近性强化企业联盟研发投入的线索，即地理空间上的邻近性增加了联盟企业彼此之间相互接触的机会，例如，参与前沿技术的探讨和其他一些合作研发活动，这些都增加了联盟企业员工之间相互接触的机会（Marquis，2003）。联盟企业员工之间频繁接触与交流，强化了员工知识的多元化，有助于他们接触到最新的信息和知识，由此地理空间上的邻近性强化了知识溢出效应，从而有效地激励联盟企业致力于研发投入。

其次，地理空间上的邻近性能够帮助联盟企业建立和维持非正式社会网络和专业网络（Saxenian，1996）。这些网络有助于联盟企业拓展获取新知识元素的各类渠道，从而激发联盟企业研发投入动机（Owen-Smith & Powell，2004）；此外，随着时间的推移，地理空间上相邻的联盟企业之间员工的频繁互动会形成共同规范（Common conventions）、诠释框架（Interpretive schemata）和其他一些相关制度来提高联盟企业对彼此之间知识流吸收的效率，从而强化企业联盟研发投入倾向。

最后，政治关联会强化地理邻近性对企业联盟研发投入倾向的正向影响。即与没有政治关联的企业相比，地理邻近性会使得具有政治关联的企业致力于联盟研发投入的概率增加2.98%。需要说明的是，交互效应的检验并非完全取决于交互项的统计显著性，而是可以通过交互效应图来反映调节变量的边际效应，否则我们会低估调节效应的真实效力。为此，我们绘制了政治关联与地理邻近性对企业联盟研发投入倾向影响的交互效应图（具体如图6-1所示）。在图6-1中，横坐标表示的是地理邻近性，纵坐标表示的是企业联盟研发投入倾向。它们反映了地理邻近性每变化一单位的标准误，将会导致企业联盟研发投入倾向的变化幅度。其结果显示，对于有政治关联的企业，地理邻近性对企业联盟研发投入倾向的正向影响程度更强。这意味着政治关联具有信号传递的功能：具有政治关联的企业更有可能是那些诚信和业绩好的优质企业（于蔚等，

2012）。政治关联这种信号传递的功能有助于其他企业合理地选择合作伙伴。这是因为尽管地理邻近性有助于合作伙伴之间隐性知识的转移，然而在各项制度并不完善的经济体中，合作伙伴之间存在着高度的信息不对称，企业无力区分企业的优劣，从而难以对企业未来的联盟研发收益做出准确的预期和判断，无法确保合作伙伴的机会主义行为，导致企业放弃联盟研发的意图。而政治关联可以视为一种重要的声誉机制（孙铮等，2005）。根据社会网络理论的理解，建立政治关联的企业为了维持自身的声誉，保持政企之间的关系，通常不会实施机会主义行为。更重要的是，在知识泄露成本较低时，企业在选择研发合作伙伴时，通常偏好先前的合作伙伴，然而，"路径依赖"学习效应可能会妨碍与先前合作伙伴实现真正激进式研发的共同目标。多元化和新鲜的知识是企业实现激进式和颠覆式创新的基础（Hart & Christensen, 2002; Sheremata, 2004）。而政治关联为企业选择新的合作伙伴提供了重要的决策依据，有助于企业获得更多的新信息和新知识，从而加快实现联盟研发的共同目标。由此研究假设 H1a、H2 和 H3a 获得实证支持。

除了关键的解释变量之外，控制变量的符号也基本上符合理论预期。首先，企业规模（Size）对企业联盟研发投入倾向具有显著的正向影响（$\beta = 0.1148$, $P<0.01$），其边际效应为 0.0178，这意味着企业规模从平均值开始每增加一个标准差，企业联盟研发投入倾向的概率则会增加 1.78%；企业年龄（lnage）对企业联盟研发投入倾向具有显著的负向影响（$\beta = -0.1496$, $P < 0.1$），其边际效应为-0.0232，这意味着企业年龄从平均值开始每增加一个标准差，企业联盟研发投入倾向的概率会降低 2.32%，可能的原因是随着年龄的增加，企业可能越发擅长执行原有的管理，并对先前的技术表现出过度的自信，以致陶醉于原有的技术优势而减少尝试联盟研发的机会；国有控股比例（Soe）对企业联盟研发投入倾向的影响在 10% 的水平上并不显著，可能的原因是，国有控股比例越大表明企业拥有的政治优势越多，在当前的制度环境下，这显然有助于促进企业联盟研发，然而，国有控股比例越多，也会促使企业拥有更多市场特权而不愿冒风险进行联盟研发投入；企业高层经理工作经验（Exper）对企业联盟研发投入倾向的影响在 10% 的水平上显著为正，也即企业高层经理工作经验从平均值开始每增加一个标准差，企业联盟研发投入倾向的概率便会提高 4.73%，可能的原因是高层管理人员丰富的工作经验有助于企业正确分析和评估研发过程中的市场风险，从而激励企业进行研发投入；人力资本投资（Capital）对企业联盟研发投入倾向的影响在 10% 的水平上显著为正，也即相对于无正式培训计划的企业而言，有培训计划的企业致力于联盟研发投入概率会提高 4.51%；银行授信（Credit）对企业联盟研发投入倾向的影响在

10%的水平上显著为正，也即银行授信额度与销售收入的比例在平均值的基础上每增加一个标准差，那么企业致力于联盟研发投入的倾向将会提高3.35%，这意味着银行授信可以使得企业摆脱信贷契约的刚性，并缓解企业融资约束，促进企业的联盟研发投入；微机化程度（Computer）对企业联盟研发投入倾向的影响在5%的水平上显著为正，也即使用电脑的员工比例从平均值开始每增加一个单位标准差，其致力于联盟研发投入的倾向便提高7.50%，可能的原因是微机化程度体现了企业的信息化程度，而信息化程度的提高有助于隐性知识在企业之间的传递，从而提高企业联盟研发的投入倾向；多元化程度（Diver）对企业联盟研发投入倾向的影响在10%的水平上并不显著，可能的原因是企业实施多元化战略在某种程度上分散了企业的资源，同时在某种程度上也体现了企业分散和厌恶风险的倾向，这在一定程度上弱化了企业联盟研发投入倾向；企业出口（Export）的系数在10%的水平上显著为正，这意味着企业出口会提升企业联盟研发投入倾向，从边际效应可知，相对于未出口的企业而言，出口的企业致力于联盟研发投入的概率会提高3.18%；女性总经理（Female）的系数在10%的水平上显著为负，这意味着女性总经理会弱化企业联盟研发投入倾向，边际效应的估计结果显示，相对于男性总经理而言，女性总经理会使得企业致力于联盟研发投入的概率降低3.7%。这与以往的研究结论是一致的，即相对于男性而言，女性更加厌恶风险，并且风险承受能力低（Niessen & Ruenzi，2007），企业联盟研发投入是一项高风险的投资活动，相对于男性总经理而言，女性总经理可能会弱化联盟研发投入倾向。

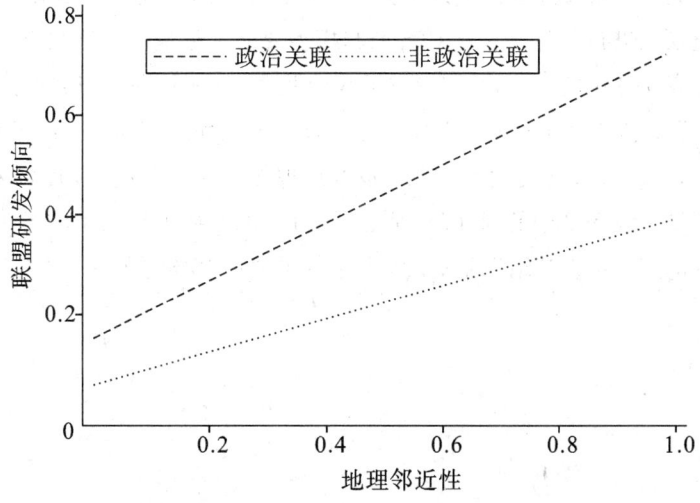

图6-1 政治关联和地理邻近性对联盟研发投入倾向的交互影响图

城市层面的控制变量具体表现为城市规模（Csize）的系数在10%的水平上并不显著，这意味着城市规模对企业联盟研发投入倾向的影响并不明显。商业城市（Business）的系数在5%的水平上显著为正，这意味着是否是重要商业城市对企业联盟研发投入倾向具有显著的积极影响。边际效应的估计结果显示，相对于非重要商业城市而言，商业城市的企业致力于联盟研发投入的概率要高4.65%，可能的原因是重要的商业城市通常市场化程度较高，市场竞争的压力较大，这迫使企业必须通过联盟研发来维持竞争优势。城市的经济发展水平（地区生产总值）对企业联盟研发投入倾向具有显著的积极影响（$\beta=0.0734$，$P<0.01$）。具体而言，城市的经济发展水平从平均值开始每增加一个单位的标准差，那么企业致力于联盟研发投入的概率将提高1.14%。城市高等教育机构数（Edu）的系数在1%的水平上显著为负，这意味着高等教育机构数越多，企业致力于企业之间的联盟研发倾向就越低。具体而言，城市高等教育机构数从平均值开始每增加一个单位标准差，那么企业致力于联盟研发投入的概率就会降低3.35%。可能的原因是所在地区的教育机构越多的企业，企业越可能将研发外包给高等教育机构，这显然对企业之间的联盟研发具有显著的替代效应。

二、政治关联、地理邻近性与企业联盟研发投入强度

接下来，我们探究政治关联和地理邻近性对企业联盟研发投入强度的影响。考虑到联盟研发投入强度为非负的连续变量，因此我们首先采用Tobit方法对计量模型进行估计，它比OLS回归模型要更加稳健。具体结果汇报在表6-3中，表6-3中的列（1）只考虑了政治关联（Poc）和地理邻近性（Geo）对企业联盟研发投入的影响，其结果显示政治关联和地理邻近性的系数在1%的水平上显著为正，这意味着政治关联和地理邻近性会促进企业提高联盟研发投入的强度；表6-3中的列（2）是在列（1）的基础上纳入了政治关联和地理邻近性的交叉项，其结果显示该交叉项的系数在10%的水平上并不显著。

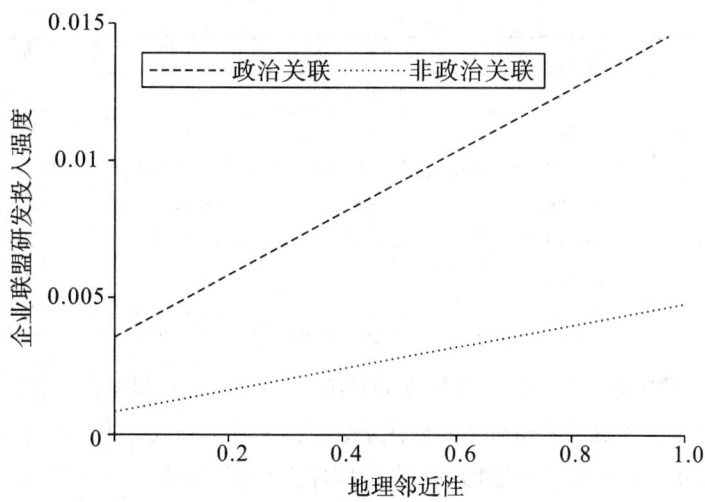

图 6-2 政治关联和地理邻近性对联盟研发投入强度的交互影响图

表 6-3 政治关联和地理邻近性对企业联盟研发投入强度影响的实证检验结果

	(1) Tobit	(2) Tobit	(3) Tobit	(4) Tobit
Poc	0.0549*** [0.0162]	0.0530*** [0.0158]	0.0384** [0.0159]	0.0387** [0.0164]
Geo	0.0328*** [0.0064]	0.0315*** [0.0070]	0.0295*** [0.0075]	0.0289*** [0.0088]
Poc×Geo		0.0056 [0.0056]	0.0095 [0.0098]	0.0062 [0.0107]
Size			0.0048 [0.0037]	0.0059* [0.0031]
lnage			−0.0128 [0.0093]	−0.0128 [0.0097]
Soe			−0.0372* [0.0190]	−0.0258* [0.0121]
Exper			0.0224 [0.0154]	0.0207 [0.0173]
Capital			0.0141 [0.0135]	0.0187 [0.0136]
Credit			0.0216*** [0.0082]	0.0213** [0.0096]
Computer			0.0509* [0.0293]	0.0469* [0.0260]
Diver			0.0122 [0.0265]	−0.0130 [0.0291]
Export			0.0352** [0.0162]	0.0213 [0.0137]
Female			−0.0287** [0.0136]	−0.0222* [0.0127]
Csize				0.0309 [0.0296]
Business				0.0264 [0.0166]
地区生产总值				0.0062*** [0.0021]
Edu				−0.0177** [0.0074]
城市固定效应	YES	YES	YES	YES

表6-3(续)

	（1）	（2）	（3）	（4）
	Tobit	Tobit	Tobit	Tobit
产业固定效应	YES	YES	YES	YES
Constant	-0.1645*** [0.0230]	-0.1636*** [0.0225]	-0.2657*** [0.0463]	-0.4604** [0.2036]
F（p）	0.0000	0.0000	0.0000	0.0000
Log likelihood	-151.1223	-151.0089	-115.1167	-97.3272
伪 R^2	0.1924	0.1930	0.3444	0.4457
N	1649	1649	1528	1528

表6-3中列（3）和列（4）在分别纳入了企业层面和城市层面的控制变量之后发现，政治关联和地理邻近性系数值并未发生明显变化，且符号仍然分别显著为正，其交叉项系数仍不显著。同样需要强调的是，交互效应的检验并非完全取决于交互项统计显著性，而是可以通过交互效应图来反映调节效应的边际效应，否则我们可能会低估调节效应的真实效力。基于此，我们绘制了政治关联和地理邻近性对企业联盟研发投入强度交互影响的效应图（具体如图6-2所示）。在图6-2中，横坐标表示的是地理邻近性，纵坐标表示的是企业联盟研发投入强度，即企业联盟研发投入额与年度销售额的比例，它们反映了地理邻近性每变化一单位的标准误，将会导致企业联盟研发投入强度的变化幅度。其结果显示，对于有政治关联的企业，地理邻近性对企业联盟研发投入强度的正向影响程度更强。

三、内生性问题

1. 选择性偏差

诚然，政治关联可以有效地推动企业联盟研发的开展，同时，企业也存在自主选择政治关联的强烈动机。这是因为在市场机制并不完善的经济体中，企业为了避免市场机制不完善给联盟研发带来的伤害，通常会主动建立政治关联，通过政治关联获得政府庇护，或者要求政府有关部门采取相关措施来确保联盟研发的收益不受侵害。因此，政治关联这一变量的内生性问题表现为自选择（Self selection）问题，这可能会影响本章实证结果的可靠性。基于此，本研究利用Heckman两步法来修正这种选择性偏差。首先构建一个政治关联的选择模型，然后计算出每个观测值的逆米尔斯比率，从而对政治关联可能存在的内生性问题进行控制。对政治关联的选择模型（Probit模型）如下：

$$Poc_i = \alpha_0 + \beta Z_i + \varepsilon_i \tag{6.2}$$

其中解释变量 Z_i 包括企业规模、企业年龄、国有控股比例、企业高层经理的工作经验、正式员工平均教育年限、企业是否获得国际质量认证、企业是否聘请外部审计师对财务状况进行审查、城市的市场规模以及城市和行业的固定效应。接下来，将等式（6.2）估计获得的逆米尔斯比例导入到（6.1），得到等式（6.3）：

$$(Ally_i \text{ or } Allyint_i) = \alpha_0 + \alpha_1 Poc_i + \alpha_2 Geo_i + \alpha_3 Poc \times Geo_i + \alpha_4 IMR_i + \gamma X_i + \varepsilon_i \quad (6.3)$$

在等式（6.3）中，IMR_i 表示第一步估计出的第 i 个企业的逆米尔斯比率。如果逆米尔斯比率的系数在10%的水平上是显著的，那么样本存在选择偏差问题。回归结果报告在表6-4中的列（1）和列（2），从回归结果可知 IMR 的系数在10%的水平上没有通过显著性检验，同时政治关联对企业联盟研发投入倾向和强度皆具有显著积极影响的结论是稳健的。

2. 反向因果

使用最小二乘法或 Probit（Tobit）模型对计量方程（6.1）进行估计会导致关键参数的有偏估计。换言之，致力于联盟研发的企业很有可能更愿意建立政治关联，因此政治关联和企业联盟研发投入之间可能存在反向因果关系导致的内生性问题。为了修正内生性偏误，本研究打算使用工具变量，这些工具变量会对企业获得政治关联有直接影响，而并不会直接影响企业联盟研发投入。对政治关联的外生性冲击因素似乎是企业政治关联的工具变量。因为这样的外生性冲击会影响企业建立政治关联的动机，但是这些外生性冲击对企业联盟研发投入并无直接影响。

基于上述思路，本研究借鉴方颖和赵扬（2011）的研究思路将1919年每千人教会初级小学注册数作为政治关联的工具变量。在方颖和赵扬（2011）的研究中，他们将每千人教会初级小学注册数作为产权保护的工具变量。事实上，它也可以作为政治关联的工具变量，其原因有两点：第一，在产权保护制度并不健全的经济体中，政治关联可以视为替代产权保护制度的一种非正式机制；第二，政治关联折射出了由于历史沉淀、风俗习惯和传统规范的不同所引起的在产权保护方面的差异。由此可见，政治关联实际上也是产权保护制度的一种重要体现，将每千人教会初级小学注册数作为政治关联的工具变量是合理的①。

参照 Fisman 和 Svensson（2007）、Reinnikka 和 Svensson（2006）的经验做法，即企业所在城市的特征变量作为企业内生变量的工具变量。Fisman 和 Svensson（2007）使用企业所在地区相关经济变量的平均值作为工具变量。基于此，我们使用企业所在城市同行业（Location-industry average）的政治关联平均值作为企业政治关联的工具变量。利用上述两个工具变量，我们使用了 IVProbit、IVTobit 和 2SLS 回归，具体回归结果见表 6-4，由表 6-4 的列（3）至列（5）可知，Wald 外生性排除检验以及德宾-吴-豪斯曼检验都拒绝了原假设，表明政治关联是内生的，此外，弱工具变量的稳健性检验拒绝了原假设，表明不存在"弱工具变量"问题。政治关联的系数在 5% 的水平上皆显著为正，与普通的 Probit 和 Tobit 基本吻合，值得注意的是，工具变量估计的结果与普通的 Probit 和 Tobit 回归估计的结果相比，表 6-3 中的列（3）和列（4）的政治关联系数提高较大，这表明，政治关联的内生性使得普通 Probit 和 Tobit 回归估计产生向下偏倚，从而倾向于低估政治关联对企业联盟研发投入的影响。

3. 其他内生性问题

首先，为了缓解因变量和内生解释变量皆为二元变量而导致的内生性问题，我们采用 Maddala（1983）提出的完全信息极大似然法来估计递归二元单位概率模型，具体结果经整理后汇报在表 6-5 中的列（1）至列（5）。参照递归二元单位概率模型的估计结果，我们发现政治关联、地理邻近性及其交叉项的系数并未发生显著变化。

其次，现有研究将影响企业联盟研发投入的内部微观因素和外部宏观因素纳入同一层面进行回归，可能会导致层次谬误（张雷、雷雳和郭伯良，2003）。基于此，本研究利用跨层次模型探讨政治关联和地理邻近性对企业联盟研发投入的影响。具体结果经整理后汇报在表 6-5 中的列（6），Melogit 回归结果显示，组内相关系数（ICC）为 0.1445，且在 5% 的水平上是显著的，这意味着企业联盟研发投入的方差有 14.45% 来自组间方差，而 85.55% 来自组内方差，也即企业联盟研发投入的组内方差要大于组间方差，即企业内部微观因素解释企业联盟研发投入总变异的力度要大于外部宏观因素解释企业联盟研

---

① 由于唐山、南通和洛阳的教会初级小学注册人数缺失，我们使用与它们邻近城市的数据，即分别利用天津、苏州和郑州的数据替代。

发投入总变异的力度。由于外部宏观因素对企业联盟研发投入总变异的解释力度是显著的,因此需要通过跨层次分析来验证本章的研究假设。稳健性固定效应的回归结果显示［表6-5中的列（6）］,政治关联、地理邻近性及其交叉项系数在5%的水平上都显著为正,其中,相对于非政治关联企业,政治关联企业致力于联盟研发投入的概率要高6.07%；地理邻近性从平均值开始每增加一个单位标准差,那么企业致力于联盟研发投入的概率要提高4.6%；与没有政治关联的企业相比,地理邻近性会使得具有政治关联的企业致力于联盟研发投入的概率增加1.78%。上述结果与普通的Probit和Tobit回归结果相差不大。

最后,遗漏重要变量问题,即可能遗漏了信息通信技术（ICT）的使用对企业联盟研发投入的影响。在网络经济时代,信息通信技术的使用有助于沟通、方便信息的处理与存储,因而它有助于显性知识的传递,并帮助企业间实现隐性知识显性化,有助于企业联盟研发的顺利开展。更重要的是,信息通信技术的使用可以减少企业之间面对面的交流,节约交易成本。由此可知,信息通信技术的频发使用会降低企业联盟研发过程中对地理邻近性的敏感性。因此,我们在计量模型中再纳入信息通信技术的使用这一解释变量。对于信息通信技术使用的度量,我们根据2012年世界银行关于中国企业营运的制度环境调查问卷设置的问题:"为了支持与合作方之间业务的开展,贵公司在多大程度上使用信息通信技术",将其作为信息通信技术使用的度量。同时,企业管理层可以选择的答案为"从不使用""很少使用""有时使用""经常使用""一直使用"。根据这些答案,我们依次赋值为1、2、3、4、5。ICT×Geo表示信息通信技术使用与地理邻近性的交叉项,它用于检查不同程度信息通信技术使用的条件下,地理邻近性对企业联盟研发投入影响的差异性。具体结果经整理后汇报在表6-6中的列（1）和列（2）。我们发现政治关联、地理邻近性及其交叉项的系数并未发生显著变化。有趣的是,在列（1）中,Probit回归结果显示ICT的系数在1%的水平上显著为正,也即ICT使用的程度从平均值开始每增加一个标准差,企业致力于联盟研发投入的概率将提高3.14%,而ICT×Geo的系数在10%的水平上显著为负,即随着信息通信技术使用程度的增加,地理邻近性对企业联盟研发投入倾向的正向影响就会弱化。在列（2）中,Tobit回归结果显示ICT的系数在1%的水平上显著为正,而ICT×Geo的系数在10%的水平上显著为负,这意味着随着ICT使用程度的增加,地理邻近性对企业联盟研发投入强度的影响就会弱化。

表6-4　政治关联和地理邻近性对企业联盟研发投入强度影响的内生性检验结果

	(1) Probit+IMR		(2) Tobit+IMR		(3) IVProbit		(4) IVTobit		(5) 2SLS	
Poc	2.0103***	[0.7660]	0.0371***	[0.0148]	0.5562**	[0.2665]	0.0692**	[0.0279]	0.0144***	[0.0035]
Geo	0.3443***	[0.0976]	0.0289***	[0.0088]	0.3470***	[0.0990]	0.0290***	[0.0088]	0.0020**	[0.0009]
Poc×Geo	0.1972**	[0.0969]	0.0064	[0.0111]	0.1538**	[0.0724]	0.0017	[0.0101]	0.0004	[0.0021]
IMR	−0.9505	[0.7400]	0.0122	[0.0831]						
Size	0.0567*	[0.0341]	0.0066**	[0.0032]	0.1086**	[0.0466]	0.0050*	[0.0029]	0.0086**	[0.0032]
Image	−0.1134	[0.0939]	−0.0132*	[0.0074]	−0.1345*	[0.0851]	−0.0125	[0.0098]	−0.0014	[0.0013]
Soe	−0.4040*	[0.2018]	−0.0245*	[0.0131]	−0.3074	[0.3093]	−0.0254	[0.0228]	−0.0026	[0.0030]
Exper	0.2003	[0.2034]	0.0221	[0.0185]	0.2623*	[0.1422]	0.0206*	[0.0143]	0.0022*	[0.0011]
Capital	0.3407**	[0.1621]	0.0188*	[0.0098]	0.3325**	[0.1573]	0.0167*	[0.0110]	0.0011	[0.0018]
Credit	0.1846***	[0.0681]	0.0230**	[0.0101]	0.1960*	[0.1106]	0.2000**	[0.0096]	0.0021**	[0.0009]
Computer	0.2762	[0.2209]	0.0496**	[0.0214]	0.4774**	[0.2403]	0.0457*	[0.0264]	0.0098***	[0.0031]
Diver	0.2414	[0.2613]	−0.0129	[0.0289]	0.2273	[0.2556]	−0.0161	[0.0271]	−0.0013	[0.0056]
Export	0.2438**	[0.1133]	0.0207*	[0.0121]	0.1873*	[0.1073]	0.0198*	[0.0115]	0.0035**	[0.0014]
Female	−0.1897	[0.1839]	−0.0234*	[0.0122]	−0.2733*	[0.1411]	−0.0206*	[0.0127]	−0.0025**	[0.0012]
Csize	0.4888	[0.3411]	0.0284	[0.0332]	0.3283	[0.2484]	0.0367	[0.0286]	0.0042	[0.0029]
Business	0.3324*	[0.1734]	0.0268*	[0.0158]	0.3404**	[0.1650]	0.0248	[0.0165]	0.0031*	[0.0015]

表6-4(续)

	(1)		(2)		(3)		(4)		(5)	
	Probit+IMR		Tobit+IMR		IVProbit		IVTobit		2SLS	
地区生产总值	0.0849***	[0.0213]	0.0060	[0.0020]	0.0751***	[0.0183]	0.0065***	[0.0020]	0.0008***	[0.0002]
Edu	-0.2074***	[0.0619]	-0.0180**	[0.0082]	-0.2308***	[0.0601]	-0.0181**	[0.0076]	-0.0009*	[0.0005]
城市固定效应	YES		YES		YES		YES		YES	
产业固定效应	YES		YES		YES		YES		YES	
Constant	-6.6372***	[2.0851]	-0.4463**	[0.2249]	-5.5955***	[1.5057]	-0.4919**	[0.1977]	-0.0315	[0.0201]
Wald(p)/F(p)	0.0000		0.0000		0.0000		0.0000		0.0000	
内生性检验(Wald)					0.3733		0.1004			
Wu-Hausman F(p)									0.2105	
AR					21.63***		23.16***		19.44***	
Log likelihood	-464.5857		-97.3142		-630.5130		-259.4227			
伪 R^2	0.1869		0.4458							
N	1555		1528		1555		1528		1528	

第六章 政治关联、地理邻近性与企业联盟研发投入

表6-5 政治关联和地理邻近性对企业联盟研发投入影响的稳健性检验结果

	Bivariate Probit (1) Ally Coeff.	Bivariate Probit (2) Contract Coeff.	Bivariate Probit (3) Ally Marg.	Bivariate Tobit (4) Allyint Coeff.	Bivariate Tobit (5) Contract Coeff.	Melogit (6) Coeff.	Melogit (6) Marg.
Poc	1.7958*** [0.3040]	0.1688*** [0.0344]	0.0132*** [0.0018]	0.0305*** [0.0053]	0.0587*** [0.0292]	0.7056*** [0.2564]	0.0607*** [0.0226]
Geo	0.3346*** [0.0632]	−0.1101* [0.0624]	0.0025*** [0.0006]	0.0290*** [0.0063]	−0.1537** [0.0662]	0.5334*** [0.1286]	0.0460*** [0.0117]
Poc×Geo	0.0827** [0.0332]		0.0006** [0.0003]	0.0054 [0.0120]		0.2064** [0.1003]	0.0178** [0.0083]
Size	0.0569* [0.0293]		0.0026*** [0.0006]	0.0070** [0.0032]		0.2693*** [0.0819]	0.0232*** [0.0073]
Inage	−0.1256* [0.0718]		−0.0024** [0.0011]	−0.0135* [0.0075]		−0.2326* [0.1313]	−0.0200* [0.0111]
Soe	−0.2846 [0.2365]		−0.0021 [0.0017]	−0.0256 [0.0279]		−0.6471 [0.5967]	−0.0558 [0.0516]
Exper	0.2850*** [0.1048]		0.0021*** [0.0008]	0.0210* [0.0112]		0.2890* [0.1457]	0.0250* [0.0151]
Capital	0.3489** [0.1539]		0.0026** [0.0012]	0.0188 [0.0149]		0.8472*** [0.3408]	0.0730*** [0.0302]
Credit	0.1193** [0.0518]	0.1897** [0.0859]	0.0034** [0.0014]	0.0243** [0.0103]	0.3825*** [0.1427]	0.3112*** [0.1466]	0.0268*** [0.0101]
Computer	0.4701** [0.2246]		0.0035** [0.0017]	0.0474** [0.0223]		1.1342*** [0.4426]	0.0977*** [0.0390]
Diver	0.2445 [0.3334]		0.0018 [0.0025]	−0.0110 [0.0403]		0.5884 [0.7596]	0.0507 [0.0655]
Export	0.1452* [0.0821]	0.1585* [0.0859]	0.0031* [0.0012]	0.0230** [0.0101]	0.1835* [0.0981]	0.4324** [0.1958]	0.0373** [0.0171]
Female	−0.2122* [0.1131]		−0.0016* [0.0009]	−0.0227* [0.0119]		−0.5008** [0.2425]	−0.0432** [0.0201]
Csize	0.2389 [0.2427]		0.0018 [0.0018]	0.0312 [0.0234]		1.0183 [0.7272]	0.0877 [0.0631]
Business	0.3113* [0.1629]		0.0023* [0.0012]	0.0264 [0.0168]		0.1594 [0.4887]	0.0137 [0.0421]

表6-5（续）

	Bivariate Probit			Bivariate Tobit			Melogit	
	(1) Ally	(2) Contract	(3) Ally	(4) Allyint	(5) Contract		(6)	
	Coeff.	Coeff.	Marg.	Coeff.	Coeff.		Coeff.	Marg.
地区生产总值	0.0667*** [0.0160]		0.0005*** [0.0001]	0.0063*** [0.0016]			0.1490** [0.0613]	0.0128** [0.0055]
Edu	-0.2103*** [0.0593]		-0.0015*** [0.0005]	-0.0179*** [0.0060]			-0.3589** [0.1412]	-0.0309** [0.0141]
城市固定效应	YES	YES	YES	YES	YES		YES	
产业固定效应	YES	YES	YES	YES	YES		YES	
var (_cons)							0.5557** [0.2573]	
Constant	-4.8622*** [1.6581]	-1.7976*** [0.2274]	—	-0.4705*** [0.1646]	-3.0609*** [0.4230]	-13.1148 [4.7380]	—	
ICC							0.1445** [0.0572]	
LR (chibar²)							25.19***	
Log likelihood	-1020.0539			-807.2808			-450.6156	
Wald (P)	0.0000			0.0000			0.0000	
N	1555			1528			1555	

表6-6 政治关联和地理邻近性对企业联盟研发投入影响的实证检验结果
（纳入ICT）

	(1)				(2)			
	Probit		边际效应		Tobit		边际效应	
Poc	0.3215**	[0.1366]	0.0159**	[0.0085]	0.0354*	[0.0170]	0.0064**	[0.0027]
Geo	0.3216***	[0.0816]	0.0025***	[0.0007]	0.0274***	[0.0087]	0.0069***	[0.0021]
Poc×Geo	0.1855**	[0.0907]	0.0205*	[0.0107]	0.0054	[0.0119]	0.0006	[0.0017]
ICT	0.3659***	[0.1119]	0.0314***	[0.0091]	0.0053***	[0.0019]	0.0014***	[0.0003]
ICT×Geo	-0.7690*	[0.3741]	0.0141*	[0.0073]	-0.0013*	[0.0007]	0.0003*	[0.0002]
其他变量	YES		YES		YES		YES	
城市固定效应	YES		YES		YES		YES	
产业固定效应	YES		YES		YES		YES	
Constant	-6.4483***	[1.7143]	—		-0.2927***	[0.0914]	—	
Wald (p)	0.0000							
F (p)					0.0000			
Log likelihood	-457.8537				-44.2153			
伪 R^2	0.1786				0.6291			
N	1525				1143			

四、进一步检验

为了进一步验证本章结果的稳健性，接下来，我们将探讨政治关联成本（Poc1）和交通可达性（Geo1）对企业联盟研发投入的影响。对于政治关联成本，我们使用非正式支付的总额占年度销售总额的比例进行度量。非正式支付是指在正式渠道以外向个人支付的金钱以及提供的礼品和服务等（Lewis, 2001）。之所以将这种非正式支付视为政治关联成本是因为非正式支付通常是直接向公职人员付款以维持彼此之间的关系，从而获取某种权利。它是企业为了达到某些眼前的目标而采用的一种非正式竞争手段。表面上看它采用了礼物的形式，实际上它的内容是企业维持政治关联运转的一种典型成本。对于交通可达性的衡量，本研究借鉴郝前进和陈杰（2007）的研究，将城市内轨道交通线路长度与城市面积的比值作为该城市交通可达性的衡量，回归结果经整理后汇报在表6-7中。表6-7中列（1）的Probit回归结果显示，政治关联成本（Poc1）对企业联盟研发投入倾向具有显著的正向影响（$\beta = 0.1419$, $P < 0.05$），即政治关联成本从平均值开始每增加一个标准差，企业致力于联盟研发投入的概率将提高1.85%；同样地，交通可达性（Geo1）的系数在1%的水平上显著为正，这意味着交通可达性对企业致力于联盟研发投入的倾向具有显

著的积极影响,也即交通可达性从平均值开始每增加一个标准差,企业致力于联盟研发投入的概率会增加0.28%;同样地,政治关联成本和交通可达性的交叉项系数在10%的水平上显著为正,这意味着政治关联成本对交通可达性与企业联盟研发投入倾向之间的关系具有显著的正向调节效应。

表6-7 政治关联成本和交通可达性对企业联盟研发投入影响的实证检验结果

	(1) Probit	边际效应	(2) Tobit	边际效应
Poc1	0.1419** [0.0690]	0.0185** [0.0092]	0.0072** [0.0034]	0.0004** [0.0002]
Geo1	0.0211*** [0.0071]	0.0028*** [0.0008]	0.0011*** [0.0003]	0.0001*** [0.0000]
Poc×Geo1	0.1674* [0.0915]	0.0218* [0.0118]	0.0085* [0.0040]	0.0004* [0.0002]
Size	0.0909* [0.0535]	0.0119* [0.0065]	0.0058** [0.0026]	0.0003* [0.0001]
lnage	−0.0081 [0.0956]	−0.0011 [0.0125]	0.0019 [0.0052]	0.0001 [0.0014]
Soe	−1.3373*** [0.5276]	−0.1797** [0.0711]	−0.0706*** [0.0257]	−0.0037*** [0.0014]
Exper	0.2284* [0.1210]	0.0298* [0.0162]	0.0054 [0.0075]	0.0003 [0.0004]
Capital	0.1628 [0.1629]	0.0195 [0.0182]	0.0037 [0.0083]	0.0002 [0.0004]
Credit	0.2812* [0.1529]	0.0393* [0.0220]	0.0114* [0.0062]	0.0006* [0.0004]
Computer	0.5926** [0.2710]	0.0773** [0.0344]	−0.0038 [0.0110]	−0.0002 [0.0006]
Diver	0.0487 [0.3974]	0.0064 [0.0518]	−0.0117 [0.0185]	−0.0006 [0.0010]
Export	0.2786** [0.1323]	0.0395** [0.0221]	0.0261*** [0.0085]	0.0014*** [0.0005]
Female	−0.2073* [0.1091]	−0.0238* [0.0121]	−0.0083** [0.0037]	−0.0005** [0.0002]
Csize	0.2098 [0.3116]	0.0274 [0.0418]	0.0124 [0.0149]	0.0007 [0.0008]
Business	0.3476* [0.2000]	0.0378* [0.0180]	0.0118 [0.0096]	0.0006 [0.0005]
地区生产总值	0.0232 [0.0327]	0.0030 [0.0044]	0.0000 [0.0012]	−0.0000 [0.0001]
Edu	−0.3945*** [0.0921]	−0.0515*** [0.0147]	−0.0193*** [0.0049]	−0.0010*** [0.0003]
城市固定效应	YES	YES	YES	YES
产业固定效应	YES	YES	YES	YES
Constant	−5.0361*** [1.6758]	—	−0.2409*** [0.0911]	—
Wald (p)	0.0000			
F (p)			0.0000	
Log likelihood	−317.2500		−49.6065	
伪 R^2	0.1650		0.5684	
N	1146		1143	

表6-7中列(2)的Tobit回归结果显示,政治关联成本的系数在5%的水平上显著为正,这意味着政治关联成本对企业联盟研发投入强度具有显著的积极影响,即政治关联成本从平均值开始每增加一个标准差,企业联盟研发投入的强度将提高0.04%;交通可达性的系数在1%的水平上显著为正,这意味着

交通可达性对企业联盟研发投入强度也具有显著的积极影响,即交通可达性从平均值开始每增加一个标准差,企业联盟研发投入强度将提高0.01%;最后,政治关联成本和交通可达性的交叉项系数在5%的水平上显著为正,这意味着随着政治关联成本的提高,交通可达性对企业联盟研发投入强度的积极影响会越来越强烈。

当然,本研究还做了一些其他方面的稳健性检验,包括剔除直辖市后重新回归,按照企业规模和年龄进行分组回归等,回归结果皆表现出较强的稳健性。限于篇幅,本研究未将回归结果列出。

第五节 结论与政策内涵

在中国经济转轨的关键时期,如何构建一个有效激励中国企业研发创新的制度体系,已经成为摆在政府决策者面前必须重点解决的战略性改革任务。全面理解未完善的正式制度下,非正式制度对企业联盟研发投入的影响以及存在的问题,可为相关部门制定相关制度的改革策略提供重要的经验依据。基于此,本章系统地评估了政治关联和地理邻近性对企业联盟研发投入的影响。研究结果表明,政治关联会强化企业联盟研发投入行为,这意味着在市场机制并不健全的经济体中,企业联盟研发动机会由于信息不对称所引发的道德风险和逆向选择问题而显得不足。为此,在转型经济体中,企业便会寻找政治关联这种替代性保护机制来弱化市场机制不完善给企业联盟研发投入带来的负面冲击;通过地理上的邻近性,企业会进一步强化联盟研发投入行为。这一发现有助于加深我们对当前企业联盟研发投入行为的认识,即在企业联盟研发过程中,隐性的知识通常难以编码和远距离传输,而地理邻近性有助于增加研发联盟企业之间面对面的交流,推动隐性知识在企业之间的传输、消化与吸收(Malmberg & Maskell,2006);有政治关联的企业,地理邻近性对联盟研发投入行为的影响会更强化,也即政治关联这种替代性保护机制对地理邻近性和企业联盟研发投入之间起着正向的调节作用。这意味着在正式制度并不健全的经济体中,政治关联不仅能够帮助企业获得关键资源和机会,而且还提供了知识产权保护的有效措施,缓解了企业对联盟研发过程中机会主义行为的担忧,强化了地理邻近性对企业联盟研发投入的积极影响。这也在一定程度上解释了在欠发达和转型的经济体中羸弱的正式制度与积极创新并存的悖论。进一步研究表明,随着信息通信技术使用程度的增加,地理邻近性对企业联盟研发投入强度的影响就会弱化。这一结论表明,信息通信技术有助于企业打破联盟研发的"空间粘性"。

本章的研究结论所蕴含的政策内涵表明如果要助推企业之间的联盟研发投入行为,那么相关部门还应该为企业提供正式的制度支持。特别地,对于联盟研发的企业而言,知识产权的保护至关重要。事实上,企业能否享受独特的地位和价值,在很大程度上取决于它们拥有的独特知识和技能,甚至是从以往的经历中提取出来的经验。如果在联盟研发过程中,企业将这些知识传输给其他个体,那么它们可能会为丢失当前的地位和价值而担心。因此,建立企业核心知识泄露的防御机制是企业维持竞争优势必不可少的重要策略。如果核心知识的专用权比较薄弱,并且竞争者有快速吸收外部知识的内部能力,那么拥有核心知识的企业将可能遭受由于知识泄露而丢失关键知识的高风险。由此可见,在知识产权保护制度缺失的情况下,企业之间形成联盟研发的可能性会明显下降。为此,相关部门应该重视知识产权保护,为企业之间的联盟研发提供正式制度保障机制。加强提供正式的制度支持并非企业进行联盟研发的必要条件,相关部门还应加大交通基础设施建设投入,保证地理上的畅通性将有助于强化区域内部的知识流动,从而推动企业联盟研发投入行为。

对于企业管理层而言,政治关联在企业联盟研发投入过程中的确起着至关重要的作用。这也意味着如果管理层要强化联盟研发投入,那么持续的政治投资是必需的。持续的政治投资所带来的政治关联可以为企业联盟研发提供雄厚的资源和必要的保护。此外,企业管理层在研发联盟伙伴选择的过程中应该重视地理上的邻近性,这是因为地理上的邻近可以有效地降低联盟研发过程中的机会主义行为并提高联盟企业之间的知识传输与转化。当然,本章的研究结论进一步表明信息通信技术可以弱化地理邻近性对企业联盟研发投入的积极影响,这也意味着信息通信技术可以弱化企业联盟研发活动所表现出来的"空间粘性"(spatial stickiness)。因此,弱地理邻近性的企业之间可以通过使用信息通信技术来强化彼此之间的联盟研发投入。

参考文献:

[1] Agrawal, A., Knoeber, C. R., (2001). Do some outside directors play a political role [J]. Journal of Law and Economics, 44 (1): 179-198.

[2] Aidis, R., Estrin, S., & Mickiewicz, T. (2008). Institutions and entre-

preneurship development in Russia: A comparative perspective [J]. Journal of Business Venturing, 23 (6): 656-672.

[3] Ahuja, G. (2000). The duality of collaboration: Inducements and opportunities in the formation of interfirm linkages [J]. Strategy Management Journal, 21 (3): 317-343.

[4] Almeida, P., Kogut, B. (1999). Localization of knowledge and the mobility of engineers in regional networks [J]. Management Science, 45 (7): 905-917.

[5] Baum, J. A. C., and Oliver, C. Institutional linkages and organizational mortality [J]. Administrative Science Quarrterly, 36 (2): 187-218.

[6] Bertrand, M., Mullainathan, S. (2003). Enjoying the quiet life? Corporate governance and managerial preferences [J]. Journal of Political Economy, 111 (5): 1043-1075.

[7] Blanc, H. and Sierra, C. (1999). The internationalization of R&D by multinationals: a trade-off between external and internal proximity [J]. Cambridge Journal of Economics, 23: 187-206.

[8] Bruton, G. D., Ahlstrom, D., and Li, H. L. (2010). Institutional theory and entrepreneurship: Where are we now and where do we need to move in the future? [J]. Entrepreneurship Theory and Practice, 34 (3): 421-440.

[9] Che, J. H., Qian, Y. Y. (1998). Insecure property rights and government ownership of firms [J]. Quarterly Journal of Economics, 113 (2): 467-496.

[10] Dixit, A. K. (2004). Lawlessness and Economics: Alternate Modes of Governance [M]. Princeton, NJ: Princeton University Press.

[11] Faccio, M. (2006). Politically connected firms [J]. American Economic Review, 96 (1): 369-386.

[12] Feinberg, S. E. and Gupta, A. K. (2004). Knowledge spillovers and the assignment of R&D responsibilities to foreign subsidiaries [J]. Strategic Management Journal, 25 (8/9): 823-845.

[13] Fisman, R., Svensson, J. (2007). Are Corruption and Taxation Really Harmful to Growth? Firm Level Evidence [J]. Journal of Development Economics, 83 (1): 63-75.

[14] Florida, R. L. (2002). The rise of the creative class [M]. New York: Basic Books.

[15] Gittelman, M. (2007). Does geography matter for science-based firms? Epistemic communities and the geography of research and patenting in biotechnology [J]. Organization Science, 18 (4): 724-741.

[16] Goldman, E., Rocholl, J., & So, J. (2009). Do politically connected boards affect firm value? [J]. Review of Financial Studies, 22 (6): 2331-2360.

[17] Guo, D., Jiang, K., Kim, B. Y., Xu, C. G. (2014). Political economy of private firms in China [J]. Journal of Comparative Economics, 42 (2): 286-303.

[18] Hart, S., & Christensen, C. M. (2002). Driving innovation from the base of the global pyramid [J]. MIT Sloan Management Review, 44 (1): 51-56.

[19] Iammarino, S., McCann, P. (2006). The structure and evolution of industrial clusters: transactions, technology and knowledge spillovers [J]. Research Policy, 35 (7): 1018-1036.

[20] Johnson, S., McMillan, J., Woodruff, C. (2002). Property rights and finance [J]. American Economic Review, 92 (5): 1335-1356.

[21] Laursen, K., Masciarelli, F., Prencipe, A. (2012). Regions matter: How localized social capital affects innovation and external knowledge acquisition [J]. Organization Science, 23 (1): 177-193

[22] Lewis, M. (2001). Who is Paying For Health Care in Eastern Europe and Central Asia? [M]. Washington, D. C.: World Bank.

[23] Li, H., Zhang, Y. (2007). The role of managers' political networking and functional experience in new venture performance: evidence from China's transition economy [J]. Strategic Management Journal, 28 (8): 791-804.

[24] Li, J. J. Zhou, K. K. (2010). How foreign firms achieve competitive advantage in the Chinese emerging economy: Managerial ties and market orientation [J]. Journal of Business Research, 63 (8): 856-862.

[25] Li, H., & Zhou, L. A. (2005). Political turnover and economic performance: the incentive role of personnel control in China [J]. Journal of public economics, 89 (9): 1743-1762.

[26] Luo, Y. (2003). Industrial dynamics and managerial networking in an emerging market: The case of China [J]. Strategic Management Journal, 24 (13): 1315-1327.

[27] Luo, X., Chung, C. N. (2005). Keeping it all in the family: The role of

particularistic relationships in business group performance during institutional transition [J]. Administrative Science Quarterly, 50 (3): 404-439.

[28] Maddala, G. S. (1983). Limited-dependent and qualitative variables in econometrics [M]. London: Cambridge University Press.

[29] Malmberg, A., Maskell, P. (2006). Localized learning revisited [J]. Growth and Change, 37 (1): 1-18.

[30] Marquis, C. (2003). The pressure of the past: network imprinting in inter-corporate communities [J]. Administrative Science Quarrterly, 48 (4): 655-689.

[31] Mukherjee, D., Gaur, A. S., Gaur, S. S., Schmid, F. (2013). External and internal influences on R&D alliance formation: Evidence from German SMEs [J]. Journal of Business Research, 66 (11): 2178-2185.

[32] Narula, R., Zanfei, A., (2005). Globalisation of innovation: the role of multinational enterprises [M]. In: Fagerberg, J., Mowery, D., Nelson, R. (Eds.), Oxford Handbook of Innovation. Oxford: Oxford University Press.

[33] Narula, R., Santangelo, G. D. (2009). Location, collocation and R&D alliances in the European ICT industry [J]. Research Policy, 38 (2): 393-403.

[34] Niessen, A., Ruenzi, S. (2007). Sex matters: Gender differences in a professional setting. Working paper, Available at SSRN.

[35] North, D. C. (1990). Institutions, Institutional Change, and Economic Performance [M]. New York: Cambridge University Press.

[36] Owen-Smith, J & Powell, W. W. (2004). Knowledge Networks as Channels and Conduits: The Effects of Spillovers in the Boston Biotechnology Community [J]. Organization Science, 15 (1): 5-21.

[37] Oxley, J. E., Sampson, R. C. (2004). The scope and governance of international R&D alliance [J]. Strategic Management Journal, 25 (8/9): 723-749.

[38] Powell, W., Grodal, S. (2005). Networks of innovators [M]. In: Fagerberg, J., Mowery, D., Nelson, R. (Eds.), Handbook of Innovation. Oxford: Oxford University Press.

[39] Reinnikka, R., Svensson, J. (2006). Using Micro-Surveys to Measure and Explain Corruption [J]. World Development, 34 (2): 359-370.

[40] Sampson, R. C. (2004). The Cost of Misaligned Governance in R&D Alliance [J]. Journal of Law, Economics, and Organization, 20 (2): 484-526.

[41] Sampson, R. C. (2007). R&D Alliances and firm performance: The im-

pact of technological diversity and alliance organization on innovation [J]. Academy of Management Journal, 50 (2): 364-386.

[42] Saxenian, A. (1996). Inside-out: Regional networks and industrial adaptation in Silicon Valley and Route 128 [J]. Cityscape, 2 (2): 41-60.

[43] Shane, S., Cable, D. (2002). Network ties, reputation, and the financing of new ventures [J]. Management Science 48 (3): 364-381.

[44] Sheremata, W. A. (2004). Competing through innovation in network markets: Strategies for challengers [J]. Academy of Management Review, 29 (3): 359-377.

[45] Siegel, J. (2007). Contingent political capital and international alliances: evidence from South Korea [J]. Administrative Science Quarterly, 52 (4): 621-666.

[46] Tan, J., Yang, J., & Veliyath, R. (2009). Particularistic and system trust among small and medium enterprises: A comparative study in China's transition economy [J]. Journal of Business Venturing, 24 (6): 544-557.

[47] Wassmer, U. (2010). Alliance portfolio: A review and research agenda [J]. Journal of Management, 36 (1): 141-171.

[48] Whittington, K. B., Owen-Smith, J., & Powell, W. W. (2009). Networks, propinquity, and innovation in knowledge-intensive industries [J]. Administrative Science Quarterly, 54 (1): 90-122.

[49] Zhou, W. B. (2013). Political connections and entrepreneurial investment: Evidence from China's transition economy [J]. Journal of Business Venturing, 28 (2): 299-315.

[50] 方颖, 赵扬. 寻找制度的工具变量: 估计产权保护对中国经济增长的贡献 [J]. 经济研究, 2011 (5): 138-148.

[51] 韩宝龙, 李琳. 区域产业创新驱动力的实证研究——基于隐性知识和地理邻近视角 [J]. 科学学研究, 2011, 29 (2): 314-320.

[52] 郝前进, 陈杰. 到 CBD 距离、交通可达性与上海住宅价格的地理空间差异 [J]. 世界经济文汇, 2007 (1): 22-35.

[53] 江雅雯, 黄燕, 徐雯. 政治联系, 制度因素与企业的创新活动 [J]. 南方经济, 2011 (11): 3-15.

[54] 李维安, 王鹏程, 徐业坤. 慈善捐赠、政治关联与债务融资——民营企业与政府的资源交换行为 [J]. 南开管理评论, 2015, 18 (1): 4-14.

[55] 彭本红, 周叶. 企业协同创新中机会主义行为的动态博弈与防范对策 [J]. 管理评论, 2008, 120 (9): 3-8.

[56] 孙铮, 李增泉. 市场化程度、政府干预与企业债务期限结构-来自我国上市公司的经验证据 [J]. 经济研究, 2005 (5): 52-63.

[57] 王孝斌, 李福刚. 地理邻近在区域创新中的作用机理及其启示 [J]. 经济地理, 2007 (4): 543-546, 552.

[58] 王永进, 盛丹. 政治关联与企业的契约实施环境 [J]. 经济学季刊, 2012, 11 (4): 1193-1218.

[59] 谢家智, 刘思亚, 李后建. 政治关联、融资约束与企业研发投入 [J]. 财经研究, 2014, 40 (8): 81-93.

[60] 徐业坤, 钱先航, 李维安. 政治不确定性、政治关联与民营企业投资——来自市委书记更替的证据 [J]. 管理世界, 2013 (5): 116-130.

[61] 袁建国, 后青松, 程晨. 企业政治资源的诅咒效应——基于政治关联与企业技术创新的考察 [J]. 管理世界, 2015 (1): 139-155.

[62] 叶会, 李善民. 治理环境、政府控制和控制权定价-基于中国证券市场的实证研究 [J]. 南开管理评论, 2008, 11 (5): 79-84.

[63] 于蔚, 汪淼军, 金祥荣. 政治关联和融资约束: 信息效应与资源效应 [J]. 经济研究, 2012 (9): 125-139.

[64] 张雷, 雷雳, 郭伯良. 多层线性模型应用 [M]. 北京: 教育科学出版社, 2003.

第七章 管理层风险激励模式、异质性与企业创新行为

本章基于 2005 年世界银行关于中国 2002—2004 年 31 个省 121 个城市 12 136 家企业的投资环境调查数据。检验了管理层风险激励模式和异质性对企业创新行为的影响。研究表明：（1）管理层风险激励是企业创新行为的重要驱动力，但对于市场化程度较高的东部地区企业而言，短期风险激励的效果要逊于长期风险激励；（2）管理层任期与企业创新行为之间呈现倒 U 形曲线关系，即管理层任期过长容易使企业陷入"记忆僵化"的困局；（3）政治关系抑制了企业创新行为，但市场化程度有利于弱化政治关系对企业创新行为的抑制作用；（4）管理层教育水平有利于推动企业创新，但在不同地区存在一定的差异性。通过工具变量回归发现，上述主要结果具有较强的稳健性。本章的结论为中国企业成功转型过程中如何有效治理管理层提供了经验参考。

第一节 引言

在激烈的竞争环境中，只有那些能够将自己的技能同内部选择环境和外部选择环境匹配起来的企业才能存活下去。由于市场环境是不断变化的，因此，企业需要整合、建立和重构企业内、外能力以应对环境变化所带来的各项挑战。否则，企业将可能陷入"核心僵化"的困局，最终过时、老化。因此，要防止企业过时、老化，实现企业转型，企业需要不断地发掘其创新动力。源源不断的创新动力能够克服企业的惰性压力，驱动企业寻求同行业层次上竞争优势的源泉。然而，激励企业不断创新并非易事。这是因为企业技术创新是一项高风险的投资行为，其孕育周期长，且创新成果具有前沿性和超前性，市

不易理解，因此投资者往往较难把握，且必须承受较大的风险（Hall & Lerner, 2010）。鉴于企业创新项目回报周期长、风险高等特点，大部分企业管理层通常不愿意投资企业创新项目（Dong & Gou, 2010）。为了找寻企业创新动力的源泉，研究者通过实证研究发现管理层激励会影响企业的创新行为（Makri, Lane, & Gomez-Mejia, 2006；姜涛、王怀明，2012；Lin et al., 2011；Shen & Zhang, 2013），因为不同的激励方式会促使经理人规避抑或偏好风险，从而影响其对企业创新的兴趣。Makri、Lane 和 Gomez-Mejia（2006）认为管理层激励能够有效地促进企业创新；姜涛、王怀明（2012）认为高管薪酬与企业创新之间呈现倒 U 形关系，而高管股权激励能够显著促进企业创新；Lin 等（2011）认为企业激励制度能够加大企业创新力度；Shen 和 Zhang（2013）认为管理层风险激励会诱导经理人过度投资低效率的创新项目，最终损害企业绩效。

在本章中，我们主要关注的是中国企业创新行为的决定性因素。值得注意的是，我们检验了不同风险激励模式和管理层异质性对企业创新活动的影响。毋庸置疑，企业创新项目的投资决策通常由企业的高层管理者做出（Barker & Mueller, 2002），因此高层管理者的风险激励模式和异质性将会对企业创新的活跃程度产生强烈的影响。企业若能提供正确的激励政策框架使得管理层的利益与企业的长期目标保持一致，那么管理层将会更致力于企业创新，从而推动企业永续发展。此外，本章还检验了管理层的特征，包括管理层的教育水平、任期、政治关联等对企业创新行为的影响。

与以往研究不同的是，本章的主要贡献在于：首先，我们验证了管理层与普通员工薪酬差异、管理层薪酬与绩效挂钩、管理层薪酬绩效敏感性和管理层更替风险等四种类型的风险激励模式对企业创新行为的影响及其差异性，有助于丰富这一领域的研究；其次，验证了管理层政治关系、任期和教育水平对企业创新行为的影响，为 Stein（1988）的"管理层短视假说"（Managerial myopia hypothesis），以及 Bertrand 和 Mullainathan（2003）的"安定生活假说"（Quiet life hypothesis）提供了经验证据，从而加深了对企业创新行动驱动机制的理解。最后，我们探讨了管理层风险激励模式与企业创新行为之间可能存在的内生性，解决了以往文献中普遍忽视的内生性问题。

第二节 理论分析与研究假设

企业行为理论（Cyert & March, 1992）表明企业管理层的决策过程取决于企业标准化决策操作流程中所面临的风险。投资决策，例如企业创新项目投资则取决于企业先前的模式和流程（Gavetti, et al., 2012）。然而，在特定的企业环境中，管理层的风险激励模式以及异质性将会使得企业投资决策偏离上述惯例。

一、管理层风险激励模式与企业创新行为

委托代理理论（Jensen & Meckling, 1976）表明根据股东的利益设计出适当的激励契约能够诱导管理层去落实代理人的责任，以达成在确保其他利害关系人的合法权益下，追求股东价值的最大化。在特定的企业环境中，不同类型的管理层风险激励模式对风险承担行为有不同的影响（Wright et al., 2007）。一般而言，相对于企业所有者而言，管理层可能会更加厌恶风险，对此，有两个可能的解释：其一是企业所有者可以通过投资多元化来分散风险，而管理层的财富和职位则直接与企业特定项目投资的成败相联系，并且这种风险无法分散，因此管理层倾向于选择低风险行为（Balkin et al., 2000）；其二是，相对于所有者而言，管理层会更加短视，因为他们通常没有企业资产所有权，其短期激励报酬取决于工资和奖金（Tosi et al., 2000）。

从理论上而言，管理层激励报酬能够缓解代理问题并降低经理人的风险厌恶程度，从而促使管理层倾向于承担风险项目（Coles et al., 2006）。由于企业创新是一项高风险的长期投资，且存在着严重的信息不对称问题。因此，相对于普通员工而言，做出企业创新决策的管理层通常承担着更大的风险，他们通常会要求更高的薪酬弥补这种高风险行为（Core et al., 2003）。在这种情况下，管理层与普通员工的薪酬差异越大越能反映出管理层与普通员工之间所承担的风险差异以及未被观测到的禀赋差异（Demerjian et al., 2012）。基于此，我们建立研究假设 H1a。

H1a：管理层与普通员工薪酬差异将会激励管理层致力于企业创新。

以往相关文献表明，管理层通常不愿意投资企业创新项目，其原因在于管理层的薪酬取决于企业的绩效，如果高风险的企业创新项目投资失败，那么它将导致管理层信任危机和雇佣风险（Larraza-Kintana et al., 2007）。Baysinger 和 Hoskisson（1989）指出股东和董事通常会根据财务目标来评判管理层的绩效，例如投资回报率。由于企业对创新项目的长期投资将会减少收益的净现值，因此管理层出于自利的目的会倾向于投资回报快的短期项目，而抑制企业创新项目投资。Coles 等（2006）通过研究发现，管理层薪酬与投资政策之间存在着因果关系，特别地，他们发现管理层薪酬—股票波动率的敏感性会诱导

管理层做出高风险投资决策,包括投资企业创新项目。对于我国现阶段而言,中国企业之所以遭受代理问题的困扰,其主要原因在于管理层激励力度的弱化以及决策权力的限制(Chang & Wong, 2004)。王燕妮(2011)认为强化我国企业管理层短期激励报酬能够有效激励管理层致力于企业创新。同样,Lin等(2011)也认为管理层薪酬绩效敏感性以及薪酬与绩效挂钩能够激励管理层做出企业创新决策。基于中国的制度背景,我们做出以下假设:

H1b:管理层薪酬与绩效挂钩会激励管理层致力于企业创新。

H1c:管理层薪酬绩效敏感性会激励管理层致力于企业创新。

委托代理理论表明管理层更替风险对管理层"假公济私"的行为有着重要的威慑作用。例如,Jensen(1988)指出若没有"惩戒式"更替的威慑作用,管理层将失去最大化企业价值的动力。Bertrand 和 Mullainathan(2003)在其"安定生活假说"中指出,如果更替保护能够降低外部市场机制的有效性,那么管理层将可能利用该机会规避风险投资,例如企业创新项目投资。因为这些创新项目投资的成败将可能直接揭示出管理层的质量,并决定管理层的去留。因此,倾向于更替保护的管理层做出创新投资决策的可能性不大。基于上述探讨,我们做出假设 H1d。

H1d:管理层更替风险会激励管理层致力于企业创新。

二、管理层异质性与企业创新行为

近些年来,管理层任期和决策眼界(Decision horizon)之间的关联性已经受到了理论界和实践界的广泛关注。诸多研究发现在上任早期,管理层通常有长远打算并倾向于做出对企业未来发展有关键性影响的长期投资决策。例如,Antia 等(2010)发现,在上任早期,管理层将精力集中于企业的长期利润,然而,在上任晚期,管理层可能会变得目光短浅,而仅仅将精力集中于即时的股票增值和财富最大化。他们指出,在上任早期,管理层希望能够"稳坐江山",这激励管理层作出的决策着眼于企业和股东的长期利益。Coles 等(2006)发现上任晚期的管理层不太可能作出长期的投资决策。Barker 和 Mueller(2002)指出,任期长的管理层对企业长期利润有着重要影响的创新策略具有弱偏好,反而更注重稳定和效率。此外,Dechow 和 Sloan(1991)指出即将离任的管理层倾向于自由裁量的管理,并且偏好于短期投资。Mannix 和 Loewenstein(1994)也同样发现,即将离任的管理层通常将精力集中于短期回报项目。Miller(1991)认为任期长的管理层可能陷入"记忆僵化"而无法做出与动态环境相匹配的创新投资决策。

由于企业创新项目属于长期的高风险投资，因此，较短的任期不太可能激励管理层做出企业创新投资决策。如果管理层预期到自己的任期较长，那么他们往往会在当期做出对企业长远发展有利的创新投资决策，以便他们在较长的任期内能够享受创新投资所带来的高额回报。但是随着任期的延长，管理层将预计到自己离任的期限越来越短，此时他们可能更偏好于即时回报率较高的短期项目，而抑制企业创新项目投资。基于上述探讨，我们做出假设 H2a。

H2a：管理层任期与企业创新强度之间呈现倒 U 形的关系。

金融和经济学的文献揭示出政治关联有助于企业获得有利的监管条件（Agrawal & Knoeber，2001）和更好的融资渠道，例如银行贷款（Khuaja & Mian，2005；Claessens et al.，2008）以及潜在补贴（Faccio et al.，2006），最终增加企业的价值（Fisman，2001；Calomiris et al.，2010）或者提升企业的绩效（Li et al.，2008）。基于此，一方面，管理层的政治关联有助于企业获得融资便利和其他资源，并在企业创新活动中获得政府的扶持；另一方面，政治关联有助于企业获得市场特权，从而打压潜在企业的竞争，最终弱化了企业通过创新活动来获取市场竞争优势的动机。基于此，我们提出以下竞争假设：

H2b：政治关联会激励管理层致力于企业创新。

H2c：政治关联会抑制管理层致力于企业创新。

管理层的另一个特征就是教育水平。显然，企业创新活动通常与新技术和新产品是相互联系的，因此教育水平越高的管理层越倾向于吸收新的知识和技术，从而提高企业接受创新活动的概率（Barker & Mueller，2002）。基于此，我们提出假设 H2d。

H2d：管理层的教育水平有助于推动企业创新活动。

三、其他控制变量与企业创新行为

我们同样也控制了一些可能影响企业创新行为的其他辅助因素。首先，我们控制了基于企业层面的影响因素，包括所有制对企业创新行为的影响。Choi 等（2011）认为在中国经济转型时期，所有制结构会对企业创新行为有着显著的影响。除此以外，我们还控制了企业规模和年龄对企业创新的影响。熊彼特假说表明企业规模越大，技术创新越有效率，换言之企业规模可以促进技术创新。对于企业年龄而言，企业年龄越大，企业将更擅长创新，因为企业年龄越大，就越能够满足创新活动所需积累的背景知识。此外，年龄较大的企业将拥有完善的惯例、结构、奖励计划以及其他产生新技术并将之推向市场的基础设施（Cohen & Levinthal，1990）。其次，根据 Lin 等（2011）的建议，我们控制了反映宏观商业环境的系列变量,包括地方保护主义、本地市场规模、经济增长以及高等教育机构数量等对企业创新行为的影响,因为这些变量可能是特定城市企业做出创新决策的决定性影响因素。最后,我们还控制了地区效应,以捕捉省份差异的影响。

第三节 数据与方法

一、数据

本章所使用的数据主要来自于世界银行2005年所做的投资环境调查(Investment Climate Survey)。这一调查的目的在于确定中国企业绩效和成长背后的驱动和阻碍因素。这个调查要求公司经理回答有关市场结构、制度环境、公司治理、企业所有制结构以及企业融资等相关问题。就中国而言,有关调研主要由国家统计局执行,2005年的调研样本分布在31个省、自治区和直辖市中121个城市的12 400家企业。由于该调研数据分布广泛且比较均匀,就调研企业所有制性质而言,既有国有企业,也有非国有企业;就调研地区而言,既有东部地区样本,也有中西部地区样本;就行业性质而言,既涉及制造业,也有服务业等,因此样本具有较强的代表性。

就本章研究问题而言,2005年的投资环境调查要求经理回答有关公司R&D消费支出,并且R&D消费支出报告的年度区间为2002—2004年。虽然定量变量(例如R&D支出、企业规模和企业年龄)分别报告了2002—2004年的观测值,但是一些定性问题(管理层风险激励模式、异质性)等只涉及2004年。因此,在回归过程中,某些定性变量具有时间不变性,而某些定量变量则随时间而变化。除了企业层面的数据以外,我们还从中国省级统计年鉴中摘取了宏观层面的控制变量数据。剔除缺失值(Missing value)样本后,本章共获得32 744个有效样本,其中2004年、2003年和2002年的有效样本数量分别为12 136、11 176和9432。表7-1汇报了主要变量的描述性统计。

表7-1　　　　　　　　　　主要变量的描述性统计

变量	平均值	标准差	最小值	最大值
RD_decide	0.5697	0.4951	0	1
RD_intensi	0.0106	0.0297	0	0.6050
Salary_gap	3.3303	4.3211	0	100

表7-1(续)

变量	平均值	标准差	最小值	最大值
Incentive	0.6680	0.4710	0	1
Delta	1.3292	1.8424	-7	7
Official	0.1179	0.3226	0	1
Tenure	6.3784	4.7159	1	56
Turnover	0.2201	0.4143	0	1
Education	0.8628	0.3440	0	1
ROS	0.1573	1.7444	-3.1566	0.9947
Firm_size	5.6180	1.4799	1.7918	13.5020
Firm_age	12.7181	13.5878	2	139
Local_pro	1.6603	0.9053	1	5
Population	6.2057	0.5845	4.4567	8.0533
地区生产总值	6.6415	0.8145	4.6597	8.9160
University	1.9203	1.1188	0	4.3438

二、变量与定义

表7-2给出了本章分析中所用到的所有变量的定义。这一部分我们将详细探讨这些变量。

表7-2　　　　　　　　　　变量定义

变量	定义
RD_decide	虚拟变量,若企业有R&D支出则赋值为1,否则为0
RD_intensi	表示研发强度,定义为企业R&D支出/主营业务收入
Salary_gap	表示薪酬差距,定义为企业内部最高工资与最低工资之间的差距
Incentive	虚拟变量,若管理层薪酬与企业绩效挂钩则赋值为1,否则为0
Delta	表示管理层薪酬绩效的敏感性,企业绩效超过或低于目标值、管理层薪酬的增长或降低率
Official	虚拟变量,若企业管理层属于政府任命则赋值为1,否则为0
Tenure	表示管理层的任期
Turnover	虚拟变量,若管理层在过去4年内遭受公司解雇或降职,则赋值为1,否则为0
Education	虚拟变量,若管理层的教育水平在本科及以上则赋值为1,否则为0
ROS	表示主营业务利润率,即用主营业务利润/主营业务收入

表7-2(续)

变量	定义
Firm_size	表示企业员工数量的自然对数
Firm_age	表示公司成立以来的年数，用2004年减去公司成立的年份
Local_pro	表示地方保护主义对企业运营和成长影响的评价程度
Population	城市总人口的自然对数
地区生产总值	城市地区生产总值总额的自然对数
University	城市高等教育机构数量的自然对数

注：在本章中，管理层特指总经理。

1. 因变量

在本章研究中，企业创新行为是我们关注的因变量。然而，由于企业创新活动是一项领域非常广泛、内容非常丰富的实践活动，因此要完整地测量企业创新行为并非易事。早在20世纪30年代，熊彼特就列举了五类创新活动：(1)生产新产品；(2)引进新方法；(3)开辟新市场；(4)获取新材料；(5)革新组织形式等。Lin等(2011)认为评价企业创新行为之前必须首先区分创新投入和创新产出。关于创新投入，广泛使用的指标是R&D投资决策和R&D强度(Coles et al.，2006；Chen & Miller，2007；Lin et al.，2011)。主要是因为这些指标较容易从企业财务报表中摘取，且易于理解。但这些指标的潜在缺陷是它们无法捕捉到企业的创新产出。基于此，使用企业创新产出指标可以弥补这一缺陷。关于创新产出指标，应用得比较广泛的有专利授权量(Argyres & Silverman，2004；Lerner & Wulf，2007)、专利前向引用(Lerner & Wulf，2007；Hall et al.，2001)和新产品销售比例(Czarnitzki，2005；Cassiman & Veugelers，2006；Lin et al.，2011)。在本章中，由于调查问卷只涉及企业创新投入指标而没有涉及企业创新产出指标。因此，我们遵循Chen和Miller(2007)的做法，使用R&D投资决策虚拟变量和R&D强度作为企业创新行为的测度指标。R&D投资决策的具体赋值方法是，若企业有R&D支出，则赋值为1，否则为0；R&D强度利用企业R&D支出/企业主营业务收入来表示。

2. 自变量

根据以往文献的经验(Sanders，2001；Wright et al.，2002；Coles et al.，2006)，我们使用系列指标来反映管理层风险激励模式。其中第一个指标是薪酬差距，它表示的是企业内部最高工资与最低工资之间的差距。第二个指标是一个虚拟变量，若管理层薪酬与企业绩效挂钩则赋值为1，否则赋值为0。第三个指标用来反映管理层薪酬绩效的敏感性，即企业绩效超过或低于预期目标、管理层年薪增加或降低的百分比。此外，管理层更替风险也能起到激励作用，基于此，我们使用一个虚拟变量来反映管理层更替风险，即若管理层在过去4年内遭受公司解雇或降职，则赋值为1，否则为0。

关于管理层异质性，我们主要关注的是管理层的教育水平、政治关联和任期。管理层的教育水平主要通过一个虚拟变量反映出来，若管理层的教育水平在本科及以上则赋值为1，否则为0；关于政治关系，它主要反映了政府和企业之间的关联性。基于调查问卷相关问题的设置，我们用一个虚拟变量来反映政府与企业之间的政治关系，即若企业管理层属于政府任命则赋值为1，否则为0；管理层任期是指担任总经理职务的年数。

3. 控制变量

关于控制变量，我们主要从企业和企业所在城市两个层面来控制住其他变量对企业创新行为的影响。在企业微观层面，我们主要控制住了企业收益率、规模、年龄和所有制性质对企业创新行为的影响。关于企业收益率，我们主要用主营业务利润/主营业务收入来控制收益率对企业创新行为的影响；关于企业规模，我们利用企业员工数量的自然对数来控制企业规模对企业创新行为的影响（Lin et al., 2011）；关于企业年龄，我们利用企业自成立以来的年数来反映企业的年龄并控制其对企业创新行为的影响；关于所有制，我们利用系列虚拟变量来控制所有制对企业创新行为的影响（Choi et al., 2011）。需要说明的是，在本研究中所有制类型主要包括国有制、集体所有制、股份合作制、有限责任制、股份制、私有制、港澳台投资企业、外商投资企业以及其他九大类。对于企业所在城市的宏观层面，我们主要控制了地方保护主义、本地市场规模、本地区生产总值以及高等教育机构数量等对企业创新行为的影响。地方保护主义反映了地区市场竞争的程度，同时也会加剧地区内竞争的程度，而竞争往往能够驱动企业创新。我们利用企业关于地方保护主义对其运营和成长影响的评价程度来测度地方保护主义。根据地方保护主义影响的严重程度，分为五个等级，按从低到高分别赋值0、1、2、3和4；关于本地市场规模、经济增长和高等教育机构数量，我们则分别利用企业所在城市总人口数的自然对数、城市生产总值对数和高等教育机构个数来反映。此外，我们还控制了地区效应，以捕捉省份差异的影响。

三、计量方法

为了验证管理层风险激励模式、异质性和企业创新行为之间的关联性，遵循以往相关文献的经验（Coles et al., 2006；Chen & Miller, 2007；Lin et al.,

2011），我们使用 Probit 模型和 Tobit 模型作为本研究的估计模型。首先，我们使用 Probit 模型来探究企业 R&D 投资决策的潜在决定性因素。企业 R&D 投资决策的概率函数可以表示为：

$$\Pr(RD\_decide=1) = F(X, \beta)$$

其中 $F(\cdot)$ 表示标准分布的积累分布函数（CDF），它可以表示为 $F(z) = \Phi(z) = \int_{-\infty}^{z} \varphi(v) dv$，其中 $\varphi(v)$ 表示标准正态分布的概率密度函数。X 表示系列的变量，其中包括解释变量和控制变量。解释变量包括反映管理层风险激励模式和异质性的系列变量，控制变量包括企业层面和城市层面的系列控制变量。参数集 β 反映了 X 变化对概率的影响。

其次，由于 R&D 强度在零值处出现左截尾，因此我们利用 Tobit 模型来探究企业 R&D 强度的潜在决定性因素。企业 R&D 强度的 Tobit 模型可以表示为：

$$RD\_intensi^* = F(X, \beta)$$

$$当\ RD\_intensi^* = \begin{cases} 0, & 当\ RD\_intensi^* \leq 0\ 时 \\ RD\_intensi^* & 当\ RD\_intensi^* > 0\ 时 \end{cases}$$

RD_intensi 表示企业没有 R&D 强度或者企业 R&D 投入强度为正。其他参数含义与上述相同。

第四节 实证分析

一、企业创新行为影响因素回归分析

表 7-3 汇报了企业 R&D 投资决策和强度影响因素的 Probit 和 Tobit 回归结果。其中第（1）列至第（3）列显示的管理层风险激励模式和异质性对企业 R&D 投资决策影响的 Probit 回归，第（4）列至第（6）列显示的是管理层风险激励模式和异质性对企业 R&D 强度影响的 Tobit 回归。表 7-3 中的各列显示，薪酬差距（Salary_gap）、管理层薪酬与企业绩效挂钩（Incentive）、管理层薪酬绩效敏感性（Delta）以及管理层更替风险（Turnover）的系数在 1% 的水平上显著为正，这意味着管理层风险激励越强，企业越倾向于投资 R&D 和提高 R&D 强度。

显然，从数据回归结果来看，在中国，管理层风险激励与企业创新行为之间呈现正向关系。在其他条件相同的情况下，管理层风险激励的力度越大，企业创新的倾向和力度就会越大，说明风险激励会诱导管理层偏好于高风险项

目。这与 Shen 和 Zhang（2013）的观点是一致的。他们认为风险激励会诱导管理者承担高风险的 R&D 项目，但他们进一步指出风险激励会导致管理层对 R&D 项目过度投资。事实上，风险激励会使得管理层将所有的精力集中于如何提高企业的绩效。面对当前激烈的市场竞争，若无其他非正式手段，那么企业唯有通过创新这种正式的市场竞争手段才能获得持续的竞争优势和维持稳定的市场份额。因此，R&D 投资将会直接决定企业的未来绩效。Eberhart 等（2004）指出，增加 R&D 支出将会为企业带来超额的后续经营绩效。但是 R&D 投资是长期的，而且还会妨碍企业当前收益。除此以外，创新还存在高风险，包括创新成果商业化风险和非排他性风险等。因此，厌恶风险的管理者通常会减少 R&D 项目投资，而关注企业短期绩效，从而诱发管理层短视行为。基于此，有效的激励机制设计是缓解这种行为的重要手段之一。本章研究表明，管理层更替风险可以促进企业的创新行为，从而结束短视行为。因为，从长远来看，管理层短视行为将不利于企业绩效，还能揭示出管理层能力不足，从而给管理层声誉带来负面影响，而管理层更替风险则意味着若管理层能力不足，则其面临着解雇的风险，这种风险激励模式在某种程度上约束了管理层的短视行为。此外，管理层薪酬与绩效挂钩及其薪酬绩效敏感性会激励管理者从事风险行为以消除管理层财富的下行风险（Downside risk）。Sanders 和 Hambrick（2007）的研究表明，薪酬与绩效挂钩和薪酬绩效敏感性会激励管理层做出风险更大的项目投资决策。而本章实证结论则表明，薪酬与绩效挂钩和薪酬绩效敏感性会促使管理层做出 R&D 投资决策，并增加 R&D 投资强度。当然，与过"安定生活"的管理层和普通员工相比，做出企业创新决策的管理层通常要承担更多的责任和风险，因此，他们理应享受更高的回报。本章的实证结果显示薪酬差距对企业创新行为有着显著的激励作用，这一结论亦符合竞标赛理论，否则大锅饭制度只能弱化管理层创新的动力。

关于管理层的异质性，首先，政治关联（Official）的系数在 1% 的水平上显著为负，这意味着政府指派的管理层更倾向于规避 R&D 投资和降低 R&D 投资强度。这表明本章研究假设 H2c 是成立的。可能的原因是，政府任命的管理层通常具有企业家和政治家的双重身份（存在"旋转门"的现象），他们通常缺少创新的足够激励，因为他们可以通过非正式手段获得市场特权并打压其他竞争者（李后建，2013），因此政治关联会在一定程度上抑制企业创新行为。其次，陈守明等（2011）认为管理层任期与 R&D 强度呈现倒 U 形的曲线关系。本章的回归结果显示，管理层任期（Tenure）和管理层任期二次项（Tenuresq）的系数在 10% 的水平上都是显著的，进一步验证了管理层任期与

R&D 投资决策和投资强度之间呈现倒 U 形的曲线关系，同时表明本章研究假设 H2a 是成立的。较长的任期有助于管理层建构通畅的交流渠道和信息分享机制，提高对外界环境的识别能力，从而激励管理层关注长期的 R&D 投资。但是随着任期的延长，这种激励效应会降低，一旦超过某个临界值时，反而会失去了其应有的激励作用。其原因主要有两个方面，其一是，任期过长可能会使得管理层过分强调企业的稳定和效率而陷入"管理僵化"和"记忆僵化"的状态，并过于自信而降低了其继续增加 R&D 投资的热情（Hambrick & Fukutomi, 1991）；其二是，随着任期的延长，管理层可能预期到自己卸任的期限越来越短，此时管理层可能更注重短期经营，而极可能忽视长期的 R&D 投资。最后，管理层教育水平（Education）的系数在 1% 的水平显著为正，这意味着教育水平越高的管理层越倾向于 R&D 投资和提高 R&D 强度。这是因为教育可以提高管理者的认知复杂度和信息处理能力，从而增强他们吸收新理念的能力，以便于接受变革和创新。这一研究结论与文芳（2008）的研究结论是一致的，即教育水平越高的管理层通常有更开阔的决策眼界，从而有利于增强企业的创新活力。

表 7-3 企业 R&D 投资决策和 R&D 强度影响因素的 Probit 和 Tobit 回归

	(1)	(2)	(3)	(4)	(5)	(6)
	PROBIT MODEL			TOBIT MODEL		
Salary_gap	0.0130***	0.0131***	0.0103***	0.0004***	0.0004***	0.0003***
	(0.0020)	(0.0021)	(0.0020)	(0.0001)	(0.0001)	(0.0001)
Incentive	0.3375***	0.3200***		0.0105***	0.0099***	
	(0.0150)	(0.0157)		(0.0006)	(0.0006)	
Delta			0.0658***			0.0018***
			(0.0040)			(0.0001)
Turnover	0.1494***	0.1603***	0.1680***	0.0047***	0.0046***	0.0046***
	(0.0174)	(0.0189)	(0.0188)	(0.0006)	(0.0007)	(0.0007)
Official		−0.1541***	−0.1602***		−0.0043***	−0.0046***
		(0.0263)	(0.0262)		(0.0010)	(0.0010)
Tenure		0.0254***	0.0250***		0.0005***	0.0005***
		(0.0040)	(0.0040)		(0.0001)	(0.0001)
Tenuresq		−0.0683***	−0.0661***		−0.0012*	−0.0011*
		(0.0185)	(0.0182)		(0.0006)	(0.0006)
Education		0.2568***	0.2800***		0.0113***	0.0122***
		(0.0221)	(0.0219)		(0.0009)	(0.0009)

表7-3(续)

	(1)	(2)	(3)	(4)	(5)	(6)
	\multicolumn{3}{c}{PROBIT MODEL}	\multicolumn{3}{c}{TOBIT MODEL}				
ROS	1.1621***	1.1920***	1.1938***	0.0461***	0.0470***	0.0473***
	(0.0469)	(0.0504)	(0.0501)	(0.0017)	(0.0018)	(0.0018)
Firm_size	0.2546***	0.2417***	0.2452***	0.0051***	0.0046***	0.0047***
	(0.0056)	(0.0059)	(0.0059)	(0.0002)	(0.0002)	(0.0002)
Firm_age	0.0001	0.0002	0.0004	−0.00004*	−0.00004*	−0.00004*
	(0.0006)	(0.0006)	(0.0007)	(0.00002)	(0.00002)	(0.00002)
Local_pro	0.0552***	0.0502***	0.0563***	0.0014***	0.0012***	0.0014***
	(0.0071)	(0.0075)	(0.0074)	(0.0003)	(0.0003)	(0.0003)
Population	0.2009***	0.2133***	0.2236***	0.0029***	0.0032***	0.0036***
	(0.0145)	(0.0152)	(0.0150)	(0.0005)	(0.0006)	(0.0006)
地区生产总值	0.0564***	0.0446***	0.0399***	0.0024***	0.0021***	0.0020***
	(0.0127)	(0.0133)	(0.0132)	(0.0005)	(0.0005)	(0.0005)
University	−0.0101	−0.0110	−0.0077	0.0015***	0.0014***	0.0014***
	(0.0083)	(0.0087)	(0.0087)	(0.0003)	(0.0003)	(0.0003)
所有制效应	Yes	Yes	Yes	Yes	Yes	Yes
地区效应	Yes	Yes	Yes	Yes	Yes	Yes
Constant	−3.3477***	−3.5788***	−3.5305***	−0.0894***	−0.0974***	−0.0965***
	(0.0919)	(0.0989)	(0.0980)	(0.0035)	(0.0037)	(0.0037)
Pseudo R^2	0.1156	0.1189	0.1165	0.0698	0.0743	0.0722
观测值	32 744	32 744	32 744	32 744	32 744	32 744

注：Probit和Tobit回归是基于标准的极大似然估计，括号内（ ）表示异方差稳健的标准误差，聚类隶属变量为企业。*、**和***分别表示在10%、5%和1%的水平上显著。

关于控制变量，我们也获得了一些有趣的发现。首先，企业绩效（ROS）和企业规模（Firm_size）的系数在1%的水平上显著为正，意味着较好的企业绩效和更大的企业规模有助于推动企业创新。其次，在10%的水平上，企业年龄（Firm_age）对R&D投资决策的影响并不明显，但对R&D投资强度具有显著的负面影响。这是因为随着企业年龄的增长，企业可能开始擅长执行原有的惯例，并对企业先前的技术能力表现出过度自信的状态，以致企业陶醉于原有的技术优势，而陷入"能力陷阱"。因此，年龄较大的企业由于惰性的原因可能会减少尝试创新的机会。最后，就宏观层面而言，地方保护主义对企业创新行为有显著的促进作用，这意味着地方竞争的激烈程度会有效激励企业创新行为；城市人口规模对企业创新行为也有显著的促进作用，这表明本地市场规模对企业创新有显著的正向本土市场效应。城市经济增长的系数显著为正，这表明本地经济增长对企业创新行为有显著的促进作用；在10%的水平上，高等教育机构数量对企业R&D投资决策的影响并不明显，而对R&D投资强度具有显著的正向影响，这是因为高校集聚可以给本地带来更多的人才，从而为当地企业创新提供"新鲜血液"。

二、工具变量分析

在本研究中，潜在的内生性问题可能本非一个严重的问题。这是因为企业R&D投资决策和强度似乎不太可能影响管理层风险激励模式和异质性。然而，由于企业某些不可观测的特征，企业创新行为与管理层风险激励制度可能是同时决定的经济变量（Lin et al.，2011）。管理层风险激励的内生性会对我们的结果产生两种影响。首先，模型中的回归系数可能是有偏的，其次管理层风险激励和企业创新行为之间的因果关系难以确定。解决潜在内生性问题的有效办法就是寻找管理者风险激励的有效工具变量。但是由于我们利用控制了企业的诸多特征，例如企业绩效、规模、年龄、企业所在城市的地方保护主义程度、本地市场规模、经济发展水平以及教育发展程度等，因此要找到管理层风险激励的有效工具变量并非易事。参照相关文献（Reinnikka & Svensson，2006；Fisman & Svensson，2007；Lin et al.，2011），企业所在城市的特征变量经常作为企业内生特征变量的工具变量。Fisman和Svensson（2007）使用企业所在地区相关经济变量的平均值作为工具变量。Lin等（2011）指出在相同地区的企业可能会为争夺本地市场有能力的管理者而进行激烈竞争。因此，企业在制定风险激励方案时会参照本地市场竞争者的风险激励制度。此外，本地市场竞争者的风险激励制度不太可能对企业创新行为产生直接影响。基于上述判断，我们将使用企业所在城市的薪酬差距、管理层薪酬与绩效挂钩、管理层薪酬绩效敏感性、管理层更替风险等平均值作为管理层风险激励模式的工具变量。企业绩效（ROS）也有可能会受到内生性问题的影响，因此，我们利用企业所在地区的行业平均绩效作为企业绩效的工具变量。利用这些工具变量，我们使用IVProbit和IVTobit回归，回归结果汇报在表7-4中。

表7-4的回归结果显示，无论是在IVProbit模型还是在IVTobit模型中，Wald外生性检验皆拒绝了原假设，这说明管理层风险激励模式是内生的；此外，第一阶段回归中所有工具变量的回归系数都是显著的，说明并不存在

"弱工具变量"的问题。因此,这些外生的工具变量有效地识别出了模型中管理层风险激励存在的内生性问题,即我们担心的遗漏变量问题在模型中是存在的。不过,在引入工具变量之后,管理层风险激励对企业创新行为仍有显著的正向影响,只是影响程度加强了。另外引入工具变量之后,地方保护主义和高校集聚的系数方向虽并无改变,但大部分系数的显著性发生了明显变化。这说明,在考虑内生性之后,地方保护主义和高校集聚对企业创新行为的影响发生了一些变化。最后,引入工具变量之后,其他变量的回归系数并无显著变化,同时,我们发现,相对于短期激励(薪酬差距),长期激励(包括薪酬与绩效挂钩、薪酬绩效敏感性和更替风险)的作用(边际效果)要更加明显,尤其是企业 R&D 投资强度。

表 7-4 企业 R&D 投资决策和 R&D 强度影响因素的 IVProbit 和 IVTobit 回归

	IVProbit			IVTobit		
	(1)	(2)	(3)	(4)	(5)	(6)
Salary_gap	0.0705***	0.0861***	0.0741***	0.0012**	0.0018**	0.0015**
	(0.0221)	(0.0215)	(0.0209)	(0.0006)	(0.0007)	(0.0007)
Incentive	1.1058***	1.1912***		0.0243***	0.0257***	
	(0.1481)	(0.1492)		(0.0053)	(0.0053)	
Delta			0.3021***			0.0056***
			(0.0373)			(0.0012)
Turnover	0.7900***	0.7512***	0.8452***	0.0249***	0.0205**	0.0244**
	(0.2624)	(0.2753)	(0.2798)	(0.0094)	(0.0096)	(0.0098)
Official		-0.0894***	-0.1030***		-0.0028**	-0.0033***
		(0.0304)	(0.0301)		(0.0011)	(0.0010)
Tenure		0.0416***	0.0421***		0.0009***	0.0010***
		(0.0077)	(0.0078)		(0.0003)	(0.0003)
Tenuresq		-0.1195***	-0.1243***		-0.0024**	-0.0026***
		(0.0284)	(0.0285)		(0.0010)	(0.0010)
Education		0.1039***	0.1665***		0.0077***	0.0093***
		(0.0362)	(0.0340)		(0.0013)	(0.0012)
ROS	1.9113***	1.3229***	1.4253***	0.0762***	0.0636***	0.0645***
	(0.4586)	(0.4633)	(0.4663)	(0.0158)	(0.0157)	(0.0158)
Firm_size	0.1740***	0.1630***	0.1681***	0.0033***	0.0029***	0.0031***
	(0.0152)	(0.0151)	(0.0147)	(0.0005)	(0.0005)	(0.0005)

表7-4(续)

	IVProbit			IVTobit		
	(1)	(2)	(3)	(4)	(5)	(6)
Firm_age	-0.0007	0.0007	0.0011	-0.00003	-0.00004	-0.00003
	(0.0008)	(0.0008)	(0.0008)	(0.00003)	(0.00003)	(0.00003)
Local_pro	0.0102	0.0088	0.0294**	0.0002	0.0001	0.0006
	(0.0122)	(0.0125)	(0.0121)	(0.0004)	(0.0004)	(0.0004)
Population	0.1582***	0.1713***	0.2072***	0.0018**	0.0023***	0.0031***
	(0.0208)	(0.0213)	(0.0199)	(0.0007)	(0.0007)	(0.0007)
地区生产总值	0.1100***	0.0652***	0.0423*	0.0040***	0.0028***	0.0024***
	(0.0294)	(0.0218)	(0.0221)	(0.0009)	(0.0008)	(0.0008)
University	-0.0567***	-0.0426***	-0.0335***	0.0003	0.0006	0.0008**
	(0.0131)	(0.0123)	(0.0120)	(0.0005)	(0.0004)	(0.0004)
所有制效应	Yes	Yes	Yes	Yes	Yes	Yes
地区效应	Yes	Yes	Yes	Yes	Yes	Yes
Constant	-3.7842***	-3.8466***	-3.6448***	-0.1010***	-0.1044***	-0.1010***
	(0.1322)	(0.1261)	(0.1232)	(0.0047)	(0.0044)	(0.0043)
Wald 外生性检验	50.16***	54.75***	63.60***	18.41***	17.37***	19.92***
观测值	32 744	32 744	32 744	32 744	32 744	32 744

三、分地区和分年度回归

为了深入分析管理层风险激励模式和异质性对企业创新行为的影响,我们还将总体样本按照所在地区分为东部地区样本、中部地区样本和西部地区样本,按照年份顺序分为2002年样本、2003年样本和2004年样本,然后分别进行回归(模型同前)。

表7-5　企业R&D投资决策影响因素的分地区回归(IVProbit)

	东部		中部		西部	
	(1)	(2)	(3)	(4)	(5)	(6)
Salary_gap	0.0406	0.0393	0.1220**	0.1140**	0.3279***	0.3297***
	(0.0337)	(0.0338)	(0.0568)	(0.0549)	(0.0892)	(0.0874)
Incentive	0.9119***		1.7118***		0.3270**	
	(0.2333)		(0.3350)		(0.1521)	

表7-5(续)

	东部		中部		西部	
	(1)	(2)	(3)	(4)	(5)	(6)
Delta		0.3074***		0.3564***		0.3153***
		(0.0763)		(0.0657)		(0.0649)
Turnover	1.8522***	1.7102***	0.2237	0.0636	1.1125**	1.1346**
	(0.5759)	(0.6383)	(0.4962)	(0.4576)	(0.5232)	(0.5433)
Official	−0.0556**	−0.0536**	−0.1635**	−0.1504**	−0.2010***	−0.2514***
	(0.0216)	(0.0214)	(0.0723)	(0.0727)	(0.0653)	(0.0832)
Tenure	0.0639***	0.0628***	0.0063	0.0002	0.0811***	0.0796***
	(0.0124)	(0.0131)	(0.0170)	(0.0163)	(0.0268)	(0.0296)
Tenuresq	−0.1800***	−0.1806***	−0.0180	−0.0359	−0.2804***	−0.2791**
	(0.0407)	(0.0416)	(0.0703)	(0.0679)	(0.1084)	(0.1214)
Education	0.0906**	0.0908**	0.1043***	0.1964***	0.1927***	0.2506***
	(0.0442)	(0.0453)	(0.0331)	(0.0444)	(0.0413)	(0.0918)
ROS	1.3092*	1.7753**	1.8448**	1.7182**	0.8711***	0.8500***
	(0.7718)	(0.8879)	(0.8663)	(0.8114)	(0.1292)	(0.1301)
Firm_size	0.1717***	0.1706***	0.1109***	0.1546***	0.1028**	0.1252**
	(0.0213)	(0.0217)	(0.0388)	(0.0323)	(0.0510)	(0.0573)
Firm_age	−0.0009	0.0002	0.0056***	0.0037**	0.0022	0.0018
	(0.0014)	(0.0014)	(0.0019)	(0.0018)	(0.0021)	(0.0022)
Local_pro	−0.0008	0.0113	0.0221	0.0630***	0.0260	0.0388
	(0.0201)	(0.0191)	(0.0263)	(0.0233)	(0.0288)	(0.0297)
Population	0.1217***	0.1386***	0.2291***	0.3001***	0.3154***	0.3329***
	(0.0288)	(0.0285)	(0.0497)	(0.0413)	(0.0986)	(0.0943)
地区生产总值	0.1261**	0.0913*	0.0478	0.0362	0.0365	0.0419
	(0.0544)	(0.0504)	(0.0440)	(0.0421)	(0.0957)	(0.0952)
University	−0.0467*	−0.0387	−0.0422	−0.0602**	−0.0037	−0.0042
	(0.0243)	(0.0249)	(0.0269)	(0.0256)	(0.0338)	(0.0346)
所有制效应	Yes	Yes	Yes	Yes	Yes	Yes
地区效应	Yes	Yes	Yes	Yes	Yes	Yes
Constant	−3.9070***	−3.6710***	−3.5034***	−3.5079***	−4.1681***	−4.1130***
	(0.2898)	(0.3391)	(0.3260)	(0.3111)	(0.3226)	(0.3221)

表7-5(续)

	东部		中部		西部	
	(1)	(2)	(3)	(4)	(5)	(6)
Wald 外生性检验	33.69***	44.80***	29.73***	29.18***	20.51***	21.49***
观测值	17 211	17 211	10 241	10 241	5292	5292

毋庸置疑，地区差异会导致不同的市场化程度，而市场化程度对企业相关制度的影响已有共识（辛清泉、谭伟强，2009），管理层激励契约内生于其特有的制度环境，同时也受制于外部环境，尤其是外部市场化程度。对于市场化程度较高的地区，企业之间的竞争程度更大，市场竞争力量会驱动企业设计出风险性激励契约以满足激励相容条件，并诱导管理层做出维持企业竞争优势且与股东利益一致的相关投资决策，并实现投资预算硬约束。同时，企业也会从市场上找寻合理的管理人才以应对市场竞争。因此，对于市场化程度较高的地区，管理层风险激励模式和异质性对企业创新行为具有影响。

表 7-6　企业 R&D 强度影响因素的分地区回归（IVTobit）

	东部		中部		西部	
	(1)	(2)	(3)	(4)	(5)	(6)
Salary_gap	0.0009	0.0010	0.0038**	0.0040**	0.0141***	0.3297***
	(0.0011)	(0.0010)	(0.0019)	(0.0019)	(0.0039)	(0.0874)
Incentive	0.0291***		0.0374***		0.0170***	
	(0.0031)		(0.0111)		(0.0063)	
Delta		0.0031***		0.0064***		0.0059***
		(0.0012)		(0.0023)		(0.0017)
Turnover	0.0660***	0.0629***	0.0019	0.0022	0.0424***	0.0463**
	(0.0188)	(0.0207)	(0.0016)	(0.0017)	(0.0137)	(0.0144)
Official	-0.0015*	-0.0014*	-0.0037**	-0.0051**	-0.0062***	-0.0066***
	(0.0008)	(0.0007)	(0.0018)	(0.0020)	(0.0013)	(0.0015)
Tenure	0.0017***	0.0016***	0.0004	0.0004	0.0022***	0.0021***
	(0.0004)	(0.0004)	(0.0006)	(0.0006)	(0.0007)	(0.0007)
Tenuresq	-0.0040***	-0.0039***	-0.0014	-0.0013	-0.0068***	-0.0065***
	(0.0013)	(0.0013)	(0.0024)	(0.0024)	(0.0014)	(0.0014)
Education	0.0067***	0.0076***	0.0082***	0.0112***	0.0124**	0.0126***
	(0.0017)	(0.0015)	(0.0028)	(0.0023)	(0.0054)	(0.0054)

表7-6(续)

	东部		中部		西部	
	(1)	(2)	(3)	(4)	(5)	(6)
ROS	0.0419**	0.0435**	0.0494**	0.0497**	0.0510**	0.0688***
	(0.0211)	(0.0217)	(0.0231)	(0.0243)	(0.0249)	(0.0237)
Firm_size	0.0026***	0.0028***	0.0016**	0.0024**	0.0020**	0.0022**
	(0.0007)	(0.0007)	(0.0007)	(0.0011)	(0.0011)	(0.0012)
Firm_age	−0.00006	−0.00005	0.00011*	0.00007	0.00007	0.00004
	(0.00004)	(0.00004)	(0.00006)	(0.00006)	(0.00009)	(0.00009)
Local_pro	0.0001	0.0001	0.0011	0.0019**	0.0002	0.0003
	(0.0007)	(0.0008)	(0.0009)	(0.0008)	(0.0013)	(0.0013)
Population	0.0004	0.0002	0.0046***	0.0067***	0.0159***	0.0157***
	(0.0010)	(0.0009)	(0.0017)	(0.0015)	(0.0043)	(0.0041)
地区生产总值	0.0089***	0.0086***	0.0008	0.0004	0.0072*	0.0076*
	(0.0018)	(0.0021)	(0.0015)	(0.0015)	(0.0042)	(0.0045)
University	0.0001	0.0001	0.0002	0.0005	0.0015	0.0016
	(0.0008)	(0.0008)	(0.0004)	(0.0009)	(0.0015)	(0.0015)
所有制效应	Yes	Yes	Yes	Yes	Yes	Yes
地区效应	Yes	Yes	Yes	Yes	Yes	Yes
Constant	−0.1147***	−0.1138***	−0.0947***	−0.0995***	−0.1382***	−0.1387***
	(0.0097)	(0.0110)	(0.0109)	(0.0109)	(0.0141)	(0.0140)
Wald 外生性检验	16.70***	18.80***	16.55***	17.13***	16.12***	16.64***
观测值	17 211	17 211	10 241	10 241	5292	5292

从表7-6和表7-7汇报的回归结果可以看出,在市场化程度较高的东部地区,薪酬差距对企业创新行为的影响并不明显,而在中部和西部,薪酬差距对企业创新行为有显著的促进作用,通过边际效应比较,西部地区的作用程度要大于东部。出现这种现象的原因在于薪酬差距实际上体现的是一种短期激励,市场化程度较低地区的管理层可能更关注短期报酬。唐清泉、甄丽明(2009)提出:我国企业管理层自身财富和财力还处于累积阶段,短期激励更有利于诱导管理层投资R&D。基于这个结论,我们认为短期激励与企业创新行为之间的关系会受到市场化程度的干扰。与薪酬差距影响不同的是,薪酬与

绩效挂钩对企业创新行为的影响表现为市场化程度较高的东中部地区大于市场化程度较低的西部地区，更替风险对企业创新行为的影响表现为市场化程度较高的东部地区大于市场化程度较低的中部和西部地区。而薪酬绩效敏感性对企业创新行为的影响在不同地区并无明显差别。从上述论断，我们可以初步断定，对于市场化程度较高的地区，短期激励对企业创新行为的影响要弱于长期激励，而市场化程度较低的地区则刚好相反。

表 7-7　企业 R&D 投资决策影响因素的分年份回归（IVProbit）

	2002 年		2003 年		2004 年	
	（1）	（2）	（3）	（4）	（5）	（6）
Salary_gap	0.0648***	0.0447**	0.0486***	0.0363**	0.0704***	0.0688***
	(0.0220)	(0.0208)	(0.0189)	(0.0171)	(0.0190)	(0.0186)
Incentive	1.0787***		1.0732***		1.1077***	
	(0.1578)		(0.1436)		(0.1470)	
Delta		0.2937***		0.3129***		0.2824***
		(0.0403)		(0.0380)		(0.0367)
Turnover	0.9559***	1.0927***	0.7119***	0.8078***	0.8163***	0.9391***
	(0.3543)	(0.3693)	(0.2833)	(0.2994)	(0.2663)	(0.2718)
Official	-0.0806**	-0.0841**	-0.0976**	-0.1027**	-0.0930**	-0.1108**
	(0.0397)	(0.0400)	(0.0493)	(0.0510)	(0.0412)	(0.0473)
Tenure	0.0375***	0.0405***	0.0410***	0.0401***	0.0468***	0.0436***
	(0.0096)	(0.0098)	(0.0099)	(0.0103)	(0.0112)	(0.0112)
Tenuresq	-0.1166***	-0.1291***	-0.1122***	-0.1109***	-0.1313***	-0.1210***
	(0.0422)	(0.0428)	(0.0405)	(0.0417)	(0.0421)	(0.0419)
Education	0.0998**	0.1422***	0.1016***	0.1249**	0.0987**	0.1382***
	(0.0473)	(0.0527)	(0.0478)	(0.0489)	(0.0410)	(0.0469)
ROS	2.2886***	2.9933***	2.7194***	3.8690***	2.1529***	2.7503***
	(0.7186)	(0.7229)	(0.5701)	(0.5911)	(0.4558)	(0.4502)
Firm_size	0.1473***	0.1517***	0.1799***	0.1808***	0.1814***	0.2030***
	(0.0190)	(0.0188)	(0.0171)	(0.0172)	(0.0165)	(0.0144)
Firm_age	0.0007	0.0006	0.0002	0.0001	-0.0009	-0.0014
	(0.0015)	(0.0015)	(0.0013)	(0.0014)	(0.0013)	(0.0013)
Local_pro	0.0288	0.0475**	0.0261	0.0413**	-0.0023	0.0253
	(0.0198)	(0.0199)	(0.0177)	(0.0181)	(0.0177)	(0.0171)

表7-7(续)

	2002 年		2003 年		2004 年	
	(1)	(2)	(3)	(4)	(5)	(6)
Population	0.1562***	0.1781***	0.1663***	0.1883***	0.1629***	0.1669***
	(0.0341)	(0.0343)	(0.0302)	(0.0304)	(0.0298)	(0.0285)
地区生产总值	0.0778**	0.0655**	0.0874***	0.0864***	0.0958***	0.1137***
	(0.0326)	(0.0338)	(0.0299)	(0.0311)	(0.0287)	(0.0276)
University	-0.0470*	-0.0449**	-0.0546***	-0.0631***	-0.0592***	-0.0505***
	(0.0198)	(0.0201)	(0.0184)	(0.0191)	(0.0172)	(0.0171)
所有制效应	Yes	Yes	Yes	Yes	Yes	Yes
地区效应	Yes	Yes	Yes	Yes	Yes	Yes
Constant	-3.7778***	-3.6655***	-4.0059***	-3.9771***	-4.0976***	-3.9816***
	(0.2031)	(0.2067)	(0.1994)	(0.2058)	(0.1960)	(0.1960)
Wald 外生性检验	52.44***	71.15***	54.42***	83.53***	66.58***	76.81***
观测值	9432	9432	11 176	11 176	12 136	12 136

关于管理层异质性，首先，政治关系对企业创新行为的影响随着市场化程度的提高而逐渐弱化（边际效应在递减），这意味着市场化程度弱化了政治关系对企业创新行为的负面影响。在市场化程度较低的中西部地区，有政治关系的企业可能承担了更多的责任，因此分散了它们进行企业创新的精力。此外，相对于市场化程度较高的东部地区，中西部地区企业之间的竞争激烈程度较低，具有政治关系的企业缺少足够的创新激励。其次，管理层任期在东部和西部呈现明显的倒 U 形曲线关系，而在中部地区则并不明显。此外，管理层在东部地区的任期拐点要大于西部地区的拐点。这意味着相对于西部地区的企业而言，东部地区企业更加关注投资周期更长的 R&D 项目。最后，管理层教育水平对企业创新行为的影响随着市场化程度的提高而逐渐弱化，这意味着市场化程度弱化了教育水平对企业创新行为的正向影响。产生这一现象的原因在于我国不同地区的教育水平存在显著的差异性。在市场化程度较高的东部地区，高教育水平人才分布比较密集，而市场化程度较低的中部和西部地区，高教育水平的人才则相对匮乏，因此教育水平对中西部地区创新行为的边际贡献要更大。

表 7-8　　　企业 R&D 强度影响因素的分年份回归 (IVTobit)

	2002 年		2003 年		2004 年	
	(1)	(2)	(3)	(4)	(5)	(6)
Salary_gap	0.0016**	0.0010	0.0011*	0.0006	0.0014**	0.0013**
	(0.0009)	(0.0008)	(0.0006)	(0.0006)	(0.0006)	(0.0006)
Incentive	0.0315***		0.0262***		0.0200***	
	(0.0068)		(0.0052)		(0.0048)	
Delta		0.0074***		0.0066***		0.0046***
		(0.0016)		(0.0013)		(0.0011)
Turnover	0.0327**	0.0330**	0.0219**	0.0215**	0.0194**	0.0206**
	(0.0150)	(0.0154)	(0.0101)	(0.0104)	(0.0086)	(0.0088)
Official	−0.0024**	−0.0028**	−0.0025**	−0.0028**	−0.0022**	−0.0027**
	(0.0011)	(0.0011)	(0.0012)	(0.0010)	(0.0011)	(0.0012)
Tenure	0.0009**	0.0009**	0.0010***	0.0009***	0.0010***	0.0009**
	(0.0004)	(0.0004)	(0.0004)	(0.0004)	(0.0004)	(0.0004)
Tenuresq	−0.0025*	−0.0026*	−0.0027*	−0.0024*	−0.0023*	−0.0021*
	(0.0013)	(0.0014)	(0.0014)	(0.0015)	(0.0013)	(0.0012)
Education	0.0065***	0.0082***	0.0059***	0.0068***	0.0055***	0.0068***
	(0.0023)	(0.0023)	(0.0018)	(0.0018)	(0.0016)	(0.0016)
ROS	0.1291***	0.1482***	0.1469***	0.1746***	0.1208***	0.1311***
	(0.0302)	(0.0301)	(0.0202)	(0.0205)	(0.0147)	(0.0147)
Firm_size	0.0021***	0.0025***	0.0029***	0.0032***	0.0029***	0.0035***
	(0.0008)	(0.0008)	(0.0006)	(0.0006)	(0.0005)	(0.0005)
Firm_age	−0.00007	−0.00007	−0.00008*	−0.00008*	−0.00009**	−0.00010***
	(0.00006)	(0.00006)	(0.00004)	(0.00004)	(0.00004)	(0.00004)
Local_pro	0.0007	0.0013	0.0003	0.0008	−0.0001	0.0005
	(0.0008)	(0.0008)	(0.0006)	(0.0006)	(0.0006)	(0.0005)
Population	0.0018	0.0027*	0.0018*	0.0024**	0.0017*	0.0018**
	(0.0015)	(0.0014)	(0.0010)	(0.0011)	(0.0010)	(0.0009)
地区生产总值	0.0044**	0.0040***	0.0036***	0.0034***	0.0035***	0.0039***
	(0.0014)	(0.0014)	(0.0011)	(0.0011)	(0.0009)	(0.0009)
University	−0.0005	−0.0004	−0.0004	−0.0005	−0.0004	−0.0002
	(0.0008)	(0.0009)	(0.0007)	(0.0007)	(0.0006)	(0.0006)

表7-8(续)

	2002年		2003年		2004年	
	(1)	(2)	(3)	(4)	(5)	(6)
所有制效应	Yes	Yes	Yes	Yes	有	有
地区效应	Yes	Yes	Yes	Yes	有	有
Constant	-0.1218***	-0.1190***	-0.1120***	-0.1096***	-0.1039***	-0.1023***
	(0.0087)	(0.0087)	(0.0071)	(0.0072)	(0.0063)	(0.0064)
Wald外生性检验	34.94***	39.10***	45.96***	58.29***	62.07***	67.58***
观测值	9432	9432	11 176	11 176	12 136	12 136

最后需要说明的是，关于不同年份的子样本回归结果显示（具体见表7-7和表7-8），管理层风险激励模式和异质性对企业创新行为的影响在不同年份并无明显差异，从而印证了本章研究结果的稳健性。

四、稳健性回归策略

为了检验前面回归结果是否具有稳健性，我们进行了以下稳健性检测：第一，我们进行弱内生性样本回归检验，即剔除了极端值的影响，将变量位于平均数调整的正负三倍标准差以外的观测值予以删除，同时剔除了主营业务利润率为负的企业样本，经过上述筛选后，我们对先前设定的模型重新进行回归，回归结果与先前的回归结果是一致的。第二，我们采纳 Frölich 和 Melly (2012) 的建议，在处理内生性的情况下，对设定模型进行无条件分位数处理效应估计①，得到的估计结果与先前的回归结果并无明显差异。由此说明，本章的回归结果具有较强的稳健性。

第五节 结论与政策内涵

本章基于2005年世界银行关于中国2002—2004年31个省121个城市的12 136家企业的投资环境调查数据。通过建立 Probit 和 Tobit 计量模型，从管理层风险激励模式、异质性和企业创新行为的角度探讨了股东和管理者之间的委托代理关系。本章的证据表明，管理层风险激励对企业创新行为有明显的诱

---

① Stata 软件中的回归估计命令为 ivqte。

导作用，但不同的风险激励模式所起的作用是不一致的。总体而言，短期激励对企业创新行为的作用效果要逊于长期激励。而对于管理层异质性对企业创新行为的影响而言，首先，具有政治关系的企业更倾向于规避企业创新和降低创新力度，说明政治关系抑制了企业创新行为。其次，管理层任期与企业创新行为之间呈现倒 U 形曲线关系，即随着管理层任期的延长，激励效应会逐渐减少，一旦超过某个临界值，反而会失去其应有的激励作用。在引入工具变量之后，这种倒 U 形曲线关系仍然显著。最后，教育水平越高的管理层，越倾向于企业创新。

考虑管理层风险激励模式可能存在的内生性，我们使用企业所在城市风险激励的平均值作为企业风险激励的工具变量，通过 Wald 外生性检验发现，管理层风险激励是内生的，引入工具变量之后，本章关注的主要变量的系数方向和显著性并无显著变化，但边际效应更强了。

接下来，我们将样本分为东部、中部和西部三个子样本，通过工具变量回归分析后发现，管理层风险激励模式与企业创新行为的具体关系表现为：市场化程度较高的地区，短期激励对企业创新行为的影响要弱于长期激励，而市场化程度较低的地区则刚好相反。而管理层异质性和企业创新行为之间的关系表现为，政治关系对企业创新行为的影响随着市场化程度的提高而逐渐弱化。管理层任期在东部和西部呈现显著的倒 U 形曲线关系，而在中部地区则并不明显，需要强调的是东部地区企业管理层的任期拐点要明显长于西部地区，这意味着相对于西部地区而言，东部地区可能会更关注投资周期较长的企业创新项目。此外，遵循教育水平的边际贡献递减规律，管理层教育水平随着市场化程度的提高而对企业创新行为影响的程度在逐渐弱化。

随后，我们按年份将样本分为三个子样本，通过工具变量回归分析发现，管理层风险激励模式和异质性对企业创新行为的影响在不同的年份并无明显差异，从而印证了本章研究结果的稳健性。

针对当前经济转型的关键时期，中国正在步入以知识为基础、创新为手段的市场经济体。企业原有的惯例和过度自信可能会使得企业脱离当前的市场环境，陷入记忆僵化的困局，这将不利于中国经济的成功转型。基于上述背景，本章的研究结论有着极其重要的政策含义。我们的研究表明，管理层风险激励在一定程度上能够有效缓解我国企业管理层的短视问题，增加企业创新倾向和创新力度，同时这也促进了企业长期发展，符合中国经济转型的趋势。但需要注意的是，随着市场化程度的提高，企业设计出长期的风险激励契约将更有利于推动企业进行创新。其次，市场化程度提高了管理层的激励水平，同时弱化了政治关系对企业创新行为的抑制作用。因此，我国市场化改革推动将有利于开阔企业投资眼界。但是如果希冀市场化改革来切实推动企业创新行为，政府首先应该解除对企业的干预和保护，让有政治关系的企业接受市场化制度的安排，否则在政府的强烈干预下，企业难以打破创新两难的僵局。

参考文献：

［1］Hall, B. H. and Lerner, J. (2010). The Financing of R&D and Innovation, Handbook of the Economics of Innovation, Elsevier-North Holland.

［2］Dong, J. and Gou, Y. N. (2010). Corporate Governance Structure, Managerial Discretion, and the R&D Investment in China ［J］. International Review of Economics and Finance, 19 (2): 180-88.

［3］Makri, M., Lane, P. J., & Gomez-Mejia, L. (2006). CEO Incentives, innovation, and performance in technology–intensive firms ［J］. Strategic Management Journal, 27 (11): 1057-1080.

［4］姜涛，王怀明. 高管激励对高新技术企业 R&D 投入的影响 ［J］. 研究与发展管理，2012, 24 (4): 53-60.

［5］Lin, C., Lin, P., Song, F. M., Li, C. (2011). Managerial incentives, CEO characteristics and corporate innovation in China's private sector ［J］. Journal of Comparative Economics, 39: 176-190.

［6］Shen, C. Hsin-han., Zhang, H. (2013). CEO risk incentives and firm performance following R&D increases ［J］. Journal of Banking & Finance, 37: 1176-1194.

［7］Barker, V., Mueller, G. (2002). CEO characteristics and firm R&D spending ［J］. Management Science 48: 782-801.

［8］Stein, J. C. (1988). Takeover Threats and Managerial Myopia ［J］. Journal of Political Economy, 96: 61-79.

［9］Bertrand, M., and Mullainathan, S. (2003). Enjoying the Quiet Life? Corporate Governance and Managerial Preferences ［J］. Journal of Political Economy, 111: 1043-1075.

［10］Cyert, R. M., March, J. G. (1992). A Behavioral Theory of the Firm, 2nd ed. Prentice Hall, Englewood Cliffs, NJ.

[11] Gavetti, G., Greve, H. R., Levinthal, D. A., Ocasio, W. (2012). The behavioral theory of the firm: assessment and prospects [J]. The Academy of Management Annals, 6 (1): 1-40.

[12] Jensen, M. C., Meckling, W. H. (1976). Theory of the firm: managerial behavior, agency costs and ownership structure [J]. Journal of Financial Economics, 3: 305-360.

[13] Wright, P., Kroll, M., Krug, J. A., & Pettus, M. (2007). Influences of top management team incentives on firm risk taking [J]. Strategic Management Journal, 28 (1): 81-89.

[14] Balkin D. B., Markman, G. D., and Gomez-Mejia, L. (2000). Is CEO Pay in High-Technology Firms Related to Innovation? [J]. Academy of Management Journal, 43 (6): 1118-1129.

[15] Tosi, H., Werner, S., Katz, J., and Gomez-Mejia, L. (2000). How much does performance matter? A meta-analysis of CEO pay studies [J]. Journal of Management, 26 (2): 301-339.

[16] Coles, J., Danniel, N., Naveen, L. (2006). Managerial incentives and risk-taking [J]. Journal of Financial Economics, 79: 431-468.

[17] Core, J. E., Guay, W. R., & Larcker, D. F. (2003). Executive equity compensation and incentives: A survey [J]. Economics and Policy Review, 9 (1): 27-50.

[18] Demerjian, P., Lewis, M., Lev, B., McVay, S., 2012. Quantifying Managerial ability: A New Measure and Validity Tests [J]. Management Science, 58 (7): 1229-1248.

[19] Larraza-Kintana, M., Wiseman, R. M., Gomez-Mejia, L. R., & Welbourne, T. M. (2007). Disentangling compensation and employment risks using the behavioral agency model [J]. Strategic Management Journal, 28 (10): 1001-1019.

[20] Baysinger, B. D., & Hoskisson, R. E. (1989). Diversification strategy and R&D intensity in large multi-productfirms [J]. Academy of Management Journal, 32 (2): 310-332.

[21] Chang, E., Wong, S. (2004). Political control and performance in China's listed firms [J]. Journal of Comparative Economics, 32: 617-636.

[22] 王燕妮. 高管激励对研发投入的影响研究——基于我国制造业上市公司的实证检验 [J]. 科学学研究, 7: 1071-1078.

[23] Antia, M., Pantzalis, C., and Park, J. C. (2010). CEO decision horizon and firm performance: An empirical investigation [J]. Journal of Corporate Finance, 16: 288-301.

[24] Dechow, P., and Sloan, R. (1991). Executive Incentives and the Horizon Problem: An Empirical Investigation [J]. Journal of Accounting and Economics, 14: 51-89.

[25] Mannix E., and Loewenstein, G. (1994). The Effects of Interfirm Mobility and Individual versus Group Decision Making on Managerial Time Horizons [J]. Organizational Behavior and Human Decision Processes, 72: 256-279.

[26] Miller, D. (1991). Stale in the saddle: CEO tenure and the match between organization and environment [J]. Management Science, 37: 34-52.

[27] Agrawal, A., Knoeber, C. (2001). Do some outside directors play a political role? [J]. The Journal of Law and Economics, 44: 179-198.

[28] Khuaja, A., Mian, A. (2005). Do lenders favor politically connected firms? Rent provision in an emerging financial market [J]. Quarterly Journal of Economics, 120: 1371-1411.

[29] Claessens, S., Feijen, E., Laeven, L. (2008). Political connections and preferential access to finance: the role of campaign contributions [J]. Journal of Financial Economics, 88 (3): 554-580.

[30] Faccio, M., Masulis, R., McConnell, J. (2006). Political connections and corporate bailouts [J]. The Journal of Finance, 61: 2597-2635.

[31] Li, Hongbin, Meng, Lingsheng, Wang, Qian, Zhou, Li-An. (2008). Political connections, financing and firm performance: evidence from Chinese private firms [J]. Journal of Development Economics, 87 (2): 283-299.

[32] Cohen, W., Klepper, S. (1996). A reprise of size and R&D [J]. Economic Journal, 106: 925-952.

[33] Choi, S. B., Lee, S. H., Williams, C. (2011). Ownership and firm innovation in a transition economy: Evidence from China [J]. Research Policy, 40: 441-452.

[34] Cohen, W. M. and Levinthal, D. A. (1990). Absorptive Capacity: A New Perspective on Learning and Innovation [J]. Administrative Science Quarterly, 35 (1): 128-152.

[35] Chen, W. R., Miller, K. D. (2007). Situational and institutional deter-

minants of firms' R&D search intensity [J]. Strategic Management Journal, 28 (4): 369-381.

[36] Argyres, N. S., Brain, S. S. (2004). R&D, organization structure, and the development of corporate technological knowledge [J]. Strategic Management Review, 25: 929-958.

[37] Lerner, J., Wulf, J. (2007). Innovation and incentives: Evidence from corporate R&D [J]. Review of Economics and Statistics, 89: 634-644.

[38] Hall, B., Jaffe, A., Trajtenberg, M. (2001). The NBER Patent Citation Data File: Lessons, Insights, and Methodological Tools. NBER Working Paper No. 8498.

[39] Czarnitzki, D. (2005). The extent and evolution of productivity deficiency in Eastern Germany [J]. Journal of Productivity Analysis, 24: 209-229.

[40] Cassiman, B., Veugelers, R. (2006). In search of complementarity in innovation strategy: internal R&D and external knowledge acquisition [J]. Management Science, 52: 68-82.

[41] Sanders, W. G. (2001). Behavioral responses of CEO's to stock ownership and stock option pay [J]. Academy of Management Journal, 44 (3): 477-492.

[42] Wright, P., Kroll, M., Lado, A., & Van Ness, B. (2002). The structure of ownership and corporate acquisition strategies [J]. Strategic Management Journal, 23 (1): 41-53.

[43] Eberhart, A. C., Maxwell, W. F., and Siddique, A. R. (2004). An examination of long-term abnormal stock returns and operating performance following R&D increases [J]. Journal of Finance, 59: 623-651.

[44] Sanders, W. G., Hambrick, D. C. (2007). Swinging for the fences: The effects of CEO stock options on company risk taking and performance [J]. Academy of Management Journal, 50 (5): 1055-1078.

[45] 李后建. 市场化、腐败与企业家精神 [J]. 经济科学, 2013, 193 (1): 99-111.

[46] 陈守明, 简涛, 王朝霞. CEO任期与R&D强度: 年龄和教育层次的影响 [J]. 科学学与科学技术管理, 2011, 32 (6): 159-165.

[47] 文芳. 股权集中度、股权制衡与公司R&D投资——来自中国上市公司的经验证据 [J]. 南方经济, 2008 (4): 41-52.

[48] Hambrick, D. C., Fukutomi, G. D. S. (1991). The Seasons of a CEO's tenure [J]. Academy of Management Review, 16: 719-742.

[49] Reinnikka, R., Svensson, J. (2006). Using micro-surveys to measure and explain corruption [J]. World Development, 34: 359-370.

[50] Fisman, R., Svensson, J. (2007). Are corruption and taxation really harmful to growth? Firm level evidence [J]. Journal of Development Economics, 83: 63-75.

[51] 辛清泉, 谭伟强. 市场化改革、企业业绩与国有企业经理薪酬 [J]. 经济研究, 2009 (11): 68-81.

[52] 唐清泉, 甄丽明. 管理层风险偏爱、薪酬激励与企业 R&D 投入——基于我国上市公司的经验研究 [J]. 经济管理, 2009 (5): 56-64.

[53] Frölich, M. and Melly, B. (2012). Unconditional quantile treatment effects under endogeneity, IZA discussion paper, No. 3288.

第八章 政治关系、信贷配额优惠与企业创新行为

在中国经济转轨的关键时期，如何构建激励企业创新的有效制度成为实现"中国梦"的有效保证。本章以世界银行在中国开展的投资环境调查数据为样本，实证考察了政治关系、信贷配额优惠对企业创新行为的影响。研究发现，主动政治关系推动了企业创新，而被动政治关系则抑制了企业的创新行为。此外，信贷配额优惠对企业创新具有积极作用，但这种作用受制于政治关系的影响，具体表现为政治关系弱化了信贷配额优惠对企业创新行为的正向影响。进一步的研究还发现，市场化进程强化了主动政治关系和信贷配额优惠对企业创新行为的积极影响，而弱化了被动政治关系对企业创新行为的抑制作用，同时在市场化机制的作用下，政治关系对信贷配额优惠和企业创新行为之间正向关系的弱化作用得到了缓解。本章为理解转轨经济背景下的中国企业创新行为的影响因素提供了一个新的重要视角，也为理解当前的金融体制改革、企业创新融资约束等问题提供了新的经验证据。

第一节 引言

有关内生经济增长理论的研究表明创新才是驱动经济增长的内生性动力（Aghion et al., 2005; Laincz & Peretto, 2006）。Porter（1990）亦强调了创新对长期经济增长的重要性，他认为若经济增长长期依赖于要素驱动，那么当要素耗竭时，建立在要素基础上的经济体系终将崩塌。

对照我国经济发展经验，虽然我国经济自1978年改革开放以来保持了三十多年的高度增长，被世人誉为"增长奇迹"，但是造就中国经济增长奇迹的

并非技术创新，而是建立在"政治晋升锦标赛"激励机制下的高储蓄和高投资（周黎安，2008）。此外，在"中国增长奇迹"的背后，我们看到的是环境污染、食品安全以及腐败等已经成为"中国增长奇迹"的系列副产品并日益显现出其负外部性问题的严重性。这些问题不仅使社会背负着高昂的治理成本，而且可能危及中国经济的可持续发展（李后建，2013）。

基于上述判断，中国经济发展模式从"要素驱动型"向"创新驱动型"转变已是大势所趋且迫在眉睫。这促使我们思考如下问题：中国应如何推动创新？虽然以往的研究表明产权制度（陈国宏、郭弢，2008）、政治关联（江雅雯等，2011）、金融发展（解维敏、方红星，2011）、企业规模（温军等，2011）、腐败（李后建，2013）和市场化进程（江雅雯等，2012；李后建，2013）等都是影响中国企业创新的重要因素，但是中国企业创新可能更多地受制于融资约束（温军等，2011）。这主要是因为，相对于其他项目而言，企业创新项目可能存在着更加严重的信息不对称而使其陷入融资困境。首先，企业创新成果转化为产品，从而实现商业价值，需要经过较长的孕育期，再加上其固有的风险性，这使得投资者很难识别创新项目的优劣；其次，虽然企业信息披露是缓解信息不对称问题的有效办法，但是企业创新主体为防竞争者模仿以致弱化创新活动收益的弱排他性占有而不愿披露信息；最后，为了降低信息不对称程度，银行机构通常的做法是要求借款人提供抵押品。但是对于高新技术企业而言，这样的要求似乎并不现实。因为在创新活动中，大部分的研发支出都是工资薪金，而并非可以作为抵押品的资本物品（Hall & Lerner, 2010）。在信息严重不对称的情况下，企业创新活动的风险规避和私有信息会导致严重的逆向选择和道德风险问题，这使得谨慎的投资者对企业创新活动失去投资兴趣。然而，金融系统提供的信贷保证条款可以对企业创新活动起到良好的监督作用，从而缓解上述代理问题。因此，高效的金融系统可以有效地缓解企业创新活动的融资约束问题（Ang & Madsen, 2008）。Aghion 和 Howitt（2009）指出金融发展会降低金融机构的筛选成本和监督成本，从而缓解信息不对称问题，增加了企业创新活动的频次。

然而，对于中国这样一个具有"新兴加转型"双重制度特征的经济体而言，相关正式制度并未完全确立，政府依然掌控着重要资源的供给，银行信贷亦随政府导向而为（Sapienza, 2004）。为此，建立政治关系成为企业获得重要资源并克服融资约束的关键手段。已有研究表明企业有建立政治关系的强烈动机（Li et al., 2006; Morck et al., 2005），因为通过政治渠道，企业可以获得诸多益处，例如有利的监管条件（Agrawal & Knoeber, 2001）、更多的财政补贴

（余明桂等，2010）、更低的税收优惠（Wu et al.，2012；冯延超，2012）和更多的银行贷款（余明桂、潘红波，2008；Adhikari et al.，2006；Yeh et al.，2013）等。因此，处理与政府的关系也就构成了企业战略决策和经营行为的重要方面（张建君、张志学，2005）。事实上，政治关系作为一种稀缺性资源，它在某种程度上减少了市场机制不完善对企业的伤害（Chen et al.，2011）。罗党论和唐清泉（2009）认为企业获得政治关系的目的就是寻求对市场不完善的替代保护机制。那么进一步的问题是企业如何通过维持政治关系获得信贷配额优惠，从而有针对性地推进企业创新。国内鲜有文献从企业微观和实证视角对此进行考察。有鉴于此，本章的研究动机在于探讨政治关系、信贷配额优惠与企业创新行为之间的关联性。之所以选择企业创新行为这一角度展开研究，是基于以下两点考虑：（1）在知识经济时代，企业创新行为对中国经济转型有着至关重要的作用，然而企业创新行为在中国还有待深入研究。以中国上市公司为例，在信贷配额优惠和企业创新行为的关联性上，经验研究并无定论。近年来，虽然有研究开始关注中国企业创新行为的决定性因素，但从转型经济中企业信贷配额优惠去理解企业创新行为的研究凤毛麟角。（2）在经济转型中，政治关系是对正式制度不完善的弥补（余明桂、潘红波，2008）。由于分析政治关系对企业创新行为的影响类似于检验非正式制度对企业创新行为的影响，因此，本章能够为考察我国在正式制度缺位的情况下非正式制度的有效性提供一个重要视角。

本章的贡献主要表现在以下两个方面：其一是拓展和深化了融资约束与企业创新行为研究的视角。制度环境是企业融资约束的重要影响因素，其中政治关系显得尤为重要。因为在我国经济转轨时期，政府仍然扮演着社会资源配置的重要角色。江雅雯等（2011，2012）、张兆国等（2011）、蔡卫星等（2011）和罗党论、唐清泉（2007）等研究表明，政治关系是一种正式制度的替代机制，对企业行为和融资约束有着重要的影响。尽管有些研究分析了政治关系对企业创新行为的影响（江雅雯等，2011，2012），但是他们没有进一步分析市场化程度不同的地区，政治关系对企业创新行为影响的差异性。本章对此进行了进一步深入分析，结果发现，在市场化程度越低的地区，被动政治关系对企业创新行为的抑制作用越明显。本章的这些研究结果意味着，在市场化程度越低的地区，企业更多地依赖于非正式制度来缓解融资约束，但却没有进一步推动企业创新行为。这也进一步解释了落后地区政治关系更加普遍的现象。其二是我们通过考察发现政治关系对信贷配额优惠与企业创新行为关系的影响。虽然具有政治关系的企业能够获得更多的信贷配额优惠，但是这些企业的投资目标将有可能受到政治关系的制约,甚至企业制定的战略目标也仅仅是为实现地方政府官员的政治目标而服务的。这意味着地方官员的"政治晋升锦标赛"机制将可能扭曲具有政治关系的企业的投资偏好,过度功利化的政治目标有可能挤出了具有政治关系企业用在创新活动上的信贷配额资金。因此,考察政治关系对信贷配额优惠与企业创新行为之间关系的干扰作用,为进一步理解在正式制度缺位的情况下,政治关系这种非正式替代性机制的运行质量提供了新的证据。

本章其余内容安排如下:第二部分在对相关文献进行评述的基础上,提出本章的分析框架,并提出相应的假设;第三部分是本章的研究方法设计,主要包括样本来源、变量选取、相关变量的描述性统计以及模型设定;第四部分则是实证结果分析及稳健性检验;最后是本章的结论与政策内涵。

第二节 理论基础与研究假设

一、政治关系与企业创新行为

关于政治关系的定义可谓是见仁见智,一般而言,政治关系是指企业与拥有政治权力的个人之间所形成的隐性政治关系(吴文锋等,2009)。由于政治关系是企业获取各种政策资源的重要渠道(罗党论、唐清泉,2009),因此,企业与政治官员之间的政治关系是各国企业发展过程中存在的普遍现象(Faccio,2006)。关于政治关系的形成,江雅雯等(2011)认为主要分为两类:其一是主动建立的政治关系,即企业主动维持政治关系的各种行为,例如设立政府关系办公室等;其二是被动建立的政治关系,例如政府直接任命企业高管并控制这些企业以实现社会和政治目的。在以下的分析中,本章将分别考察这两种政治关系对企业创新行为的影响。

1. 主动政治关系与企业创新行为

Fisman(2001)将政治关系视为企业的一种稀缺资源,并且认为它对企业战略选择和长期绩效有着深刻的影响。罗党论、唐清泉(2009)认为政治关系是企业社会资本的重要组成部分,它能帮助企业获得政府各项支持,包括更容易进入政府管制行业、更多进入房地产行业以及获得更大比例的政府补助。因此,越来越多的企业热衷于主动建立政治关系,民营企业显得尤为迫切(陈钊等,2008)。就我国现阶段而言,知识产权保护薄弱、市场经济体制尚不完善并且政府仍然是关键资源配置的主导者。在此情境下,企业主动建立政治关系有利于获取企业进行创新所需的必要条件。毋庸置疑,在知识产权保护不力的条件下,企业创新存在着诸多风险,例如当企业创新活动形成的无形资产被竞争对手毫无代价地模仿和传播时,企业创新活动的成果将付诸东流(McMillan,1995),为此企业通过政治关系可以督促政府有关部门通过各种相关措施来确保这些无形资产的专有性,以降低企业创新活动的风险。此外,近年来,政府为鼓励企业创新,制定了一系列的优惠政策。主动建立政治关系的企业则可以优先获得这些优惠政策,从而投入更多创新所需资金。江雅雯等(2011)认为获得创新补贴、税收优惠政策或者融资便利的企业在创新活动上有低成本优势。她们通过研究发现主动政治关系的"资源效应"强化了企业创新活动的动机。因此,从这个角度来看,主动建立政治关系有利于激活企业的创新动力。但是主动政治关系也有可能弱化企业的创新动机。主动建立政治关联不仅有利于企业获得重要的政策资源,而且还可能获得市场特权,从而打压潜在的企业竞争,最终弱化了企业通过创新活动来获取市场竞争优势的动机(李后建,2013)。此外,企业与政府官员建立政治关系也要付出一定的代价,例如为迎合地方政府官员的政治偏好而要花费大量的时间和精力,这在一定程度上挤出了企业创新活动所需投入的精力。因此,从这个角度而言,主动建立政治关系又将妨碍企业创新,对企业创新活动存在"挤出效应"。我们认为,作为理性的企业而言,只有主动建立政治关系的"资源效应"大于"挤出效应"时,企业才有主动建立政治关系的动力。另外,从长远的角度来看,创新才是企业获得永续竞争优势的内生性动力,因此企业主动建立政治关系的最终目的仍是为企业创新提供必要条件,以便推动企业创新。基于上述分析,本章提出如下假设:

H1a:主动政治关系有利于推动企业创新活动。

2. 被动政治关系与企业创新行为

政府通常会直接任命高管而形成企业的被动政治关系,以便强化政府对企业的控制,以助其实现特定的政治目标(江雅雯等,2011)。在中国特色的政治晋升锦标赛模式中,地方政府官员的竞争目标通常建立在本地经济增长率和失业率基础之上(Li & Zhou,2005),因此,地方政府官员有更加强烈的动机利用有政治关联的高管来达到他们的政治和社会目标,例如提高经济增长率和降低失业率。由此可知,具有政治关系的高管除了要实现企业自身的目标外,还担负着沉重的政策性负担。为了实现地方政府官员的政治和社会目标,企业通常要压缩创新活动支出规模,因为某些创新活动可能与地方政府的政治和社会目标相悖。此外,由地方政府指派的企业高管通常会对创新活动表现出

"激励不足"，因为相对于企业市场竞争目标而言，他们肩负的政治使命要更重要。因此，他们的去留并非取决于企业的财务目标，这在一定程度上给足了具有政治关系的高管安于现状的激励。Betrand 和 Mullainathan（2003）在其"安定生活假说"中指出，如果高管更替并非由市场力量决定，那么高管将有强烈的动机去规避风险投资。由于企业创新活动具有投资大、孕育周期长且风险大等特征，因此，具有政治关系的高管做出创新投资决策的可能性不大。基于上述分析，本章提出如下假设：

H1b：被动政治关系不利于推动企业创新活动。

二、信贷配额优惠与企业创新行为：政治关系的调节作用

研发是企业创新的关键性投入，并且是内生经济增长的主要驱动力。在信息不对称和抵押品短缺的情况下，企业创新活动的风险规避和私有信息会导致逆向选择和道德风险问题。此外，企业研发的一个重要特征是它具有强烈的知识溢出效应（knowledge spillover effect），这意味着企业研发投入的私人最优收益和社会最优收益之间存在着"缺口"问题。上述问题的存在会使得风险厌恶者对企业创新活动失去投资兴趣。这势必会阻塞企业创新活动的外部融资渠道，使得企业创新活动陷入融资困境（Hall，2002）。因此，创新活动频繁的企业通常较少利用债务融资来满足研发支出的规模和效率（Hall & Lerner，2010）。事实上，就企业创新项目融资渠道而言，股权融资相比债务融资存在着三大优势：（1）股东能够分享企业创新所带来的正向收益；（2）没有抵押品要求；（3）追加股权融资不会给企业财务困境等相关问题带来压力。然而，股权融资的这些优势通常受限于企业的内部现金流水平，这意味着对外发行股票对企业创新项目融资起着至关重要的作用（Gompers & Lerner，2006）。Kim 和 Weisbach（2008）提供的证据表明，股票发行能够缓解企业创新项目融资约束。由于信息不对称所导致的发行成本和"柠檬溢价"使得公众股权并非外部融资的完美替代品（Myers & Majluf，1984）。这些摩擦加大了外部成本和外部股权融资之间的裂痕。尽管如此，相对于债务融资而言，股票发行是企业创新项目融资的关键来源，特别是对年轻企业而言。

目前，中国正处在经济转轨的关键时期，资本市场体系并不完善，且企业上市条件苛刻，因此，大部分企业难以借助资本市场平台以股权的形式获得企业创新项目融资。为了能够解决融资困境，我国企业对建立政治关系乐此不疲（张兆国等，2011），因为具有政治关系的企业更加容易取得国内银行融资认可，从而获得更多的低成本银行信贷（余明桂、潘红波，2008）。事实上，政

治关系对企业在取得银行贷款方面存在着三大优势：（1）在经济转轨时期，银行的贷款行为通常是基于国家政策倾向的考虑，因此，在同等条件下，银行会将贷款机会让给具有政治关系的企业；（2）政治关系是一种重要的声誉机制和企业担保贷款的重要资源，因此，具有政治关系的企业通常能够分享到政府部门的外部网络资源，从而获得成本更低数量更多的信贷资源；（3）具有政治关系的企业可以获得政府的救助，即使在企业面临财务困境时，政府仍然会出手相救（Faccio et al., 2006），这在一定程度上降低了银行对具有政治关系企业道德风险的担忧。Dinc（2005）研究表明掌权的政治家倾向于控制国有银行来达到他们的政治目标。因此，相对于无政治关系的企业而言，有政治关系的企业更有可能从国有银行获得信贷优惠（张兆国等，2011；余明桂、潘红波，2008）。

企业尽管可以通过政治关系来达到获得更多银行信贷配额的目的，但是却不一定会将这些贷款配额用于创新活动支出。这是因为，具有政治关系的企业往往承担着"政策性负担"，它们要为地方官员进行的以经济增长为基础的"政治晋升锦标赛"服务（解维敏、方红星，2011）。地方政府官员为了追求自身利益最大化，他们更偏好企业将信贷配额投向能短期内提升地区生产总值的项目，以便在短期内获得晋升筹码。这些企业为了继续维持与政府官员之间的政治关系，纷纷迎合地方政府官员的政治偏好，而减少了对投资周期长、风险大的企业创新项目的资金支持。基于上述分析，本章提出如下假设：

H2：信贷配额优惠有利于推动企业创新活动。

H3a：主动政治关系会弱化信贷配额优惠对企业创新活动的正向影响。

H3b：被动政治关系会弱化信贷配额优惠对企业创新活动的正向影响。

第三节　研究设计

一、样本选择

本章使用的数据主要来自于世界银行2005年所做的投资环境调查（Investment Climate Survey）。这一调查的目的在于确定中国企业绩效和成长背后的驱动和阻碍因素。这个调查要求公司经理回答有关市场结构、制度环境、公司治理、企业所有制结构以及企业融资等相关问题。就中国而言，有关调研主要由国家统计局执行，2005年的调研样本分布在31个省、自治区和直辖市中121个城市的12 400家企业。由于该调研数据分布广泛且比较均匀，就调研企业所有制性质而言,既有国有企业,也有非国有企业;就调研地区而言,既有东部地区,也有中西部地区;就行业性质而言,既涉及制造业,也有服务业等,因此样本具有较强的代表性。除了企业层面的数据外,我们还从中国省级统计年鉴中摘取了宏观层面的控制变量数据。剔除相关异常值和缺失值(Missing value)样本后,本章共获得了 11 887 个有效样本。

二、变量与定义

1. 因变量

在本章研究中,企业创新行为是我们关注的因变量。然而,由于企业创新活动是一项领域非常广泛、内容非常丰富的实践活动,因此要完整地测量企业创新行为并非易事。早在20世纪30年代,约瑟夫·熊彼特就列举了五类创新活动:(1)生产新产品;(2)引进新方法;(3)开辟新市场;(4)获取新材料;(5)革新组织形式等。Lin 等(2011)认为评价企业创新行为之前必须首先区分创新投入和创新产出。关于创新投入,广泛使用的指标是 R&D 投资决策和 R&D 强度(Coles et al.,2006;Chen & Miller,2007;Lin et al.,2011)。主要是因为这些指标较容易从企业财务报表中摘取,且易于理解。但这些指标的潜在缺陷是它们无法捕捉到企业的创新产出。基于此,使用企业创新产出指标可以弥补这一缺陷。关于创新产出指标,应用得比较广泛的有专利授权量(Argyres & Silverman,2004;Lerner & Wulf,2007)、专利前向引用(Lerner & Wulf,2007;Hall et al.,2001)和新产品销售比例(Czarnitzki,2005;Cassiman & Veugelers,2006;Lin et al.,2011)。在本章中,由于调查问卷只涉及了企业创新投入指标而没有涉及企业创新产出指标,因此,我们遵循 Chen 和 Miller(2007)的做法,使用 R&D 投资决策虚拟变量和 R&D 强度作为企业创新行为的测度指标。R&D 投资决策的具体赋值方法是:若企业有 R&D 支出,则赋值为 1,否则为 0;R&D 强度利用企业 R&D 支出/企业主营业务收入来表示。

2. 自变量

关于政治关系的度量,国内普遍的做法是利用企业董事会成员或高管是否是现任或前任的政府官员、人大代表或政协委员来衡量企业是否具有政治关系,采用这种方法度量政治关系一般是一个虚拟变量(余明桂、潘红波,2008;蔡卫星等,2011)。但是这种方法无法衡量出政治关系的程度。因此国内另一些学者则根据企业董事会成员或高管在或曾在政府部门任职的最高行政级别赋值,以体现政治关系程度的强弱(邓建平、曾勇,2009;梁莱歆、冯延超,2010)。参照上述变量设置,本章将结合研究需要对政治关系分类选取相应的代理变量进行衡量。首先关于主动政治关系的衡量，我们选取世界银行所做的调查中有关"企业与政府关系"中的"贵公司有无专业人员处理政府关系"这一问题来衡量主动政治关系，我们设定其为虚拟变量，若企业有专业人员处理政府关系，则赋值为1，否则为0。而用处理政府关系的专业人员数量与企业员工数量的比例乘以1000来衡量主动政治关系强度。关于被动政治关系，我们借鉴江雅雯等（2011）的做法，若将政府是否任命企业高管作为衡量企业被动政治关系的指标，我们同样设定其为虚拟变量，若企业高管是政府任命，则赋值为1，否则为0。

关于信贷配额优惠的度量，我们选取世界银行所做的调查中有关"企业融资"中的"贵公司是否享受透支或信贷配额等优惠条件"这一问题来衡量信贷配额优惠，我们设定其为虚拟变量，若企业有享受透支或信贷配额等优惠条件，则赋值为1，否则为0。此外，我们还利用贷款配额数量/主营业务收入来衡量贷款配额优惠强度。

3. 控制变量

关于控制变量，我们主要从企业和企业所在城市两个层面来控制住其他变量对企业创新行为的影响。在企业微观层面，我们主要控制住了企业收益率、规模、年龄、制度环境、所有制性质和行业性质对企业创新行为的影响。关于企业收益率，我们主要用主营业务利润/主营业务收入来控制收益率对企业创新行为的影响；关于企业规模，我们利用企业员工数量的自然对数来控制企业规模对企业创新行为的影响（Lin et al., 2011）；关于企业年龄，我们利用企业自成立以来的年数来反映企业的年龄并控制其对企业创新行为的影响；关于制度环境，我们借鉴江雅雯等（2011）的做法，利用问卷中关于"在商业或其他法律纠纷中公司的法律合同或产权受到保护的百分比"这一问题的调查结果来衡量制度环境对企业创新活动的影响；关于所有制，我们利用系列虚拟变量来控制所有制对企业创新行为的影响（Choi et al., 2011）。需要说明的是，在本研究中所有制类型主要包括国有制、集体所有制、股份合作制、有限责任制、股份制、私有制、港澳台投资企业、外商投资企业以及其他等九大类。此外，我们还加入了行业性质的虚拟变量，以捕捉行业差异的影响。对于企业所在城市的宏观层面，我们主要控制了地方保护主义、地区生产总值以及高等教育机构数量等对企业创新行为的影响。地方保护主义反映了地区市场竞争的程度，同时也会加剧地区内竞争的程度，而竞争往往能够驱动企业创新。我们利用企业关于地方保护主义对其运营和成长影响的评价程度来测度地方保护主义。根据地方保护主义影响的严重程度，分为五个等级，按从低到高分别赋值

1、2、3、4 和 5；关于经济增长和高等教育机构数量，我们则分别利用企业所在城市地区生产总值对数和高等教育机构数量的对数来反映。此外，我们还控制了地区效应，以捕捉省份差异的影响。变量的定义如表 8-1 所示。

表 8-1　　　　　　　　　　　变量定义

变量	定义
RD_decide	虚拟变量，若企业有 R&D 支出则赋值为 1，否则为 0
RD_intensi	表示研发强度，定义为企业 R&D 支出/主营业务收入
ZD_poli	表示主动政治关系，虚拟变量，若企业有处理政府关系的专业人员则赋值为 1，否则为 0
ZD_inte	表示主动政治关系强度，定义为处理政府关系的专业人员数量/企业员工总数乘以 1000
BD_poli	表示被动政治关系，虚拟变量，若企业高管属于政府任命则赋值为 1，否则为 0
FI_quot	表示信贷配额优惠，虚拟变量，若企业有享受信贷配额优惠则赋值为 1，否则为 0
FI_inte	表示信贷配额优惠强度，定义为企业信贷配额数量/主营业务收入
ROS	表示主营业务利润率，即用主营业务利润/主营业务收入
Size	表示企业员工数量的自然对数
Firm_age	表示公司成立以来的年数，用 2004 年减去公司成立的年份
Prot	表示地方保护主义对企业运营和成长影响的评价程度
INST	表示制度环境，定义为法律合同或产权受到保护的百分比
地区生产总值	城市地区生产总值的自然对数
lnUNV	城市高等教育机构数量的自然对数
Owne	表示所有制效应
INDU	表示行业效应
Area	表示地区效应

三、计量方法

为了验证政治关系、信贷配额和企业创新行为之间的关联性，遵循以往相关文献的经验（Coles et al., 2006; Chen & Miller, 2007; Lin et al., 2011），我们使用 Probit 模型和 Tobit 模型作为本研究的估计模型。首先，我们使用 Probit 模型来探究企业 R&D 投资决策的潜在决定性因素。企业 R&D 投资决策的概率函数可以表示为：

$$\Pr(\text{RD\_decide}=1) = F(X, \beta)$$

其中 $F(\cdot)$ 表示标准分布的积累分布函数（CDF），它可以表示为 $F(z) = \Phi(z) = \int_{-\infty}^{z} \varphi(\nu) d\nu$，其中 $\varphi(\nu)$ 表示标准正态分布的概率密度函数。X 表示系列的变量，其中包括解释变量和控制变量。解释变量包括反映政治关系和信贷配额的系列变量，控制变量包括企业层面和城市层面的系列控制变量。参数集 β 反映了 X 变化对概率的影响。

其次，由于 R&D 强度在零值处出现左截尾，因此我们利用 Tobit 模型来探究企业 R&D 强度的潜在决定性因素。企业 R&D 强度的 Tobit 模型可以表示为：

$$\text{RD\_intensi}^* = F(X, \beta)$$

$$\text{当 RD\_intensi}^* = \begin{cases} 0, & \text{当 RD\_intensi}^* \leq 0 \text{ 时} \\ \text{RD\_intensi}^*, & \text{当 RD\_intensi}^* > 0 \text{ 时} \end{cases}$$

RD_intensi 表示企业没有 R&D 强度或者企业 R&D 投入强度为正。其他参数含义与上述相同。表 8-2 显示了主要变量的基本统计指标。

表 8-2　　　　　　　　　　主要变量的描述性统计

变量	平均值	标准差	最小值	最大值
RD_decide	0.5927	0.4913	0	1
RD_intensi	0.0102	0.0284	0	0.6050
ZD_poli	0.2784	0.4482	0	1
ZD_inte	0.8642	2.3487	0	50
BD_poli	0.1280	0.3341	0	1
FI_quot	0.2918	0.4546	0	1
FI_inte	0.1178	0.1796	0	1
ROS	0.1582	0.1746	-3.1566	0.9947
Firm_size	5.7589	1.4722	1.7918	13.5020
Firm_age	13.3961	14.3429	2	139
Prot	1.7263	0.9296	1	5
INST	62.2471	38.8276	0	100
地区生产总值	6.6691	0.8031	4.6596	8.9160
lnUNV	1.9487	1.1241	0	4.3438

第四节 实证结果与分析

一、基准模型回归

在本研究中,潜在的内生性问题可能是一个严重的问题。这是因为企业R&D投资决策和强度极有可能影响政治关系和信贷配额优惠。此外,由于企业某些不可观测的特征,企业创新行为与信贷配额优惠可能是同时决定的经济变量。信贷配额优惠的内生性会对我们的结果产生两种影响:一种是模型中的回归系数可能是有偏的,第二种是信贷配额优惠和企业创新行为之间的因果关系难以确定。解决潜在内生性问题的有效办法就是寻找信贷配额优惠的有效工具变量。但是由于我们利用控制了企业的诸多特征,例如企业绩效、规模、年龄、企业所在城市的地方保护主义程度、制度环境、经济发展水平以及教育发展程度等,因此要找到银行信贷优惠的有效工具变量并非易事。参照相关文献(Reinnikka & Svensson, 2006; Fisman & Svensson, 2007)的经验做法,即将企业所在城市的特征变量经常作为企业内生特征变量的工具变量。Fisman 和 Svensson (2007) 使用企业所在地区相关经济变量的平均值作为工具变量。基于此,我们将使用企业所在城市的政治关系及强度、信贷配额优惠及强度以及两者之间的交叉项的平均值分别作为政治关系、信贷配额优惠及两者之间交叉项的工具变量。企业绩效(ROS)也有可能会受到内生性问题的影响,因此,我们利用企业所在地区的行业平均绩效作为企业绩效的工具变量。利用这些工具变量,我们使用 IVProbit 和 IVTobit 回归。

表 8-3 汇报了企业 R&D 投资决策和强度影响因素的 IVProbit 和 IVTobit 回归结果。Wald 外生性排除检验都拒绝了原假设,表明政治关系和信贷配额优惠是内生的。此外,第一阶段回归中所有工具变量的回归系数都是显著的,说明并不存在"弱工具变量"的问题。[①] 表 8-3 中的第(1)列至第(4)列显示的是政治关系和信贷配额优惠对企业 R&D 投资决策影响的 Probit 回归,第(4)列至第(8)列显示的是政治关系和信贷配额优惠对企业 R&D 强度影响的 Tobit 回归。表 8-3 中的各列显示,主动政治关系(ZD_poli)、主动政治关系强度(ZD_inte)的系数在5%的水平上显著为正,而被动政治关系(BD_poli)的系数则在5%的水平上显著为负。这意味着有主动政治关系或者主动政治关系程

[①] 限于篇幅,本章未列出第一阶段的回归结果。

表 8-3　　　　　　　　　　基准模型回归结果

	IVProbit				IVTobit			
	(1)	(2)	(3)	(4)	(5)	(6)	(7)	(8)
BD_poli	-0.1167**	-0.1596***	-0.1576***	-0.1486***	-0.0037**	-0.0038**	-0.0046***	-0.0034**
	(0.0492)	(0.0532)	(0.0496)	(0.0557)	(0.0015)	(0.0017)	(0.0015)	(0.0017)
ZD_poli	0.1690***	0.1472***			0.0056***	0.0068***		
	(0.0317)	(0.0373)			(0.0010)	(0.0012)		
FI_quot	0.2698***	0.2489***			0.0068***	0.0078***		
	(0.0327)	(0.0394)			(0.0010)	(0.0012)		
Cross1		0.0727				-0.0036*		
		(0.0704)				(0.0021)		
Cross2		0.2421**				0.0004***		
		(0.1163)				(0.0001)		
ZD_inte			0.0144**	0.0174**			0.0005***	0.0005**
			(0.0064)	(0.0067)			(0.0002)	(0.0002)
FI_inte			0.2114**	0.1593*			0.0138***	0.0153***
			(0.0833)	(0.0945)			(0.0025)	(0.0028)
Cross3				-0.0785*				-0.0001*
				(0.0468)				(0.0000)
Cross4				0.0905**				0.0125**
				(0.0426)				(0.0047)
ROS	1.0294***	1.0253***	1.0726***	1.0684***	0.0408***	0.0409***	0.0414***	0.0414***
	(0.0816)	(0.0816)	(0.0839)	(0.0840)	(0.0025)	(0.0025)	(0.0026)	(0.0026)
Firm_size	0.2589***	0.2590***	0.2770***	0.2762***	0.0043***	0.0043***	0.0049***	0.0049***
	(0.0114)	(0.0114)	(0.0118)	(0.0118)	(0.0004)	(0.0004)	(0.0004)	(0.0004)
Firm_age	0.0021	0.0021	0.0017	0.0017	0.00003	0.00003	0.00002	0.00002
	(0.0013)	(0.0013)	(0.0013)	(0.0012)	(0.00004)	(0.00004)	(0.00004)	(0.00004)
Prot	0.0746***	0.0747***	0.0797***	0.0793***	0.0018***	0.0018***	0.0018***	0.0018***
	(0.0157)	(0.0158)	(0.0159)	(0.0159)	(0.0005)	(0.0005)	(0.0005)	(0.0005)
INST	0.0016***	0.0016***	0.0018***	0.0018***	0.00003**	0.00003**	0.00003***	0.00003***
	(0.0004)	(0.0004)	(0.0004)	(0.0004)	(0.00001)	(0.00001)	(0.00001)	(0.00001)
地区生产总值	0.1538***	0.1528***	0.1526***	0.1529***	0.0035***	0.0035***	0.0036***	0.0036***
	(0.0239)	(0.0239)	(0.0241)	(0.0241)	(0.0008)	(0.0008)	(0.0008)	(0.0008)
lnUNV	-0.0205	-0.0202	-0.0124	-0.0127	0.0006	0.0005	0.0006	0.0006
	(0.0231)	(0.0231)	(0.0234)	(0.0234)	(0.0008)	(0.0008)	(0.0008)	(0.0008)
Owne	控制	控制	控制	控制	控制	控制	控制	控制
Indu	控制	控制	控制	控制	控制	控制	控制	控制
Area	控制	控制	控制	控制	控制	控制	控制	控制

表8-3(续)

	IVProbit				IVTobit			
	(1)	(2)	(3)	(4)	(5)	(6)	(7)	(8)
Constant	-2.7438***	-2.7274***	-2.7704***	-2.7594***	-0.0676***	-0.0679***	-0.0712***	-0.0714***
	(0.1907)	(0.1909)	(0.1903)	(0.1942)	(0.0061)	(0.0061)	(0.0061)	(0.0061)
Wald Test	44.37***	50.16***	37.88***	36.40***	44.13***	31.56***	29.44***	31.58***
观测值	11 887	11 887	11 887	11 887	11 887	11 887	11 887	11 887

注：Cross1 表示主动政治关系与贷款配额优惠之间的交互项，Cross2 表示被动政治关系与贷款配额优惠之间的交互项，Cross3 表示主动政治关系强度与贷款配额优惠强度之间的交互项，Cross4 表示被动政治关系与贷款配额优惠强度之间的交互项。*、**、*** 分别表示在 10%、5% 和 1% 的水平上显著。以下相同。

度越强的企业，越倾向于投资 R&D 和提高 R&D 强度，而被动政治关系则会抑制企业 R&D 投资并降低 R&D 强度。这表明本章研究假设 H1a 和 H1b 是成立的。这与江雅雯等（2011）的研究结论是一致的。事实上，企业主动建立政治关系体现了企业在正式制度并未完善情况下的一种积极战略，体现了企业通过政治部门获取资源的积极主动态度。一方面，有利于企业获得政府部门所掌控的关键性资源，从而为企业开展创新活动提供必要的条件；另一方面，主动与政府部门建立良好的关系可以向外显示企业具有良好的声誉，便于企业获得创新活动所需的人才资源和顾客资源。被动政治关系对企业创新活动的抑制体现出了政府所扮演的"掠夺之手"的作用。政府任命的高管通常具有企业家和政治家的双重身份（存在"旋转门"的现象），他们通常缺少创新活动的足够激励。一方面，因为他们可以通过非正式手段获得市场特权并打压其他竞争者（李后建，2013）；另一方面，政府任命的高管，其去留并非取决于企业的长期财务目标，而是取决于企业短期内是否能够提升地方政府的政治绩效，这使得他们将精力集中于短期投资项目，而厌恶孕育周期长、风险大的企业创新项目。

关于信贷优惠配额，首先信贷优惠配额的系数在 1% 的水平上显著为正，这意味着享受信贷优惠配额有利于企业倾向于做出 R&D 投资决策；其次，信贷优惠配额强度的系数在 10% 的水平上显著为正，这意味着信贷优惠配额的强度有利于提高企业 R&D 投入力度。综上表明，本章研究 H2 是成立的。由于企业创新项目孕育周期长，且充斥着巨大的投资风险，因此，大部分的企业创新活动会因为融资约束而"胎死腹中"。信贷配额优惠使得企业拥有了外部资金的融资渠道，缓解了企业创新活动的融资约束，在一定程度上满足了企业创新活动所需的大量资金投入。

关于政治关系与信贷配额优惠的交互影响，首先，在IVProbit回归模型中，主动政治关系与贷款配额优惠之间交互项（Cross1）的系数为正，但估计系数并没有统计意义上的显著性。这说明主动政治关系并没有强化信贷配额优惠对企业R&D投资倾向的影响。在IVTobit回归模型中，主动政治关系与贷款配额优惠之间交互项（Cross1）的系数为负，且具有统计意义上的显著性，这意味着主动政治关系弱化了信贷配额优惠对企业R&D投资强度的积极影响。综上表明，主动政治关系虽然能够给企业带来信贷配额优惠，但它并未强化信贷配额优惠对企业创新活动倾向的影响，甚至显著地弱化了信贷配额优惠对企业R&D投资强度的影响。其次，被动政治关系与信贷配额优惠之间交互项（Cross2）的系数以及被动政治关系与信贷配额强度交互项（Cross4）系数在5%的水平上都显著为正，这意味着被动政治关系弱化了信贷配额优惠及其强度对企业R&D投资倾向和投资强度的积极影响。最后，主动政治关系强度与信贷配额优惠强度之间交互项（Cross3）的系数在10%的水平上都显著为负，表明主动政治关系弱化了信贷配额优惠及其强度对企业R&D投资倾向和投资强度的正向影响。上述实证结果表明，企业在主动获得政治关系的过程中也付出了一定的代价，甚至扭曲了企业的长期战略目标。在正式制度并未完善的情况下，企业主动与政府部门建立政治关系，试图通过政府部门这一渠道来获得为实现企业目标所需的信贷资金。虽然企业利用这一渠道获得了更多的信贷配额优惠，但是企业的战略目标也将受到地方政府的约束。这是因为，在我国集权型的政治体制之下，上级官员主要依据经济增长来考核和提拔地方官员，因此，地方官员有着很强的动力来发展经济以获得政治上的升迁。在激烈的"政治晋升锦标赛"中，地方政府官员的政治目标通常带有很强的功利性，他们希望能够在短期内实现当地经济的飞速发展以争取政治上的升迁。为此他们通常通过控制具有政治关系的企业来实现这一政治目标，因此，地方官员的政治偏好也就在某种程度上形成了企业的投资偏好。企业创新项目投资风险大、周期长等特点，决定了企业创新项目投资难以迎合地方政府的政治偏好。为此，具有政治关系的企业通常将其获得的信贷配额用于投资短期项目，挤出了企业分配到创新项目上的信贷配额资金。因此，政治关系弱化了信贷配额优惠对企业创新行为的积极影响。

关于控制变量，我们也获得了一些有趣的发现。首先，企业绩效（ROS）和企业规模（Firm_size）的系数在1%的水平上显著为正，意味着较好的企业绩效和更大的企业规模有助于推动企业创新。其次，在10%的水平上，企业年龄（Firm_age）对R&D投资决策和投资强度的积极影响并不明显。这是因为随着企业年龄的增长，企业可能越发擅长执行原有的惯例，并对企业先前的技术能力表现出过度自信的状态，以致企业陶醉于原有的技术优势，而陷入"能力陷阱"。因此，年龄较大的企业由于具有惰性可能会减少尝试创新的机会。最后，就宏观层面而言，地方保护主义（Prot）对企业创新行为有显著的促进作用，这意味着地方竞争的激烈程度会有效激励企业创新行为；制度环境（INST）对企业创新行为有着显著的正向影响，这意味着完善的制度环境有利于防止企业创新成果的非法侵占，有效地促进了企业的创新活动；城市经济增长（即地区生产总值）的系数显著为正，这表明本地经济增长对企业创新行为有显著的促进作用；在10%的水平上，高等教育机构数量（lnUNV）对企业R&D投资决策和投资强度的影响并不明显，这意味着高校的集聚并未有效地促进企业创新活动。

二、分地区回归

为了深入分析政治关系、信贷配额优惠对企业创新行为的影响，我们还将总体样本按照所在地区分为东部、中部和西部地区样本，然后分别进行回归（模型和分析方法同前）。

毋庸置疑，地区差异会导致不同的市场化程度，而市场化程度对相关制度环境的影响已有共识（辛清泉、谭伟强，2009），企业政治关系和信贷优惠配额内生于其特定的制度环境，同时也受制于外部环境，尤其是地区市场化程度。对于市场化程度较高的地区，金融业竞争通常更加激烈，信贷资金分配更能体现市场的力量。由此，我们有理由相信，在市场化的作用下，市场的力量会弱化政治关系的作用。表8-4汇报的结果显示：（1）主动政治关系和信贷配额优惠可以提高东部和中部地区企业R&D投资倾向，而对西部地区企业R&D投资倾向的正向影响并不明显。这意味着市场化程度强化了主动政治关系和信贷配额优惠对R&D投资倾向的积极影响。相反地，被动政治关系抑制了中部和西部地区企业R&D投资倾向，而对东部地区企业R&D投资倾向的抑制作用并不明显，这意味着市场化程度弱化了被动政治关系对R&D投资倾向的消极影响。（2）主动政治关系强度和信贷配额强度可以显著促进东部和中部地区企业R&D投资倾向，而对西部地区企业R&D投资倾向的积极影响并不明显，这意味着市场化程度强化了主动政治关系强度和信贷配额强度对R&D投资倾向的积极影响。（3）主动政治关系和信贷配额优惠以及主动政治关系强度和信贷配额优惠强度的交互项对中部和西部地区企业R&D投资倾向具有显著的负面影响，而对东部地区企业R&D投资倾向虽有正向影响，但并不显著，这意味着市场化程度弱化了主动政治关系对信贷配额优惠及其强度和企业投资倾向之间关系的负向干扰作用。类似地，被动政治关系和信贷配额优惠以及被动政治关系和信贷配额强度的交互项都对各个地区企业 R&D 投资倾向具有显著的正向影响，并且正向作用程度由东部地区向西部地区呈现出递增的趋势，同时显著程度也越来越高。这意味着市场化程度弱化了被动政治关系对信贷配额优惠及其强度和企业投资倾向之间关系的负向干扰作用。表 8-5 汇报的结果也显示政治关系、信贷配额优惠对企业 R&D 投资的影响具有上述性质，此处不再赘述。

表 8-4　　　　　　企业 R&D 投资倾向的分地区回归结果

	东部		中部		西部	
	（1）	（2）	（3）	（4）	（5）	（6）
BD_poli	-0.0337	-0.0641	-0.1496**	-0.1854***	-0.4326***	-0.4049***
	(0.0886)	(0.0897)	(0.0573)	(0.0609)	(0.1073)	(0.1148)
ZD_poli	0.1109**		0.2277***		0.0901	
	(0.0518)		(0.0644)		(0.0765)	
FI_quot	0.2436***		0.3517***		0.1067	
	(0.0538)		(0.0758)		(0.0938)	
Cross1	0.1222		-0.1216*		-0.2268***	
	(0.1007)		(0.0697)		(0.0602)	
Cross2	0.1658*		0.1779**		0.6316***	
	(0.0897)		(0.0818)		(0.2011)	
ZD_inte		0.0184***		0.0064*		0.0018
		(0.0039)		(0.0036)		(0.0044)
FI_inte		0.1944***		0.1986**		0.0050
		(0.0463)		(0.0791)		(0.1995)
Cross3		0.0068		-0.0108**		-0.0211**
		(0.0077)		(0.0053)		(0.0089)
Cross4		0.0091*		0.0209**		0.0759***
		(0.0053)		(0.0076)		(0.0218)
ROS	1.3482***	1.3803***	0.9674***	1.0783***	0.7786***	0.7613***
	(0.1417)	(0.1444)	(0.1508)	(0.1583)	(0.1373)	(0.1409)
Firm_size	0.2820***	0.2992***	0.2553***	0.2754***	0.2506***	0.2596***
	(0.0166)	(0.0169)	(0.0205)	(0.0217)	(0.0268)	(0.0275)

表8-4(续)

	东部		中部		西部	
	(1)	(2)	(3)	(4)	(5)	(6)
Firm_age	0.0034*	0.0028	0.0017	0.0007	0.0011	0.0016
	(0.0020)	(0.0020)	(0.0022)	(0.0022)	(0.0026)	(0.0026)
Prot	0.0933***	0.0951***	0.0657**	0.0759***	0.0594*	0.0597*
	(0.0250)	(0.0250)	(0.0281)	(0.0285)	(0.0310)	(0.0312)
INST	0.0015***	0.0016***	0.0018***	0.0018***	0.0021**	0.0025***
	(0.0005)	(0.0005)	(0.0006)	(0.0006)	(0.0008)	(0.0008)
地区生产总值	0.1592***	0.1727***	0.0908*	0.0810	0.2156***	0.1864***
	(0.0434)	(0.0436)	(0.0570)	(0.0679)	(0.0600)	(0.0606)
lnUNV	-0.0529	-0.0473	0.0146	0.0275	0.0104	0.0299
	(0.0321)	(0.0324)	(0.0536)	(0.0542)	(0.0539)	(0.0551)
Owne	控制	控制	控制	控制	控制	控制
Indu	控制	控制	控制	控制	控制	控制
Area	控制	控制	控制	控制	控制	控制
Constant	-3.1000***	-3.1875***	-1.8338***	-1.8719***	-3.3883***	-3.3138***
	(0.3317)	(0.3355)	(0.4776)	(0.4874)	(0.4189)	(0.4297)
Wald Test	62.17***	59.18***	43.67***	40.83***	36.78***	33.51***
观测值	5889	5889	4011	4011	1987	1987

表8-5　　企业创新投资强度的分地区回归结果

	东部		中部		西部	
	(1)	(2)	(3)	(4)	(5)	(6)
BD_poli	-0.0016	-0.0020	-0.0053*	-0.0054*	-0.0074**	-0.0074**
	(0.0025)	(0.0024)	(0.0029)	(0.0030)	(0.0031)	(0.0032)
ZD_poli	0.0049***		0.0099***		0.0056*	
	(0.0017)		(0.0021)		(0.0030)	
FI_quot	0.0081***		0.0074***		0.0060*	
	(0.0015)		(0.0024)		(0.0035)	
Cross1	0.0030		-0.0078**		-0.0101**	
	(0.0026)		(0.0039)		(0.0043)	
Cross2	0.0014*		0.0026**		0.0037*	
	(0.0008)		(0.0011)		(0.0017)	

表8-5(续)

	东部		中部		西部	
	(1)	(2)	(3)	(4)	(5)	(6)
ZD_inte		0.0006**		0.0006**		0.0002
		(0.0003)		(0.0003)		(0.0005)
FI_inte		0.0158***		0.0111**		0.0122**
		(0.0037)		(0.0053)		(0.0056)
Cross3		−0.0132		−0.0147*		−0.0198**
		(0.0110)		(0.0099)		(0.0097)
Cross4		0.0011*		0.0027**		0.0043**
		(0.0006)		(0.0013)		(0.0022)
ROS	0.0491***	0.0490***	0.0423***	0.0451***	0.0302***	0.0292***
	(0.0037)	(0.0037)	(0.0047)	(0.0049)	(0.0054)	(0.0054)
Firm_size	0.0045***	0.0052***	0.0038***	0.0042***	0.0055***	0.0058***
	(0.0005)	(0.0005)	(0.0007)	(0.0007)	(0.0010)	(0.0010)
Firm_age	0.0001	0.0001	0.0001	0.0001	0.0001	0.0001
	(0.0001)	(0.0001)	(0.0001)	(0.0001)	(0.0001)	(0.0001)
Prot	0.0018***	0.0019***	0.0018**	0.0021**	0.0016	0.0009
	(0.0006)	(0.0007)	(0.0009)	(0.0009)	(0.0018)	(0.0012)
INST	0.00002**	0.00002**	0.00006***	0.00005**	0.00003	0.00006*
	(0.00001)	(0.00001)	(0.00002)	(0.00002)	(0.00003)	(0.00003)
地区生产总值	0.0054***	0.0056***	0.0020	0.0021	0.0043*	0.0036*
	(0.0012)	(0.0012)	(0.0022)	(0.0022)	(0.0023)	(0.0022)
lnUNV	−0.0007	−0.0005	0.0028	0.0025	0.0007	0.0009
	(0.0009)	(0.0009)	(0.0018)	(0.0018)	(0.0021)	(0.0021)
Owne	控制	控制	控制	控制	控制	控制
Indu	控制	控制	控制	控制	控制	控制
Area	控制	控制	控制	控制	控制	控制
Constant	−0.0869***	−0.0911***	−0.0565***	−0.0578***	−0.0649***	−0.0700***
	(0.0094)	(0.0093)	(0.0155)	(0.0157)	(0.0159)	(0.0160)
Wald Test	51.76***	49.17***	32.18***	29.77***	28.87***	25.92***
观测值	5889	5889	4011	4011	1987	1987

综上所述，我们可以得出的基本结论是，中国市场化进程的推进能够有效地弱化政治关系对信贷配额优惠和企业创新行为之间关系的扭曲程度。同样地，市场化进程还有利于强化主动政治关系和信贷配额优惠对企业创新行为的积极影响，弱化被动政治关系对企业创新行为的负面影响。因此，强调金融体系的竞争性市场化改革，是符合当前中国经济转型情境下所需的金融体制改革策略。毋庸置疑，在强调金融体制改革的同时，金融机构质量的提升也同样重要。目前，中国高速的经济增长依赖于"政治晋升锦标赛"机制下，地方官员对经济增长的高度关注。在激烈的晋升竞赛中，地方官员有强烈的动机追求短期内经济的高速增长，以便在晋升竞赛中胜出。为此，具有主动政治关系抑或被动政治关系的企业，其行为必须迎合地方官员的政治偏好，否则企业将可能会被解除政治关系，从而切断利益输送渠道。在非完善的正式制度环境下，无政治关系的企业若要推动创新，其可能面临着严重的信贷约束，一则是因为具有政治关系的企业挤占了无政治关系企业创新所需的信贷配额资金；另一则是因为相比有政治关系的企业而言，无政治关系的企业在创新项目的外部融资方面由于逆向选择和道德风险问题而缺少先天性优势。在此种情境下，有创新意向的企业将有强烈的动机去建立政治关系，并希望通过政治关系来获得创新投资所需的足够信贷资金。但事与愿违的是，企业创新是一项孕育周期长，而回报来得相对较慢的投资，这与地方官员的政治目标是相悖的。为了迎合地方官员的政治偏好，企业只有将原本想投入创新活动的资金投向地方官员偏好的周期短、回报快的项目。这将使得具有创新动机的企业陷入两难境地。为了缓解企业创新所面临的两难问题，推动市场化进程将可能是一种有效的策略。这也意味着，对于企业创新行为而言，市场化机制和政治关系这种非正式机制是一种相斥的关系，即政治关系弱化了市场力量对信贷资金的配置作用，并且扭曲了信贷资金应有的用途，而市场化机制则释放了市场的力量，在某种程度上匡正了政治关系对信贷资金配置的扭曲，从而有效地推动了企业创新。需要强调的是，本章从另一个角度解释了落后地区政治关系更加普遍的原因，这是因为相对于发达地区的地方而言，落后地区的政治官员有更加强烈的动机来与企业建立政治关系，并试图控制更多的企业来帮助自身实现本地经济快速增长的目标，从而为政治晋升赢得更多的筹码。

三、稳健性回归策略

为了检验前面回归结果是否具有稳健性，我们进行了以下稳健性检测：首先，我们进行弱内生性样本回归检验，即剔除了极端值的影响，将变量位于平均数调整的正负三倍标准差以外的观测值予以删除，同时剔除了主营业务利润率为负的企业样本。经过上述筛选后，我们对先前设定的基准模型重新进行回归，回归结果与基准模型的回归结果是一致的。其次，我们采纳 Frölich 和 Melly（2012）的建议，在处理内生性的情况下，对设定模型进行无条件分位数处理效应估计①，我们得到的估计结果与基准模型的回归结果并无明显差异。由此说明，本章的回归结果具有较强的稳健性。

第五节　结论与政策内涵

在中国经济转轨的关键时期，如何构建一个有效激励中国企业的创新行为的制度体系，已经成为摆在政府决策者面前必须重点解决的战略性改革任务。全面理解未完善的正式制度下，非正式制度对企业创新行为的影响以及存在的问题，可为政府制定相关制度的改革和策略提供重要的经验依据。

本章从政治关系、信贷配额优惠和企业创新行为之间的相互关系和作用机制的实证研究入手，获得了以下有意义的发现：

首先，从整体上而言，主动政治关系和被动政治关系对企业创新行为的激励作用是相反的，主动政治关系有利于推动企业创新，而被动政治关系会抑制企业的创新行为。此外，信贷配额优惠有利于促进企业创新，但信贷配额优惠对企业创新行为的作用会明显地受到政治关系影响，这种影响表现为政治关系弱化了信贷配额优惠对企业创新行为的积极影响。

其次，受转轨时期改革方案所决定，市场化机制对信贷资金配置的基础性作用虽有体现，但并未充分发挥出来，这使得企业创新行为或多或少地受到政治关系的约束。事实上，虽然政治关系是政府向相关企业输送利益的重要渠道，但企业也为获得政治关系付出了巨大的代价，具体表现为具有政治关系的企业必须迎合地方官员的政治偏好，而激烈的"政治晋升锦标赛"机制使得地方官员热衷于孕育周期短、回报快的投资项目，这使得具有政治关系的企业必须舍弃孕育周期长、回报慢的创新投资而将信贷配额投向地方官员偏好的短期项目，从而挤占了创新项目的信贷资金，抑制了企业的创新行为。在本章研究中，我们发现在市场化机制的作用下，政治关系对信贷配额优惠和企业创新行为之间正向关系的弱化作用得到了缓解，这意味着，对于企业的创新行为而

---

① Stata 软件中的回归估计命令为 ivqte。

言，政治关系这种非正式机制和市场化这种正式机制的作用是互斥的。

最后，本章的研究结果具有较强的稳健性，增进了人们对于正式制度并未完全确立的情境下，非正式制度对企业创新行为影响的理解。

当前，"政治晋升锦标赛"机制虽然能够造就中国经济增长的奇迹，但是我们更应该看到的是，在中国经济增长奇迹的背后隐藏着巨大的社会治理成本。社会问题和社会冲突的凸显不仅破坏了和谐社会的氛围，而且有可能粉碎"中国梦"。种种迹象告诫我们，中国已经面临着亟须转型的经济局面。因此，本章的结论在当前背景下有着重要的政策含义。首先，政治关系取代市场力量对信贷资金配置可能是企业创新面临严重外部融资约束的重要原因，因此，推动金融体系改革，让市场力量成为信贷资金配置的主体应该成为当前金融体制改革的主要方向和重要策略。其次，由于正式制度完全取代非正式制度的作用要经历一个漫长的过程，因此，要在短时间内通过市场力量来完全取代政治关系对信贷资金配置的主导性地位并不现实，甚至可能适得其反。但我们可以通过纠正地方官员的政治偏好来匡正政治关系对企业创新行为的扭曲。具体而言，中央政府必须制定出考核地方官员的长效指标体系，摈弃过度强调地方经济增长单一考核指标的做法。最后，政府应该增加企业创新项目投资的融资渠道，减少对信贷资金配置的干预，同时引导市场机制来提升信贷资金配置的效率。

参考文献：

[1] 陈国宏，郭弢. 我国 FDI、知识产权保护与自主创新能力关系实证研究 [J]. 中国工业经济，2008（4）：25-33.

[2] 陈钊，陆铭，何俊志. 权势与企业家参政议政 [J]. 世界经济，2008（6）：39-49.

[3] 蔡卫星，赵峰，曾诚. 政治关系、地区经济增长与企业投资行为 [J]. 金融研究，2011（4）：100-112.

[4] 邓建平，曾勇. 金融关联能否缓解民营企业的融资约束 [J]. 金融研究，2011（8）：78-92.

[5] 冯延超. 中国民营企业政治关联与税收负担关系的研究 [J]. 管理评论，2012（6）：167-176.

[6] 江雅雯，黄燕，徐雯. 政治联系、制度因素与企业的创新活动 [J].

南方经济, 2011 (11): 3-15.

[7] 江雅雯, 黄燕, 徐雯. 市场化程度视角下的民营企业政治关联与研发 [J]. 科研管理, 2012 (10): 48-55.

[8] 李后建. 市场化、腐败与企业家精神 [J]. 经济科学, 2013 (1): 99-111.

[9] 梁莱歆, 冯延超. 民营企业政治关联雇员规模与薪酬成本 [J]. 中国工业经济, 2010 (10): 127-137.

[10] 罗党论, 唐清泉. 中国民营上市公司的制度环境与绩效问题研究 [J]. 经济研究, 2009 (2): 106-118.

[11] 罗党论, 唐清泉. 政府控制、银企关系与企业担保行为研究——来自中国上市公司的经验证据 [J]. 金融研究, 2007 (3): 151-161.

[12] 温军, 冯根福, 刘志勇. 异质债务、企业规模与R&D投入 [J]. 金融研究, 2011 (1): 167-181.

[13] 吴文锋, 吴冲锋, 芮萌. 中国上市公司高管的政府背景与税收优惠 [J]. 管理世界, 2009 (3): 34-42.

[14] 解维敏, 方红星. 金融发展、融资约束与企业研发投入 [J]. 金融研究, 2011 (5): 171-183.

[15] 辛清泉, 谭伟强. 市场化改革、企业业绩与国有企业经理薪酬 [J]. 经济研究, 2009 (11): 68-81.

[16] 余明桂, 回雅甫, 潘红波. 政治联系、寻租与地方政府财政补贴有效性 [J]. 经济研究, 2010 (3): 65-76.

[17] 余明桂, 潘红波. 政治关系、制度环境与民营企业银行贷款 [J]. 管理世界, 2008 (8): 9-21.

[18] 周黎安. 转型中的地方政府: 官员激励与治理 [M]. 上海: 格致出版社, 上海人民出版社, 2008.

[19] 张建君, 张志学. 中国民营企业的政治战略 [J]. 管理世界, 2005 (7): 94-105.

[20] 张兆国, 曾牧, 刘永丽. 政治关系、债务融资与企业投资行为——来自我国上市公司的经验证据 [J]. 中国软科学, 2011 (5): 106-121.

[21] Aghion, P., Howitt, P., Mayer-Foulkes, D. (2005). The effect of financial development on convergence: theory and evidence [J]. Quarterly Journal of Economics, 120: 173-222.

[22] Ang, J. B., Madsen, J. B. (2008). Knowledge production, financial lib-

eralization and growth. Paper presented at the financial development and economic growth conference, Monash University, April 2008.

[23] Aghion, P., Howitt, P. (2009). The economic of growth [M]. Cambridge Massachusetts: The MIT Press.

[24] Agrawal, A., and Knoeber C. R. (2001). Do Some Outside Directors Play a Political Role? [J]. Journal of Law and Economics, 44: 179-198.

[25] Adhikari, A., Derashid, C., Zhang, H., 2006. Public policy, political connections, and effective tax rates: longitudinal evidence from Malaysia [J]. Journal of Accounting and Public Policy, 25 (5): 574-595.

[26] Argyres, N. S., Brain, S. S. (2004). R&D, organization structure, and the development of corporate technological knowledge [J]. Strategic Management Review, 25: 929-958.

[27] Bertrand, M., and Mullainathan, S. (2003). Enjoying the Quiet Life? Corporate Governance and Managerial Preferences [J]. Journal of Political Economy, 111: 1043-1075.

[28] Chen, S., Sun, Z., Tang, S., and Wu, D. (2011). Government intervention and investment efficiency: Evidence from China [J]. Journal of Corporate Finance, 17 (2): 259-271.

[29] Coles, J., Danniel, N., Naveen, L. (2006). Managerial incentives and risk-taking [J]. Journal of Financial Economics, 79: 431-468.

[30] Chen, W. R., Miller, K. D. (2007). Situational and institutional determinants of firms' R&D search intensity [J]. Strategic Management Journal, 28 (4): 369-381.

[31] Czarnitzki, D. (2005). The extent and evolution of productivity deficiency in Eastern Germany [J]. Journal of Productivity Analysis, 24: 209-229.

[32] Cassiman, B., Veugelers, R. (2006). In search of complementarity in innovation strategy: internal R&D and external knowledge acquisition [J]. Management Science, 52: 68-82.

[33] Choi, S. B., Lee, S. H., Williams, C. (2011). Ownership and firm innovation in a transition economy: Evidence from China [J]. Research Policy, 40: 441-452.

[34] Dinc, I. S. (2005). Politicians and banks: Political influences on government-owned banks in emerging markets [J]. Journal of Financial Economics, 77:

453-479.

[35] Faccio, M. (2006). Politically connected firm [J]. American Economic Review, 96 (1): 369-386.

[36] Fisman, R. (2001). Estimating the value of political connections [J]. American Economic Review, 91: 1095-1102.

[37] Fisman, R., Svensson, J. (2007). Are corruption and taxation really harmful to growth? Firm level evidence [J]. Journal of Development Economics, 83: 63-75.

[38] Frölich, M. and Melly, B. (2012). Unconditional quantile treatment effects under endogeneity, IZA discussion paper, No. 3288.

[39] Gompers, P. and Lerner, J. (2006). The Venture Capital Cycle [M]. Cambridge, MA: MIT Press.

[40] Hall, B. H., Lerner, J. (2010). The financing of R&D and innovation [M]. In: Hall, B. H., Rosenberg, N. (Eds.), Handbook of the Economics of Innovation. Elsevier-North Holland, Amsterdam, 609-639.

[41] Hall, B. H. (2002). The financing of research and development [J]. Oxford Review of Economic Policy, 18 (1): 35-51.

[42] Hall, B., Jaffe, A., Trajtenberg, M. (2001). The NBER Patent Citation Data File: Lessons, Insights, and Methodological Tools. NBER Working Paper No. 8498.

[43] Kim, W. and Weisbach, M. S. (2008). Motivations for Public Equity Offers: An International Perspective [J]. Journal of Financial Economics, 87: 281-307.

[44] Laincz, C., Peretto, P. (2006). Scale effects in endogenous growth theory: An error of aggregation, not specification [J]. Journal of Economic Growth, 11 (3): 263-288.

[45] Li, H., Meng, L., Wang, Q., and Zhou, L. (2008). Political connections, financing and firm performance: evidence from Chinese private firms [J]. Journal of Development Economics, 87 (2): 283-299.

[46] Li, H., Zhou, L., (2005). Political turnover and economic performance: the incentive role of personnel control in China [J]. Journal of Public Economics, 89 (9-10): 1743-1762.

[47] Lin, C., Lin, P., Song, F. M., Li, C. (2011). Managerial incentives,

CEO characteristics and corporate innovation in China's private sector [J]. Journal of Comparative Economics, 39: 176-190.

[48] Lerner, J., Wulf, J. (2007). Innovation and incentives: Evidence from corporate R&D [J]. Review of Economics and Statistics, 89: 634-644.

[49] McMillan, J. (1995). China's nonconformist reforms [M]. In: Lazear, E. P. (Ed.), Economic Transition in Eastern Europe and Russia: Realities of Reform. Stanford: Hoover Institution Press.

[50] Myers, S. C., and Majluf, N. S. (1984). Corporate Financing and Investment Decisions When Firms have Information that Investors Do Not [J]. Journal of Financial Economics, 13: 187-221.

[51] Morck, R., Wolfenzon, D. and Yeung, B. (2005). Corporate governance, economic retrench, and growth. Journal of Economic Literature, 63.

[52] Porter, M. E. (1990). The Competitive Advantage of Nations [M]. New York: Free Press.

[53] Reinnikka, R., Svensson, J. (2006). Using micro-surveys to measure and explain corruption [J]. World Development, 34: 359-370.

[54] Sapienza, P. (2004). The effects of government ownership on bank lending [J]. Journal of Financial Economics, 72: 357-384.

[55] Wu, W., Wu, C., Zhou, C., and Wu, J. (2012). Political connections, tax benefits and firm performance: Evidence from China [J]. Journal of Accounting and Public Policy, 31: 277-300.

[56] Yeh, Y., Shu, P., and Chiu, S. (2013). Political connections, corporate governance and preferential bank loans [J]. Pacific-Basin Finance Journal, 21: 1079-1101.

第九章 金融发展、知识产权保护与技术创新效率改进

技术创新效率是经济增长方式转变质量的关键因素,因此改善技术创新活动的要素比例,提升技术创新效率对中国可持续发展具有非常重要的意义。本章运用空间动态面板计量分析技术,考察了1998—2008年中国30个省级区域(未含港、澳、台地区;西藏由于数据缺失严重,故将其略去)金融发展、金融市场化和知识产权保护对技术创新效率的影响。研究发现,地区金融发展和知识产权保护积极推动了技术创新效率的改进,而金融市场化则妨碍了技术创新效率的提升。此外,知识产权保护强化了金融发展对技术创新效率改进的积极作用,而弱化了金融市场化对技术创新效率改进的消极作用,但作用程度并不大。进一步研究发现,中国技术创新效率具有较强的空间效应强度和路径依赖性,同时也具有明显的区域差异性。本章为理解市场化改革背景下的中国技术创新效率影响因素提供了一个新的视角,也为理解金融发展、金融市场化和知识产权保护对于经济增长影响的机制提供了新的经验证据。

第一节 引言

改革开放以来,中国经济过度依赖资本投入而表现出了强劲的增长势头。然而,从长期来看,中国经济增长的可持续性令人担忧。以资本驱动经济增长的方式已经成为制约我国经济可持续发展的突出问题。内生经济增长理论表明技术创新才是推动经济可持续发展的根本动力(Aghion, Howitt, & Mayer-Foulkes, 2005; Laincz & Peretto, 2006; Bravo-Ortega & Marin, 2011)。因此,转变经济增长方式,促使经济增长源泉由高储蓄和投资转向技术创新已刻不容

缓。而在经济增长方式转变的过程中，技术创新效率又进一步决定了经济增长方式转变的质量。为了提高技术创新效率，政府将大力发展资本市场作为一项重要的举措（温军、冯根福和刘志勇，2011）。然而，事与愿违，中国技术创新效率仍停留在较低水平（余泳泽，2011）。为了理清影响中国技术创新效率机制，以往研究探讨了技术创新效率的诸多影响因素，如政府干预（樊华、周德群，2012）、企业性质（虞晓芬等，2005）、要素聚集（余泳泽，2011）和劳动者素质（池仁勇、虞晓芬和李正卫，2004）等。但这些研究都没有回答中国技术创新效率低下的真正原因。因此，我们必须寻找影响技术创新效率的本质性因素，即金融因素和知识产权因素（Ang，2011）。目前尚无研究探讨金融发展和金融市场化对创新活动效率的影响。同样，也鲜有研究关注知识产权保护对知识创造活动的作用。技术创新项目由于信息不对称等问题而经常面临着严重的融资约束（Hall & Lerner，2010）。Chowdhury 和 Maung（2012）的研究指出，在信息不对称的状况下，融资机构可能会收回或错配资源，导致技术创新效率低下。Xiao 和 Zhao（2012）指出，发达的金融体系能够缓解信息不对称问题。金融系统能够产生信息揭示的帕累托改进，从而降低投资机会的事先评估风险，提高监督成效。因此，金融发展在技术创新生产中扮演着重要的角色。Colombage（2009）进一步指出，金融机构的发展会通过降低企业的监督成本、信息和交易成本来提高技术创新企业的治理成效。由于 R&D 投资项目收益的弱排他占有性，这会提高融资机构对 R&D 项目的事先评估风险，因此，单凭金融发展为技术创新活动提供的动力是不足的，政府必须设计一种合理的制度来保护 R&D 项目的投资收益。基于此，知识产权保护制度完善便为金融发展促进技术创新效率的改进提供了更加充足的动力。知识产权保护制度能够在某种程度上确保 R&D 项目成果的排他性占有，促使企业获得长期的市场竞争优势，并刺激竞争者提高技术创新活动的效率（Ang，2010）。

虽然金融发展和知识产权保护都是技术创新活动的重要决定因素，但以往研究却将这两个因素隔离开来分别进行探讨（Allred & Park，2007；Chowdhury & Maung，2012）。Liodakis（2008）认为，金融发展和知识产权保护是近年来推动技术创新发展的两大重要因素，同时他强调了将这两大因素纳入同一整体框架的重要性。因为在知识产权保护体系不完善的状况下，金融机构基于 R&D 项目收益风险的考虑而可能不会给企业技术创新活动提供融资机会。由此可知，技术创新活动的融资约束在某种程度上来源于独占性保护制度的完善。Kanwar 和 Evenson（2009）的研究进一步指出，如果企业要获得更多的融资机会，那么这个国家必须提供更高水平的知识产权保护，高新技术型企业融资与知识产权保护之间或许存在着强烈的关系。因此，我们在研究金融发展对技术创新活动影响的过程中，就不得不强调知识产权保护的作用。Ang（2010）考察了印度金融制度改革和专利保护对知识积累的作用，虽然肯定了知识产权保护和金融发展对知识积累的积极作用，但金融市场化、自由化却给知识积累带来了负面效果。由此可知，我们在思考金融发展和知识产权保护对技术创新效率影响的同时，还必须思考金融发展过程中，金融市场化和自由化对技术创新效率的影响。因为在市场化改革的背景下，资本市场的改革方向仍然是面向市场化，在我国金融发展的同时，这将不可避免地带来金融市场化和自由化。基于此，本章将就该问题展开研究，同时考虑区域间空间相关性的影响，将各个区域视为相互联系的系统以考察金融发展、金融市场化和知识产权保护对技术创新效率的影响。

基于上述探讨，本研究的贡献主要体现在四个方面：第一，技术创新活动往往具有明显的空间相关性，因此在研究区域技术创新活动时忽视空间相关性的影响就会带来较大的偏误（李婧、谭清美和白俊红，2010）。有鉴于此，本研究采用空间动态面板模型来考虑空间相关性和空间动态效应对技术创新效率的影响，弥补了以往研究过程中的不足。第二，我们考虑了三种不同的空间权重矩阵，即空间邻接权重矩阵、空间距离权重矩阵和空间经济距离权重矩阵，以便准确把握技术创新效率与空间影响因素之间的关系，修正了以往研究仅考虑地理位置对经济活动影响的不足。第三，我们利用中国省级面板数据，采用随机前沿模型估计了中国技术创新效率，且通过实证研究表明，中国技术创新效率显著受到了金融发展和知识产权保护的交互影响。换言之，强化知识产权保护有利于金融发展促进技术创新效率作用的发挥，这也在一定程度上回答了单有较高金融发展程度抑或较高知识产权保护水平的经济体，而技术创新效率依然低下的命题。第四，我们在研究金融发展和知识产权保护对技术创新效率影响的过程中，重新审视了金融市场化的作用，并建议政府在制定高新技术企业融资政策的过程中应避免过度强调金融市场化、自由化。

第二节 文献综述

相对于其他项目而言，R&D项目可能会存在更加严重的信息不对称。原因有这几个方面：第一，将技术创新成果转化为产品，从而实现商业价值，需要经过较长的孕育期，再加上其固有的风险性，这使得投资者很难识别技术创新的优质项目;第二,虽然企业信息披露是缓解信息不对称问题的有效方法,但是技术创新主体不愿意披露信息以防竞争者模仿,而弱化技术创新活动收益的弱排他性占有(Bhattacharya & Ritter, 1983);第三,为了减少信息不对称问题,投资机构通常的做法就是要求借款人提供抵押品。但是对于高新技术企业而言,这样的要求似乎并不现实。因为在技术创新活动中,大部分的研发支出形式都是工资薪金,而并非可以作为抵押品的资本物品(Hall & Lerner, 2010)。在信息严重不对称的状况下,技术创新活动的风险规避和私人信息会导致道德风险问题,这会使得谨慎的投资者对技术创新活动的投资失去兴趣。然而,金融系统提供的信贷保证条款有利于对技术创新活动的监督,从而缓解上述代理问题。因此,高效的金融系统会带来更高水平的技术创新活动(Ang & Madsen, 2008)。Blackburn 和 Hung(1998)的研究表明,企业有隐藏 R&D 项目成功的动机,以避免偿还相关贷款。为此,金融机构必须强化对企业的监管力度并执行激励相容的贷款合同,尽量规避逆向选择和道德风险问题。他们进一步强调金融发展使得金融机构的投资分散在大量 R&D 项目上,显著地降低了代理成本,从而推动了企业技术创新活动的发展。由 Aghion 等(2005)发展出的内生增长模型也表明,企业可能有隐藏技术创新活动成果的举动,并拒绝偿还金融机构贷款。在这种状况下,对债权人保护力度越小,企业欺骗债权人所付出的成本就越低。这种状况的持续恶化将会限制企业外部融资的机会,最终阻碍企业技术创新活动的推进。然而,金融发展和改革过程中所衍生出的法律与制度约束将会增加企业的隐藏成本(Hiding cost),并为企业开展技术创新活动提供融资便利。Aghion 和 Howitt(2009)在其所发展的熊彼特增长模型中指出,金融发展会降低金融机构的筛选和监督成本,从而缓解信息不对称问题,增加企业技术创新活动的频次。

金融发展虽然有利于企业技术创新活动的顺利开展,但它只是推动企业技术创新活动的必要条件,而非充分条件。而只有当金融发展与知识产权保护相结合时,企业的技术创新活动才有更深层次的发展。对于企业而言,如果技术创新活动形成的无形资产被竞争对手毫无代价地模仿和传播,那么企业的技术创新活动成果将付诸东流,因此企业需要专利保护来确保这些无形资产的专有性(Allred & Park, 2007),以防企业面临较高的技术创新活动风险。Jaffe 和 Lerner(2004)的研究表明,专利保护通过确保技术创新活动主体未来收益来充分激发他们继续进行创新发明的动力。政策制定者也致力于建立适当的知识产权制度,并使其能够最大限度地推动技术创新和扩散,为经济发展提供动力。Maskus(2000)认为强调专利保护有利于知识积累,并促使企业有可能通过专利来获取未来市场的竞争优势。国际专利制度改革的支持者认为专利权不仅有利于刺激国内创新，而且有利于国内企业引进、消化和吸收国外先进技术，而反对者则主要认为模仿是技术赶超的重要途径，过多地强调专利权会妨碍组织学习和创新（Allred & Park，2007）。事实上，专利保护对经济增长的理论效果并不总是明确的，比如 Segerstrom、Anant 和 Dinopoulos（1990）利用动态均衡模型，发现增加专利保护期限既可能促进也有可能阻碍技术创新活动。这主要是因为期限较长的专利虽然会增加 R&D 的回报，但它们可能会限制创新成果的社会扩散，增加企业的生产成本。Lai（1998）在其发展的国际产品生命周期的一般动态均衡模型中指出，如果外商直接投资是国际技术扩散的主要途径，那么提高专利保护水平有利于提升产品创新速度；如果模仿是国际技术扩散的主要途径，那么提高专利保护将会阻碍产品创新速度。还有部分研究表明，专利保护有可能会妨碍技术创新，比如，Boldrin 和 Levine（2008）认为专利保护可以作为制约竞争对手的有力武器，因为专利垄断者可以凭借授予专利的创新或发明对其他企业进行技术打压或者专利勒索，从而妨碍了竞争对手的技术创新发展。Jaffe 和 Lerner（2004）认为在现实社会中，大部分公司会为他们的一些琐碎发明申请专利以威胁实际的创新行为。

尽管知识产权保护对于技术创新活动是一把双刃剑，但是它却能够降低投资者对 R&D 投资所预估的事前风险，从而改善了技术创新活动资金配置的环境。因此，从某种程度而言，完善的知识产权保护体系是金融发展推进技术创新活动发展的先决条件（La Porta et al.，1998）。Levine（1999）和 Beck 等（2000）认为完善的法律和制度保证了金融市场的有效运作，提高了经济活动的效率。Wurgler（2000）、Beck 和 Levine（2002）进一步指出，金融发展和法律环境对于资本有效配置起着同等重要的作用。由此，本研究将同时强调金融发展和知识产权保护在提升技术创新活动效率上的重要作用。

尽管大量文献分别强调了金融发展和知识产权保护对技术创新活动的重要作用，但金融市场化对技术创新活动的影响作用仍不明确。麦金农和肖的金融自由化理论表明，金融市场化可以优化金融资源配置，有利于推进技术创新活动，而金融市场扭曲只会导致资本利用效率低下，抑制经济活动。Stiglitz 和 Weiss（1981）、Stiglitz（2000）则认为过度金融市场化会破坏金融发展环境，不利于投资回收期较长，而风险较大的技术创新活动的发展。后来，Arestis 等人（2003）的实证研究结果表明，适度的金融监管才利于生产力和经济效率的提升。事实上，金融市场化会激励投资主体追求各自利益的最大化，使得资本市场上的金融资源流向短期收益较高的投资项目，对技术创新项目的融资具有明显的挤出效应。Hellmann 和 Puri（2000）的研究结果表明，风险投资对创新产出并没有明显的促进作用，这主要是因为风险投资者为了追求利益最大化，会将所有精力放在现有创新的商业化运作上，而打消了进一步创新的动机。Stadler（1992）在其动态随机寡头垄断模型中指出，高新技术企业的最优产出与市场利率是负相关的。事实上，金融市场化、自由化会提高市场利率的波动风险，导致更高的资本成本，最终阻碍高新技术行业的技术创新活动。而政府的信贷引导有利于增加目标行业的投资（Schwarz, 1992）。Bandiera 等（2000）认为如果有更多的资金流向高新技术行业，将有助于实现创新产出整体增加的目标。此外，金融市场化、自由化会通过放宽流动性限制而减少储蓄（Bandiera et al., 2000）并引发金融脆弱性（Kaminsky & Reinhart, 1999；Stiglitz, 2000），最终阻碍技术创新活动的发展。Mankiw（1986）认为政府对信贷市场施加约束的干预方式可以减少由于金融市场化、自由化引致的金融市场失灵问题，最终提高经济系统的整体产出。例如，政府提供信贷补贴和信贷担保可以提高信贷配置效率，最终促进技术创新活动的发展。由此可见，过度的金融市场化、自由化会给企业技术创新活动带来某种程度上的金融抑制。因此，在探讨企业技术创新效率的影响因素中，除了要纳入金融发展和知识产权保护等因素外，我们还必须进一步考虑金融市场化、自由化的作用。

第三节 研究方法与数据来源

一、随机前沿生产函数

随机前沿分析方法首先是由 Aigner 等（1977）、Meeusen 和 van den Broeck（1977）提出来的。在生产函数形式的选择上，Aigner 等（1977）、Meeusen 和 van den Broeck（1977）提出了以下模型：

$$y_i = f(x_i, \beta) + \varepsilon_i$$

其中 y_i 表示的是省份 i 的专利产出，x_i 表示的是省份 i 专利投入，β 表示待估的未知参数，ε_i 表示模型中合成误差项，且 $\varepsilon_i = v_i + u_i$。$v_i$ 表示经济体在专利生产中不能控制的因素，用来判别测量误差和随机干扰的效果，例如统计误差、不可抗力因素等，且 v_i 服从 $N(0, \sigma_v^2)$；u_i 表示的是省份的专利产出技术无效率的部分，即专利产出与生产可能性边界的距离，u_i 服从截尾正态分布，即 $u_i \geq 0$，$u_i \sim N(m_i, \sigma_u^2)$。在本研究中，我们假定 u_i 服从指数分布，因为它更适合现有数据对模型的拟合。

由于多数研究者建议的估计方法为极大似然法,并且 Aigner 等(1977)、Meeusen 和 van den Broeck(1977)提出了似然函数的公式:

$$\ln L(y\mid\beta,\sigma_v,\varphi)=N\left[\ln\frac{1}{\varphi}+\frac{1}{2}\left(\frac{\sigma_v}{\varphi}\right)^2\right]+\sum_{i=1}^{N}\left[\ln F^*\left(\frac{-\varepsilon_i}{\sigma_v}-\frac{\sigma_v}{\varphi}\right)+\frac{\varepsilon_i}{\varphi}\right]$$

其中,$\varphi=\sigma_u$ 且 F^* 表示服从标准正态分布的累积分布函数。值得注意的是,由于无法直接观测随机误差 u_i。因此,Jondrow 等(1982)建议专利生产非效率可以利用给定 ε_i 下的 u_i 条件分布来估计。如果 u_i 服从指数分布,那么估计形式可以设定为:

$$E(u_i\mid\varepsilon_i)=\sigma_v\left\{\frac{f^*[(\varepsilon_i/\sigma_v)/(\sigma_v/\varphi)]}{1-F^*[(\varepsilon_i/\sigma_v)/(\sigma_v/\varphi)]}-[(\varepsilon_i/\sigma_v)/(\sigma_v/\varphi)]\right\}$$

其中 f^* 和 F^* 分别表示标准正态密度函数和累积分布函数。当知道 $E(u_i\mid\varepsilon_i)$ 时,专利产出的技术效率可以由 $\exp[-E(u_i\mid\varepsilon_i)]$ 估计得出。

在本研究中,我们根据 Battese 和 Coelli(1995),以及 Guilkey、Lovell 和 Sickles(1983)的早期研究的建议,选择超越对数随机前沿生产函数形式作为本研究计量模型形式,因为它相比传统里昂惕夫生产函数、柯布道格拉斯生产函数以及固定替代弹性生产函数而言,具有更少的约束限制(Chambers,1998)。因此建立以下超越对数随机前沿生产函数:

$$\ln(Patent_{it})=\beta_0+\beta_e d_e+\beta_c d_c+\beta_1\ln(K_{it})+\beta_2\ln(L_{it})+1/2\beta_3\ln(\tfrac{K}{it})2$$
$$+1/2\beta_4\ln(\tfrac{L}{it})2+\beta_5\ln(K_{it})\ln(L_{it})+v_{it}-u_{it}$$

其中,$Patent_{it}$ 表示第 i 个省份第 t 年的专利授权量,K_{it} 和 L_{it} 表示第 i 个省份第 t 年的专利投入要素,分别为 R&D 资本存量与 R&D 全时当量人员,d_e 表示中国东部的虚拟变量,d_c 表示中国中部的虚拟变量。根据极大似然估计的优点,我们采用参数替换的方法,随机前沿模型用 $\sigma^2=\sigma_v^2+\sigma_u^2$ 和 $\gamma=\sigma_u^2/\sigma^2$ 分别替代 σ_v^2 和 σ_u^2,且 $0\leqslant\gamma\leqslant 1$,当 $\gamma\to 1$ 时,实际产出与最大产出的差距主要来源于技术无效误差 u_i;而当 $\gamma\to 0$ 时,实际产出与最大产出的差距主要来源于不可控因素的随机误差 v_i。

二、Moran I 指数

本研究的目的是解释区域创新生产效率与其所处空间的联系与影响。因此,在正式进入空间回归模型之前,需要了解区域创新生产效率的空间相关性,即技术创新效率的相关性是与空间相对位置有关的,若该省与邻近省份在技术创新效率上有相似的现象,则视为空间正相关;若该省与邻近省份在技术创新效率上有较大差异，则视为空间负相关。用于检验空间相关性的方法为 Moran's I，其统计量如下：

$$Moran's I: I = \frac{n \sum_{i=1}^{n} \sum_{j=1}^{n} w_{ij}(y_i - \bar{y})(y_j - \bar{y})}{\left(\sum_{i=1}^{n}(y_i - \bar{y})^2\right)\left(\sum \sum_{i \neq j} w_{ij}\right)}$$

其中，n 表示空间单元的个数，y_i 表示空间单元 i 的观测值，y_j 表示空间单位 j 的观测值，$\bar{y}$ 表示 n 个空间单元中关于变量 y 的平均值，w_{ij} 表示空间权重矩阵（O'Sullivan & Unwin，2003）。Moran's I 统计量的概念与皮尔森相关系数类似，其本意在于测量两地区某一属性值与其属性平均值的离散程度，数值介于 (-1, 1)，-1 代表空间完全负相关，1 表示空间完全正相关，在空间上不相关时，Moran's I 满足 $E(I) = -1/(n-1)$，当 n 较大时，其值接近于 0。检定这个统计量是否显著的方法，通常有两种，即置换排列检验（Permutation Test）和近似抽样分布检验（Approximate Sampling Distribution Test）。置换排列检验是将 n 个样本资料重新排列的 $n!$ 种组合中，然后通过蒙特卡洛重复抽样，计算抽样分布中原始排列方法所得统计值的尾端概率。而近似抽样分布检验是指假设抽样服从正态分布，而在检验回归残差的空间相关性时，样本量需要远大于参数个数才行，此时需要调整近似抽样分布的平均数和方差。

三、动态空间面板模型

空间计量经济学方法是用来解决空间相互作用与空间依存性结构问题的回归分析方法。空间误差模型（SEM）和空间滞后模型（SLM）是用来解决空间依赖性的两种不同方法（Anselin，2001）。空间误差模型通过误差项引入空间依赖性的空间回归模式，其中误差项是一个空间自回归的过程。而空间滞后模型是通过空间滞后变量引入空间依赖性的空间回归模式。我们通常将空间滞后模型视为空间自回归模型（Beck et al. 2006；Blonigen et al.，2007）。这两种模型的设定取决于空间权重矩阵 W，而空间权重矩阵是用来描述空间单元的空间布局。在空间计量经济学中，空间权重矩阵 W 已被行标准化，因此空间权重矩阵 W 每行的和等于 1。在本研究中，我们假定空间权重矩阵随着时间的推移而保持不变。

首先，我们考虑一个时空同步（time-space simultaneous）模型（Anselin et al.，2007）：

$$y_{it} = \alpha y_{i,t-1} + \beta x_{i,t} + \rho w y_{i,t} + (\eta_i + v_{i,t}) \quad |\alpha| < 1 \quad i = 1, \cdots, N; t = 2, \cdots, T \tag{9.1}$$

其中，y_{it}表示由每个空间单元$i(i=1,\cdots,N)$的被解释变量在第t时期（$t=2,\cdots,T$）观测值组成的$N\times 1$向量。$y_{i,t-1}$表示y_{it}的前期观测值。$wy_{i,t}$表示一阶空间滞后项，系数ρ表示空间效应强度（Intensity of spatial effects）。$\eta_i + v_{i,t}$表示误差成分，即不可观测的异质性η_i和剩余随机误差项$v_{i,t}$。Anselin（2001）和Abreu等（2005）的研究表明，空间滞后因变量会导致同时性和内生性问题（Simultaneity and endogeneity problems）。换言之，空间滞后因变量必须被视为内生的，同时有效的估计方法必须将这种内生性考虑在内。基于此，面板数据的动态空间滞后模型（Dynamic Spatial lag Model on Panel Data）是解决上述问题的有效估计方法。Madriaga和Poncet（2007）建议采用广义矩估计量来估计动态空间滞后模型，并且将空间滞后项滞后值、自回归项的滞后值，因变量的滞后值和空间权重解释变量作为空间滞后项和自回归项的工具变量。然而，如果空间滞后项是严格内生（Strictly endogeneity）的，那么广义矩估计由于矩限制，而导致其无法提供无偏和一致的估计量。因此，我们考虑将$wy_{i,t}$作为内生变量来解决这一问题并估计式（9.1）：

$E(wy_{is}\Delta\varepsilon_{it})=0\ t=2,\cdots,T;\ s=1,\cdots,T-2$

进一步地，我们使用空间权重解释变量$wx_{i,t}$来作为空间滞后项的工具变量。

上述估计方法的有效性必须服从以下矩限制：

如果wx_{it}是严格内生的，那么$E(wx_{it}\Delta\varepsilon_{it})=0\ t=2,\cdots,T$。

动态面板环境下的空间误差模型的估计要比空间滞后模型更复杂一些。尽管如此，Elhorst（2005）提出动态面板环境下空间误差自相关的极大似然估计方法。Kapoor等人（2007）和Mutl（2006）认为，可以通过一系列矩条件来得到静态面板模型的一致估计量，并且他们将这一方法拓展到动态面板的估计。

我们考虑以下模型设定：

$y_{it}=\alpha y_{i,t-1}+\beta x_{i,t}+\varepsilon_{i,t}\ |\alpha|<1\ i=1,\cdots,N;\ t=2,\cdots,T$

$\varepsilon_{it}=\rho w\varepsilon_{i,t}+(\eta_i+v_{i,t})\ |\rho|<1$

其中，误差项包括空间滞后同步误差和先前所述的误差成分（$\eta_i+v_{i,t}$）。同时，我们假设$v_{i,t}$相互独立，方差σ_v^2为常数。考虑到系统广义矩估计的优势，我们沿用Blundell和Bond（1998）的广义矩估计策略，并将空间邻接权重矩阵、空间距离权重矩阵和空间经济距离权重矩阵纳入模型中，同时采纳Mutl（2006）的建议，使用空间动态两步系统广义矩对计量模型（9.2）进行估计。

$$tech_{it} = \alpha_0 tech_{i,\,t-1} + \rho\,(w \cdot tech)_{i,\,t} + \alpha_j EV_{i,\,t} + \beta_j CV_{i,\,t} + (\eta_i + v_{i,\,t})$$
(9.2)

在式（9.2）中，$tech_{it}$ 表示第 i 个省份第 t 年的技术创新效率，$tech_{i,\,t-1}$ 表示第 i 个省份第 $t-1$ 年的技术创新效率，ρ 表示待估未知参数，用来反映空间自回归项 $(w \cdot tech)_{i,\,t}$ 的空间效应强度，w 表示空间滞后权重矩阵。$EV_{i,\,t}$ 表示解释变量，包括金融发展、金融市场化和知识产权保护，$CV_{i,\,t}$ 表示控制变量，包括经济发展水平（实际人均 GDP 的对数）、贸易开放度（进出口总额/名义 GDP）、外商直接投资程度（实际 FDI 的对数）、人口总数（人口总数的对数）以及第三产业的比重（第三产业产值/名义 GDP）。

四、变量与数据

1. 投入产出变量选择

根据李婧、谭清美和白俊红（2010）的建议，本章将 R&D 人员全时当量和 R&D 资本存量作为投入要素，同时将发明专利申请授权量作为产出指标。对于 R&D 人员全时当量的计算，本章根据李婧、谭清美和白俊红（2010）的建议，认为 R&D 全时当量为 R&D 全时人员数与非全时人员按工作量折算成全时人员数的和。对于 R&D 资本存量，本研究参考 Ang（2011）的做法，运用永续盘存法对 R&D 资本存量进行核算。在计算过程中，本章采用朱有为和徐康宁（2006）的 R&D 价格指数计算方法对 R&D 经费支出进行了平减，同时，假定基期 R&D 资本存量的增长率等于实际 R&D 经费支出的增长率，基期 R&D 资本存量的估算公式为：

$$K_{i0} = I_{i0}/(\delta + g)$$

其中 K_{i0} 表示基期 R&D 资本存量，I_{i0} 表示基期的实际 R&D 经费支出，δ 表示折旧率，该折旧率被假定为 10%（Ang，2011），g 为考察期内实际 R&D 经费支出的平均增长率。根据该公式可以计算各地的 R&D 资本存量。

2. 金融发展、金融市场化和知识产权保护指标

关于衡量金融发展的指标，国内学者有不同的看法，但大部分研究者质疑麦氏指标（M2/GDP）和戈氏指标（FIR）衡量金融发展的有效性（冉光和、鲁钊阳，2011；王毅，2002）。基于此，本研究采纳冉光和、鲁钊阳（2011）和黄燕君、钟椿（2009）的建议，利用各地金融机构各项贷款余额与存款余额之和与名义地区生产总值之比来衡量地区金融发展程度。金融市场化和知识产权保护指标来源于樊纲、王小鲁和朱恒鹏（2011）所著的《中国市场化指数：各地区市场化相对进程 2011 年报告》。在报告中，涉及的关于金融市场化的指

标有金融市场化程度、金融业竞争程度、信贷资金分配市场化和价格市场决定程度；涉及的关于知识产权保护的指标是知识产权保护程度。

3. 控制变量

关于控制变量选择，本研究根据余泳泽（2011）、樊华和周德群（2012）的建议，选取了经济发展水平（实际人均 GDP 的对数）、贸易开放度（进出口总额/名义 GDP）、外商直接投资程度（实际 FDI 的对数）、人口总数（人口总数的对数）以及第三产业的比重（第三产业产值/名义 GDP）。

五、空间面板权重矩阵的构建

空间面板权重矩阵是用来描述空间单元的空间依赖性程度，选择合理的空间面板权重对技术创新活动的空间计量分析非常关键。纵观以往研究，大部分学者选用空间邻接标准和距离标准来定义空间面板权重矩阵（余泳泽，2011）。邻接标准是指如果两个空间单元相邻，则存在空间相关性，反之，则不存在空间相关性。而距离标准是指利用两个空间单元的地理距离或经济距离来定义空间面板权重矩阵。距离越大则空间相关程度越低，反之则相反。为了准确把握区域技术创新活动与空间因素之间的关联性，本研究借鉴李婧、谭清美和白俊红（2010）的做法从地理特征和经济特征两个不同的角度建立了空间邻接权重矩阵、空间距离权重矩阵和空间经济距离权重矩阵。

1. 地理特征空间权重矩阵

关于地理特征空间权重矩阵，目前国际上通行的做法就是通过判断两个空间单元在地理上是否相邻而在空间邻接权重矩阵 W_1 上赋予不同的数值，其中对角线上的元素为 0，其他元素满足：

$$\omega_{ij} = \begin{cases} 1 & 邻接 \\ 0 & 不邻接 \end{cases} \quad i \neq j$$

李婧、谭清美和白俊红（2010）认为空间邻接权重矩阵具有较大的缺陷，而且不能较为客观地反映经济活动规律，因此他们通过地理标准构建了空间距离权重矩阵，因为这比较符合地理学第一定律，即距离较近的区域之间存在着更加密切的联系，反之则相反。常用的空间距离权重矩阵 W_2 可以表示为：

$$\omega_{ij} = \begin{cases} 1/d^2 & i \neq j \\ 0 & i = j \end{cases}$$

其中 d 为两个空间单元地理中心位置之间的距离。对于 d 的计算可以通过下列 Vincenty（1975）的公式得到：

$$d = r\Delta\hat{\sigma}$$

$$\Delta\hat{\sigma} = \arctan\left(\frac{\sqrt{(\cos\varphi_f \sin\Delta\lambda)^2 + (\cos\varphi_s \sin\varphi_f - \sin\varphi_s \cos\varphi_f \cos\Delta\lambda)^2}}{\sin\varphi_s \sin\varphi_f + \cos\varphi_s \cos\varphi_f \cos\Delta\lambda}\right)$$

其中 r 表示地球半径，$\Delta\hat{\sigma}$ 表示地球上 s 点和 f 点之间所对应的弧度。φ_s 和 λ_s 分别表示 s 点地理纬度和经度，φ_f 和 λ_f 分别表示 f 点的地理纬度和经度。$\Delta\lambda$ 表示 s 点和 f 点的经度差。在本研究中，我们采用上述公式来计算两个空间单元地理中心位置。

2. 社会经济特征空间权重矩阵

实际上以地理区域的差异反映技术创新活动的空间依赖性仅仅体现了地理邻近特征的影响。因此地理特征空间权重矩阵就显得比较肤浅，区域内部的技术创新活动是一项复杂的经济活动过程，它除了受到地理邻近因素影响外，还有可能受到其他经济因素的影响。因此，在构建空间权重矩阵的时候，我们需要综合考虑地理邻近因素和区域之间经济因素对技术创新活动空间依赖性的影响。李婧、谭清美和白俊红（2010）在研究中指出，通过构建经济距离空间权重矩阵可以更好地反映区域经济因素对技术创新活动空间依赖性的影响。基于此，本研究采纳李婧、谭清美和白俊红（2010）的研究方法，构建了物质资本空间权重矩阵和人力资本空间权重矩阵。物质资本空间权重矩阵 W_3 可以表示为：

$$W_3 = W_d diag(\bar{K}_1/\bar{K}, \bar{K}_2/\bar{K}, L, \bar{K}_n/\bar{K})$$

其中 W_d 表示地理距离空间权重矩阵，$\bar{K}_i = 1/(t-t_0+1)\sum_{t_0}^{t_1} K_{it}$ 表示考察期内第 i 地区的物质存量平均值，$\bar{K} = \frac{1}{n(t_1-t_0+1)}\sum_{i=1}^{n}\sum_{t_0}^{t_1} K_{it}$ 表示考察期内总物质资本存量均值，t 表示不同时期。各地区物质存量的核算参照张军等（2004）的做法。

人力资本空间权重矩阵 W_4 可以表示为：

$$W_4 = W_d diag(\bar{H}_1/\bar{H}, \bar{H}_2/\bar{H}, L, \bar{H}_n/\bar{H})$$

其中，$\bar{H}_i = 1/(t-t_0+1)\sum_{t_0}^{t_1} H_{it}$ 表示考察期内第 i 地区的人力资本存量平均值，$\bar{H} = \frac{1}{n(t_1-t_0+1)}\sum_{i=1}^{n}\sum_{t_0}^{t_1} H_{it}$ 表示考察期内总人力资本存量均值，对于人力资本存量的核算，本研究采用受教育年限作为衡量指标。

六、数据来源

本研究以 1998—2008 年中国 30 个省级行政区域（未含港、澳、台地区；

西藏由于数据缺失严重，故将其略去）作为研究对象，原始数据来源于《中国统计年鉴》《中国科技统计年鉴》《中国金融年鉴》《中国人口统计年鉴》和2011年樊纲、王小鲁和朱恒鹏所著的《中国市场化指数：各地区市场化相对进程2011年报告》。其中，投入产出变量的原始数据来源于《中国科技统计年鉴》（1999—2009），金融发展指标来源于《中国金融年鉴》（1999—2009），教育年限方面的数据来源于《中国人口统计年鉴》，金融市场化和知识产权保护等指标数据来源于2011年樊纲、王小鲁和朱恒鹏所著的《中国市场化指数：各地区市场化相对进程2011年报告》。各地区省会的经度和纬度由作者自己整理得到。①

第四节　结果分析

一、技术创新效率的随机前沿生产函数估计

表9-1汇报了1998—2008年，我国30个省级行政区域技术创新的随机前沿生产函数极大似然估计。表9-1中列（1）和列（2）是对柯布道格拉斯生产函数模型的估计结果，而列（3）和列（4）显示的是超越对数生产函数的估计结果。列（1）和列（2）之间以及列（3）和列（4）之间的不同之处在于列（2）和列（4）纳入了地区虚拟变量。在表9-2中的最后两行显示的是模型设定的两种检验。第一种是对超越对数形式中平方项和交叉项的联合效应检验。列（3）和列（4）的结果显示，统计结果是显著的，因此，超越对数函数形式适合于中国技术创新生产函数；第二种是对模型中地区虚拟变量联合效应的检验。所有的统计量在最后一行都是显著的，这表明地区虚拟变量的联合效应是显著的。总体而言，具有超越对数函数形式并带有地区虚拟变量的生产函数更加适合拟合中国技术创新生产函数，也是我们进一步分析时所需要的模型。根据模型选择标准AIC和BIC的结果显示，列（3）和列（4）要比其他模型更合适拟合数据。在列（3）的基础上，加入地区虚拟变量以后，得到列（4）的结果，从列（4）的适切性来看，技术无效率的诊断性统计量揭示出σ^2在1%的水平上通过显著性检验，表明模型的拟合度良好，合成误差项假定的分布形式是正确的。λ在1%的水平上显著，并且$\gamma = \sigma_u^2/\sigma^2$趋近于1，这表明技术无效率误差项$u_i$主导了不可控因素的随机误差$v_i$，同样也表明列

---

① 具体参见 http://www.zou114.com/guojia/。

(4) 的拟合度和设定的分布形式都是较好的 (Tadesse and Moorthy, 1997)。

由于技术创新投入自然对数的系数估计可以转换为技术创新产出的弹性，因此可以测量出每种要素对技术创新产出弹性的影响。从列 (4) 的回归结果来看，R&D 资本存量和 R&D 人员全时当量这两种要素投入参数与理论预期是一致的，且两种要素皆在 1% 的水平上通过显著性检验，说明这两种要素投入对技术创新产出具有显著的正向影响，且两种要素对产出回归的系数和要小于 1 (0.1856+0.4015<1)，即 R&D 资本存量和 R&D 人员全时当量都增加 1% 时，技术创新产出将要增加 0.5871%。这表明，中国技术创新生产呈现出规模报酬递减的状态，其中 R&D 人员全时当量这一要素对技术创新产出的影响要大于 R&D 资本存量对技术创新产出的影响。这说明，相对于 R&D 人员全时当量而言，我国 R&D 资本存量利用效率较低；地区虚拟变量的参数符号在 5% 的水平上显著为正，这表明中部和西部地区的技术创新效率要明显要小于东部地区。上述模型计算结果显示，1998—2008 年间，我国技术创新效率平均为 0.4569，这表明我国技术创新效率仍具有较大的改善空间。

表 9-1　　极大似然估计的中国技术创新随机生产前沿函数

	(1)	(2)	(3)	(4)
Constant	9.1840*** (0.9060)	8.9140*** (0.4217)	9.5457*** (0.5873)	9.7380*** (0.6052)
$\ln(K)$	0.1731*** (0.0467)	0.1386*** (0.0391)	0.1724*** (0.0353)	0.1856*** (0.0345)
$\ln(L)$	0.7322*** (0.0551)	0.7080*** (0.0491)	0.5657*** (0.0521)	0.4015*** (0.0606)
$[\ln(K)]^2$			0.0353*** (0.0074)	−0.0211 (0.0133)
$[\ln(L)]^2$			0.0351* (0.0204)	−0.1441*** (.0384)
$\ln(K)\times\ln(L)$				0.1980*** (0.0402)
d_{east}		0.6691*** (0.1325)		0.4567** (0.1995)
d_{center}		0.0019 (0.1236)		−0.0424 (0.1601)
σ_v^2	0.0326*** (0.0027)	0.0303*** (0.0025)	0.0258*** (0.0021)	0.0234*** (0.0020)

表9-1(续)

	(1)	(2)	(3)	(4)
σ_u^2	0.1519*** (0.0436)	0.0841*** (0.0242)	0.1788*** (0.0552)	0.1649*** (0.0565)
σ^2	0.1844*** (0.0437)	0.1145*** (0.0243)	0.2046*** (0.0551)	0.1883*** (0.0562)
λ	0.8234*** (0.0435)	0.7349*** (0.0585)	0.8739*** (0.0358)	0.8759*** (0.0396)
Log likelihood	31.4986	48.0429	63.6848	79.8355
AIC[①]	-48.9973	-78.0858	-109.3696	-135.6709
BIC	-22.4037	-43.8940	-75.1778	-90.0818
Log-Likelihood ratio test (χ^2)				
$\beta_{i,j}=0$, $i,j=\ln(K)^2, \ln(L)^2$			64.37***	43.55***
$d_{i,j}=0$, $i,j=e,c$		33.09***		32.30***

注：1. 在回归的过程中，交叉项和平方项在进行交叉和平方之前都已经经过中心化处理 (STATA12.0 的 center 命令)。

2. ln(K) 表示 R&D 存量的对数，ln(L) 表示 R&D 全时当量人员的对数，east 表示东部，center 表示中部。

3. *、**、*** 分别表示在 10%、5% 和 1% 的水平上显著，以下相同。

二、区域技术创新效率的空间相关性检验

区域技术创新效率的 Moran I 指数[②]用于解释区域技术创新的空间自相关。图 9-1 显示了 1998—2008 年 11 年的中国省域技术创新效率 Moran I 指数变动趋势。从图 9-1 可以看出，1998—2008 年 11 年间区域技术创新效率存在着正向空间自相关（系数在 0.102~0.147 间波动，且均通过了 5% 的显著性概率检验）。这说明 11 年间我国区域技术创新效率在空间分布上具有明显的相关性，区域技术创新效率并不是处于完全的随机状态，而是在地理空间上呈现出集聚现象。这也表明对技术效率空间相关性的忽略将会导致潜在性的估计偏误，因此，运用空间面板计量模型对技术创新效率进行研究有利于克服以往研究过程

---

① STATA12.0 的 estat ic 命令得出。
② 具体运用 STATA12.0 的 spatgsa 命令可以得出。

中计量模型设定的不足。

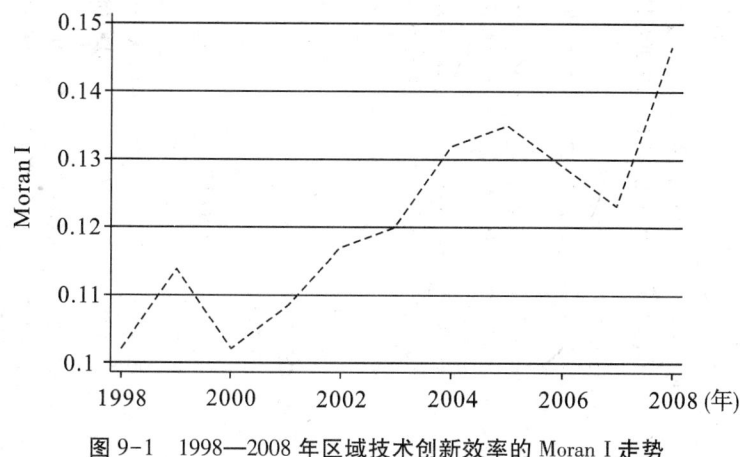

图 9-1　1998—2008 年区域技术创新效率的 Moran I 走势

三、空间动态面板计量模型检验

由 Moran I 的检验结果可知，区域技术创新效率呈现出较为明显的空间依赖性，因此考虑采用空间因素对技术创新效率的影响。基于此，本章接下来将利用上述数据拟合空间动态面板计量模型来实证检验中国金融发展、金融市场化和知识产权保护对技术创新效率的影响。考虑到系统广义矩估计量的一致性依赖于回归方程中解释变量的滞后期值和一阶差分值作为工具变量的有效性，因此，我们需要检验工具变量选择的有效性。其中汉森（Hansen）的过度识别限制性检验是判断工具变量整体有效的检验方法，其主要原理是通过分析估计过程中使用的矩条件相似样本来判断整体工具变量的有效性。一阶差分残差的二阶序列显著相关表明原始误差项存在序列相关，此时工具变量的设定有误。因此，我们需要对一阶差分残差的一阶和二阶序列相关性进行检验。如果原始误差项不存在序列相关，那么一阶差分残差便存在显著的一阶序列负相关，而不存在二阶序列相关性。此外，Windmeijer（2005）利用两步协方差矩阵进行有限样本修正，显著降低了小样本估计偏差，使得两步系统 GMM 稳健估计相比一步系统 GMM 稳健估计更有效。因此本章利用两步系统广义矩来估计计量模型（9.2）。

估计结果经整理汇报在表 9-2 和表 9-3。表 9-2 和表 9-3 汇报的结果显示，汉森的过度识别限制性检验在 10% 的水平上接受了原假设，这表明整体工具变量的选择是有效的。此外，AR（1）和 AR（2）检验的 P 值显示，除表 9-2 中列（7）的一阶差分残差在 10% 的水平上存在一阶和二阶序列相关外，

表 9-2　地理距离权重估计结果

	地理邻接权重矩阵					地理距离权重矩阵			
	(1)	(2)	(3)	(4)	(5)	(6)	(7)	(8)	
$Tech_{-1}$	0.487 961*** (0.004 196)	0.701 257*** (0.005 403)	0.625 844*** (0.004 991)	0.743 689*** (0.005 449)	0.497 318*** (0.004 412)	0.790 169*** (0.005 988)	0.576 081*** (0.004 715)	0.603 212*** (0.004 216)	
$W \cdot tech$	0.000 606 (0.000 831)	0.000 102 (0.000 703)	0.000 147 (0.000 727)	0.000 550 (0.000 685)	0.010 780*** (0.002 341)	0.013 604*** (0.002 346)	0.012 164*** (0.002 397)	0.010 081*** (0.002 377)	
FD	0.000 621*** (0.000 064)	0.000 622*** (0.000 102)	0.000 551*** (0.000 070)	0.000 670*** (0.000 078)	0.000 382*** (0.000 065)	0.000 429*** (0.000 076)	0.000 392*** (0.000 066)	0.000 510*** (0.000 062)	
PP	0.000 051*** (0.000 007)	0.000 049*** (0.000 010)	0.000 045*** (0.000 005)	0.000 050*** (0.000 007)	0.000 050*** (0.000 006)	0.000 102*** (0.000 007)	0.000 051*** (0.000 005)	0.000 078*** (0.000 007)	
FM	-0.000 049*** (0.000 009)				-0.000 042*** (0.000 006)				
FC		-0.000 032*** (0.000 008)				-0.000 038*** (0.000 009)			
LM			-0.000 045*** (0.000 003)				-0.000 033*** (0.000 003)		
PD				-0.000 075*** (0.000 012)				-0.000 056*** (0.000 008)	
FD×PP	0.000 014*** (0.000 002)	0.000 017*** (0.000 002)	0.000 016*** (0.000 002)	0.000 011*** (0.000 002)	0.000 021*** (0.000 002)	0.000 024*** (0.000 002)	0.000 023*** (0.000 002)	0.000 015*** (0.000 001)	

表9-2（续）

	地理邻接权重矩阵				地理距离权重矩阵			
	(1)	(2)	(3)	(4)	(5)	(6)	(7)	(8)
FD×FM	-0.000 022 (0.000 021)				-0.000 020 (0.000 018)			
FM×PP	-0.000 012*** (0.000 001)				-0.000 010*** (0.000 001)			
FD×FC		-0.000 007 (0.000 015)				-0.000 011 (0.000 009)		
PP×FC		-0.000 006 (0.000 008)				-0.000 001 (0.000 001)		
FD×LM			-0.000 020*** (0.000 006)				-0.000 013*** (0.000 005)	
PP×LM			-0.000 009*** (0.000 001)				-0.000 008*** (0.000 001)	
FD×PD				-0.000 074*** (0.000 011)				-0.000 055*** (0.000 008)
PP×PD				-0.000 019*** (0.000 003)				-0.000 015*** (0.000 001)
Openness	0.000 013 (0.000 121)	0.000 055 (0.000 142)	0.000 028 (0.000 103)	0.000 093 (0.000 098)	0.000 074 (0.000 123)	0.000 024 (0.000 013)	0.000 036 (0.000 098)	0.000 054 (0.000 083)

表9-2(续)

	地理邻接权重矩阵					地理距离权重矩阵			
	(1)	(2)	(3)	(4)	(5)	(6)	(7)	(8)
lnpgdp	0.002 885*** (0.000 449)	0.003 095*** (0.000 533)	0.003 154*** (0.000 307)	0.003 018*** (0.000 452)	0.002 833*** (0.000 337)	0.003 057*** (0.000 382)	0.003 060*** (0.000 256)	0.003 493*** (0.000 383)
lnfdi	0.000 065*** (0.000 018)	0.000 053** (0.000 024)	0.000 046** (0.000 019)	0.000 051*** (0.000 019)	0.000 032* (0.000 019)	0.000 030 (0.000 024)	0.000 059*** (0.000 021)	0.000 051*** (0.000 019)
lnpopulation	0.003 071* (0.001 815)	0.002 468 (0.001 550)	0.001 974 (0.001 240)	0.001 936 (0.001 321)	0.002 301** (0.001 078)	0.002 779** (0.001 219)	0.000 914* (0.000 491)	0.001 238 (0.000 933)
Thirdratio	0.000 049*** (0.000 009)	0.000 049*** (0.000 011)	0.000 049*** (0.000 009)	0.000 054*** (0.000 010)	0.000 042*** (0.000 008)	0.000 048*** (0.000 009)	0.000 046*** (0.000 007)	0.000 062*** (0.000 007)
Constant	-0.040 711*** (0.013 164)	-0.036 940*** (0.011 613)	-0.033 412*** (0.009 298)	-0.032 662*** (0.009 639)	-0.033 004*** (0.008 366)	-0.038 936*** (0.008 728)	-0.023 274*** (0.005 545)	-0.029 831*** (0.006 835)
F-test	532.2228	472.6289	346.5230	447.4503	478.2489	431.7098	339.2204	443.6258
Hansen test	0.119	0.131	0.312	0.214	0.108	0.113	0.255	0.192
AR(1) test	0.000	0.000	0.000	0.000	0.000	0.001	0.001	0.000
AR(2) test	0.127	0.241	0.115	0.176	0.103	0.213	0.097	0.148
样本数	300	300	300	300	300	300	300	300

注：FD 表示金融发展指标，PP 表示知识产权保护指标，FM 表示金融市场化指标，FC 表示金融业竞争指标，LM 表示信贷资金分配市场化指标，PD 表示价格市场决定指标，Openness 表示贸易开放度，lnpgdp 表示实际人均 GDP 的自然对数，lnpopulation 表示人口总数的对数，Thirdratio 表示第三产业占比。以下相同，不再赘述。

表9-3 经济距离权重矩阵估计结果

	物质资本距离权重矩阵				经济距离权重矩阵		人力资本距离权重矩阵	
	(1)	(2)	(3)	(4)	(5)	(6)	(7)	(8)
$Tech_{-1}$	0.379 192*** (0.003 315)	0.487 775*** (0.005 450)	0.493 919*** (0.005 184)	0.388 621*** (0.003 565)	0.364 713*** (0.004 354)	0.506 723*** (0.005 751)	0.516 141*** (0.005 852)	0.541 639*** (0.004 087)
$W \cdot tech$	0.003 882*** (0.001 180)	0.004 125*** (0.000 817)	0.004 326*** (0.001 121)	0.003 393*** (0.000 671)	0.005 832*** (0.001 637)	0.007 013*** (0.001 940)	0.006 806 5*** (0.001 756)	0.005 255*** (0.001 230)
FD	0.000 555*** (0.000 074)	0.000 583*** (0.000 087)	0.000 514*** (0.000 098)	0.000 610*** (0.000 095)	0.000 681*** (0.000 065)	0.000 586*** (0.000 081)	0.000 676*** (0.000 100)	0.000 692*** (0.000 065)
PP	0.000 026*** (0.000 007)	0.000 072*** (0.000 007)	0.000 038*** (0.000 004)	0.000 070*** (0.000 007)	0.000 020*** (0.000 007)	0.000 026*** (0.000 005)	0.000 068*** (0.000 010)	0.000 053*** (0.000 007)
FM	−0.000 047*** (0.000 009)				−0.000 054*** (0.000 009)			
FC		−0.000 029*** (0.000 009)				−0.000 044*** (0.000 003)		
LM			−0.000 044*** (0.000 004)				−0.000 028*** (0.000 010)	
PD				−0.000 066*** (0.000 009)				−0.000 061*** (0.000 008)
FD×PP	0.000 017*** (0.000 003)	0.000 012*** (0.000 001)	0.000 018*** (0.000 002)	0.000 012*** (0.000 001)	0.000 018*** (0.000 002)	0.000 021*** (0.000 002)	0.000 018*** (0.000 003)	0.000 012*** (0.000 001)

第九章 金融发展、知识产权保护与技术创新效率改进

表9-3（续）

	物质资本距离权重矩阵				人力资本距离权重矩阵			
	(1)	(2)	(3)	(4)	(5)	(6)	(7)	(8)
FD×FM	−0.000 007 (0.000 008)				−0.000 003 (0.000 008)			
FM×PP	−0.000 012*** (0.000 001)				−0.000 010*** (0.000 001)			
FD×FC		−0.000 008 (0.000 009)				−0.000 007 (0.000 006)		
PP×FC		−0.000 017*** (0.000 003)				−0.000 009*** (0.000 001)		
FD×LM			−0.000 010* (0.000 005)				−0.000 013** (0.000 006)	
PP×LM			−0.000 009*** (0.000 001)				−0.000 002** (0.000 001)	
FD×PD				−0.000 058*** (0.000 009)				−0.000 067*** (0.000 008)
PP×PD				−0.000 017*** (0.000 003)				−0.000 016*** (0.000 001)
Openness	0.000 390* (0.000 213)	0.000 484*** (0.000 104)	0.000 728*** (0.000 254)	0.000 484*** (0.000 104)	0.000 052 (0.000 160)	0.000 266** (0.000 128)	0.000 371** (0.000 159)	0.000 670*** (0.000 152)

表9-3(续)

	物质资本距离权重矩阵				人力资本距离权重矩阵			
	(1)	(2)	(3)	(4)	(5)	(6)	(7)	(8)
lnpgdp	0.003 277*** (0.000 311)	0.003 556*** (0.000 248)	0.003 237*** (0.000 361)	0.003 556*** (0.000 248)	0.003 524*** (0.000 327)	0.003 158*** (0.000 378)	0.003 219*** (0.000 494)	0.003 376*** (0.000 324)
lnfdi	0.000 081*** (0.000 020)	0.000 078*** (0.000 022)	0.000 072*** (0.000 021)	0.000 076*** (0.000 022)	0.000 075*** (0.000 020)	0.000 085*** (0.000 021)	0.000 068*** (0.000 022)	0.000 083*** (0.000 021)
lnpopulation	0.002 511 (0.001 908)	0.001 480 (0.001 121)	0.002 358 (0.001 868)	0.001 480 (0.001 121)	0.001 612 (0.001 852)	0.001 601 (0.001 087)	0.001 663 (0.001 762)	0.002 645 (0.002 402)
Thirdratio	0.000 053*** (0.000 008)	0.000 063*** (0.000 006)	0.000 050*** (0.000 008)	0.000 063*** (0.000 006)	0.000 053*** (0.000 008)	0.000 046*** (0.000 009)	0.000 048*** (0.000 011)	0.000 059*** (0.000 007)
Constant	-0.038 758*** (0.015 233)	-0.032 810*** (0.009 219)	-0.037 079*** (0.015 252)	-0.032 810*** (0.009 219)	-0.033 395*** (0.014 562)	-0.030 163*** (0.009 019)	-0.043 673*** (0.008 363)	-0.040 854*** (0.009 657)
F-test	332.3771	408.3455	339.5052	421.3455	415.9751	473.5464	432.2911	418.6954
Hansen test	0.214	0.210	0.281	0.118	0.204	0.129	0.218	0.176
AR(1)test	0.000	0.000	0.000	0.000	0.000	0.000	0.000	0.000
AR(2)test	0.213	0.237	0.107	0.183	0.147	0.128	0.112	0.115
样本数	300	300	300	300	300	300	300	300

其他各列的一阶差分残差仅存在一阶序列相关，而不存在二阶序列相关，这表明除表9-2中列（7）估计的结果可能并不是有效的外，其他各列估计的结果都是有效的。但在5%的水平上仍然可以接受表9-2中列（7）估计的结果。

从表9-2和表9-3的估计结果，我们可以得到几个有趣的发现：

第一，技术创新效率的空间效应强度会由于区域因素的差异而发生明显变化。区域地理因素并非推动技术创新效率在空间上聚集的主因，而区域经济因素是推动经济发展水平和人力资源水平相近地区之间技术创新效率相互提升的主因。表9-2中，列（1）至列（4）的结果显示，空间相关系数虽然为正，但并不显著。这表明空间邻接对地区技术创新效率的提升并没有显著的正向作用，而列（5）至列（8）的结果显示，空间相关系数显著为正，这表明区域中心相近对于推动技术创新效率的提升具有促进作用。可能的原因是，区域中心往往是技术创新活动集中地带，它对周边地区具有强烈的技术溢出效应。但是区域之间的技术溢出效应是有代价和条件的，它要受到各种因素的制约。Cohen和Levinthal（1990）认为区域中心的邻近有利于降低获取和吸收技术溢出的成本，从而提升技术创新活动的效率。表9-3中列（1）至列（8）的结果显示，空间相关系数显著为正。这表明经济条件相近的区域之间有利于技术创新效率的相互促进。可能的原因是，经济条件相近的区域更有利于技术扩散，从而推动区域技术创新效率的提升。事实上，经济条件相近的程度决定了技术势能差异的大小，经济条件越相近，技术势能差异就越小，技术扩散条件就相对较低，技术扩散就越容易发生。此外，比较表9-2和表9-3的空间相关性系数可知，相对于地理因素而言，经济因素对技术创新效率的空间相关性影响更大。

第二，技术创新效率的一阶滞后项（$Tech_{-1}$）的系数估计值在1%的水平下显著为正。这表明技术创新效率具有明显的路径依赖性。可能的原因是，以往研究表明，技术创新具有明显的路径依赖性（姜劲、徐学军，2006），即技术创新的历史因素决定了未来技术创新的发展。不同地区有可能根据当地的经济水平、社会文化和制度等因素选择不同的技术创新路径。如果某个地区一旦选择特定的技术创新路径，那么该技术创新路径将会锁定（lock-in）该路径上技术创新效率的高低。

第三，金融发展对技术创新效率具有显著的正向影响（表9-2和表9-3中各列对应的FD的系数估计值显著为正）。金融发展之所以会推动技术创新效率的改进，主要是因为金融发展缓解了企业技术创新的外部融资约束，促进了企业技术创新要素比例的优化配置；同时，金融发展对技术创新效率的积极作用与 Aghion 和 Howitt（2009）提出的 R&D 驱动内生增长框架是一致的。即金融发展可以减少监督成本和道德风险问题，促进技术创新活动。

第四，知识产权保护程度有利于技术创新效率的提升（表 9-2 和表 9-3 中各列对应的 PP 的系数估计值显著为正）。这与 Gould 和 Gruben（1996）的研究结果是一致的。他们强调，更高水平的知识产权保护程度有利于创新效率的提升。事实上，知识产权保护不仅有利于保证企业 R&D 项目成果的商业化价值，而且还能降低金融机构评估企业 R&D 项目时所感知的投资风险，从而促使企业 R&D 项目的顺利开展。

第五，虽然金融发展促进了技术创新效率的改进，但金融市场化对技术创新效率有消极影响［表 9-2 和表 9-3 中列（1）和列（5）对应的 FM 的系数估计值显著为负］。事实上，金融市场化会通过减少储蓄、引发金融系统脆弱性或改变资金流向等渠道消极影响创新生产（Gylfason et al., 2010）。同样地，金融业竞争程度［表 9-2 和表 9-3 中列（2）和列（6）对应的 FC 的系数估计值显著为负］、资金市场分配程度［表 9-2 和表 9-3 中列（3）和列（7）对应的 LM 的系数估计值显著为负］和价格市场决定程度［表 9-2 和表 9-3 中列（4）和列（8）对应的 PD 的系数估计值显著为负］皆对技术创新效率有显著的消极影响，进一步说明了金融市场化对技术创新效率负面影响的稳健性。

第六，金融发展与知识产权保护的交互项系数显著为正（表 9-2 和表 9-3 中各列对应的 FD×PP 的系数估计值显著为正），这表明知识产权保护程度会强化金融发展对技术创新效率的正向影响。因为企业技术创新成果具有弱排他性、非竞争性公共产品属性，若缺乏知识产权保护，企业实施技术创新将面临较高的投资风险。在这种情况下，大多数企业会减少对 R&D 项目的融资。这与 Ang（2010）的发现是一致的，即在知识产权保护程度较高的地区，金融发展对技术创新效率的影响会更加明显。

第七，金融发展与金融市场化的交互项系数［表 9-2 和表 9-3 中列（1）和（5）对应的 FD×FM 的系数估计值］为负，但并不显著，这表明金融市场化并没有弱化金融发展对技术创新效率的正面影响。此外，金融发展和金融业竞争程度的交互项系数［表 9-2 和表 9-3 中列（2）和（6）对应的 FD×FC 的系数估计值］虽然为负，但并不显著，这说明，金融业竞争程度并没有弱化金融发展对技术创新效率的积极影响；金融发展与市场资金分配程度的交互项［表 9-2 和表 9-3 中列（3）和（7）对应的 FD×LM 的系数估计值］、金融发展与价格市场决定程度的交互项［表 9-2 和表 9-3 中列（4）和（8）对应的

FD×PD 的系数估计值]对技术创新效率具有显著的负面影响,这表明市场资金分配程度和价格市场决定程度会显著弱化金融发展对技术创新效率的积极效应。导致上述结果可能的原因是,中国市场化改革并没有摆脱政府的干预,政府在特定领域的信贷融资上仍发挥着重要的调节作用(解维敏和方红星,2011),这也使得金融市场化就金融发展对技术创新效率影响的干扰效果并不明显抑或作用程度并不大。

第八,金融市场化和知识产权保护的交互项系数[表9-2和表9-3中列(1)和(5)对应的 FM×PP 的系数估计值]显著为负,这表明,知识产权保护显著弱化了金融市场化对技术创新效率的负面影响。此外,表9-2中知识产权保护和金融业竞争程度的交互项系数为负[表9-2中列(2)和(6)对应的 PP×FC 的系数估计值],但并不显著,而在表9-3中显著为负[表9-3中列(2)和(6)对应的 PP×FC 的系数估计值]。由于在我们设定的经济距离权重矩阵中,同时包含了地理距离的影响,这样的估计结果表明了地理区位因素和经济因素对技术创新活动的双重影响,因此以经济距离为权重矩阵的空间动态面板模型估计结果更具解释力度(李婧、谭清美和白俊红,2010)。由此可知,我们选择表9-3的结果来解释知识产权保护和金融业竞争的交互项对技术创新效率的影响,即知识产权保护显著弱化了金融业竞争对技术创新效率的负面影响。知识产权保护与市场资金分配程度的交互项系数[表9-2和表9-3中列(3)和(7)对应的 PP×LM 的系数估计值],以及知识产权保护与价格市场决定程度的交互项系数[表9-2和表9-3中列(4)和(8)对应的 PP×PD 的系数估计值]都显著为负,这表明知识产权保护弱化了市场资金分配和价格市场决定对技术创新效率的负面影响。总体而言,知识产权保护就金融市场化对技术创新效率负面影响的弱化作用虽然显著但程度较小。主要原因是,一方面,虽然我国专利行政执法取得了明显的成效,但知识产权法律服务体制仍存在诸多不足之处,有效地保护知识产权仍需要政府、企业和社会各界的努力;另一方面,在中国社会经济转型的关键时期,R&D 项目投资将面临较大的市场风险,即使国家建立了完善的知识产权保护体系,也不能阻止金融市场化和自由化对 R&D 项目的金融抑制。

其他控制变量的系数估计结果显示:(1)贸易开放度的提高促进了技术创新效率的改进,主要是贸易竞争优势有利于激发本土技术创新的动力(汪琦,2007),同时贸易开放度可以增进国际技术创新交流,从而带动技术创新的发展。(2)经济发展水平显著地促进了技术创新效率,这主要是因为经济发展水平能够推动技术变迁,并将技术创新引向更高水平(Mulder et al.,

2001）。（3）外商直接投资显著提高了技术创新效率，说明外商直接投资对我国技术创新能力的积累具有显著的正向效应。因为外商直接投资不仅能够实现先进技术的输入，而且还能引入适宜于我国技术创新发展的国外先进管理与创新模式，并能够通过技术外溢效应对技术创新效率产生正面的推动（刘小鲁，2011）。（4）第三产业比重对技术创新效率的改进具有显著的推动作用，第三产业的发展可以为技术创新创造商业价值提供广阔的空间，从而为技术创新发展提供了源动力。

第五节 结论与政策内涵

本章以1998—2008年中国30个省级行政区（未含港、澳、台地区；西藏由于数据缺失严重，故将其略去）面板数据，结合中国资本市场改革和知识产权保护的制度环境，实证考察了地区金融发展水平、金融市场化和知识产权保护对技术创新效率的影响。研究发现：（1）R&D投入的相对低效导致中国技术创新生产呈现出规模报酬递减的状态；（2）中国技术创新效率存在地区差异，具体表现为东部的技术创新效率要明显大于中部和西部；（3）技术创新效率的空间效应强度会由于区域因素的差异而发生明显变化，其中经济因素是技术创新效率空间聚集的主因；（4）技术创新效率具有一定的路径依赖性；（5）中国金融发展和知识产权保护促进了技术创新效率的改进，而金融市场化却在一定程度上阻碍了技术创新效率的改进；（6）知识产权保护强化了金融发展对技术创新效率改进的促进作用，同时弱化了金融市场化对技术创新效率的消极影响，但作用程度并不大。此外，金融市场化并没有弱化金融发展对技术创新效率改进的正向作用。

本章的研究结论具有重要的政策内涵。首先，资本市场化改革虽然有利于资本的有效配置，但是过度金融市场化和自由化会在一定程度上对R&D项目产生金融抑制。因此，政府在进行资本市场化改革的同时，还需要通过必要的干预措施来调节R&D的信贷资源配置。其次，由于技术创新项目具有高度的资产专用性、不确定性和收益弱排他性占有等特点，因此为了提高技术创新效率，政府除了提高金融发展水平以外，还必须完善我国知识产权法律体系，加强知识产权保护力度。最后，为了促进技术创新效率的改进，技术创新主体必须加强邻近地区，尤其是经济条件相似地区间的信息沟通与共享，以及技术和人才等科技资源的共享，积极开展技术创新项目的交流与合作。

参考文献：

[1] Aghion, P., Howitt, P., Mayer-Foulkes, D. (2005). The effect of financial development on convergence: theory and evidence [J]. Quarterly Journal of Economics, 120: 173-222.

[2] Laincz, C., Peretto, P. (2006). Scale effects in endogenous growth theory: An error of aggregation, not specification [J]. Journal of Economic Growth, 11 (3): 263-288.

[3] Barro, R. J. (1991). Economic growth in a cross section of countries [J]. Quarterly Journal of Economics, 106: 407-443.

[4] 温军, 冯根福, 刘志勇. 异质债务、企业规模与R&D投入 [J]. 金融研究, 2011 (1): 167-181.

[5] 樊华, 周德群. 中国省域科技创新效率演化及其影响因素研究 [J]. 科研管理, 2012 (1): 10-26.

[6] 虞晓芬, 李正卫, 池仁勇, 施鸣炜. 我国区域技术创新效率: 现状与原因 [J]. 科学学研究, 2005 (2): 258-264.

[7] 余泳泽. 创新要素集聚、政府支持与科技创新效率——基于省域数据的空间面板计量分析 [J]. 经济评论, 2011 (2): 93-101.

[8] 池仁勇, 虞晓芬, 李正卫. 我国东西部地区技术创新效率差异及其原因分析 [J]. 中国软科学, 2004 (8): 128-132.

[9] Ang, J. B. (2011). Financial development, liberalization and technological deepening [J]. European Economic Review, 55: 688-701.

[10] Ang, J. B. (2010). Financial Reforms, Patent Protection, and Knowledge Accumulation in India [J]. World Development, 38 (8): 1070-1081.

[11] Hall, B. H., Lerner, J. (2010). The financing of R&D and innovation [M]. In: Hall, B. H., Rosenberg, N. (Eds.): Handbook of the Economics of Innovation. Amsterdam: Elsevier-North Holland, 609-639.

[12] Chowdhury, R. H., Maung, M. (2012). Financial market development and the effectiveness of R&D investment: Evidence from developed and emerging countries [J]. Research in International Business and Finance, 26: 258-272.

[13] Xiao, S., Zhao, S. (2012). Financial development, government

ownership of banks and firm innovation [J]. Journal of International Money and Finance, 31: 880-906.

[14] Colombage, S. R. N. (2009). Financial markets and economic performances: empirical evidence from five industrialized economies [J]. Research in International Business and Finance, 23: 339-348.

[15] Allred, B. B., Park, W. G. (2007). The influence of patent protection on firm innovation investment in manufacturing industries [J]. Journal of International Management, 13 (2): 91-109.

[16] Liodakis, G. (2008). Finance and intellectual property rights as the two pillars of capitalism changes [M]. In B. Laperche, & D. Uzunidis (Eds.), Powerful finance and innovation trends in a high-risk economy. Hampshire: Palgrave Macmillan, 110-127.

[17] Kanwar, S., Evenson, R. (2009). On the strength of intellectual property protection that nations provide [J]. Journal of Development Economics, 90 (1): 50-56.

[18] 李婧, 谭清美, 白俊红. 中国区域创新生产的空间计量分析——基于静态和动态空间面板模型的实证研究 [J]. 管理世界, 2010 (7): 43-65.

[19] Bhattacharya, S., Ritter, J. R. (1983). Innovation and communication: signaling with partial disclosure [J]. Review of Economic Studies, 50: 331-346.

[20] Ang, J. B., Madsen, J. B. (2008). Knowledge production, financial liberalization and growth. Paper presented at the financial development and economic growth conference, Monash University, April 2008.

[21] Blackburn, K., Hung, V. T. Y. (1998). A theory of growth, financial development and trade [J]. Economica, 65 (257): 107-124.

[22] Aghion, P., Howitt, P. (2009). The economic of growth [M]. Cambridge Massachusetts: The MIT Press.

[23] Jaffe, A. B. and Lerner, J. (2004). Innovation and Its Discontents. How Our Broken Patent System is Endangering Innovation and Progress, and What to Do About It, Princeton and Oxford, Princeton University Press.

[24] Maskus, K. E. (2000). Intellectual Property Rights in the Global Economy [M]. Washington, DC: Institute for International Economics.

[25] Segerstrom, P. S., Anant, T. C. A., Dinopoulos, E. (1990). A Schumpeterian Model of the Product Life Cycle [J]. American Economic Review, 80 (5): 1077-1091.

[26] Lai, E. (1998). International intellectual property rights protection and the rate of product innovation [J]. Journal of Development Economics, 55: 133-153.

[27] Boldrin, M., Levine, D. K. (2008). Against intellectual monopoly [M]. Cambridge: Cambridge University Press.

[28] La Porta, R., Lopez-de-Silanes, F., Shleifer, A., Vishny, R. (1998). Law and finance [J]. Journal of Political Economy, 106: 1113-1155.

[29] Levine, R. (1999). Law, finance, and economic growth [J]. Journal of Financial Intermediation 8: 36-67.

[30] Beck, T., Levine, R., and Loayza, N. (2000). Finance and the Sources of Growth [J]. Journal of Financial Economics, 58: 261-300.

[31] Wurgler, J. (2000). Financial markets and the allocation of capital [J]. Journal of Finance Economics, 58: 187-214.

[32] Beck, T., Levine, R. (2002). Industry growth and capital allocation: does having a market-or bank-based system matter? [J]. Journal of Finance Economics, 64: 147-180.

[33] Stiglitz, J. E., Weiss, A. (1981). Credit rationing in markets with imperfect information [J]. American Economic Review, 71: 393-410.

[34] Stiglitz, J. E. (2000). Capital market liberalization, economic growth, and instability [J]. World Development, 28: 1075-1086.

[35] Stadler, M. (1992). Determinants of innovative activity in oligopolistic markets [J]. Journal of Economics, 56: 137-156.

[36] Hellmann, T., and Puri, M. (2000). The interaction between product market and financing strategy: The role of venture capital [J]. Review of Financial Studies, 13 (Winter): 959-984.

[37] Schwarz, A. M. (1992). How effective are directed credit policies in the United States? A literature survey. The World Bank Policy Research Working Paper, Series No.: 1019.

[38] Bandiera, O., Caprio Jr, G., Honohan, P., Schiantarelli, F. (2000). Does financial reform raise or reduce saving? [J]. Review of Economics and Statistics, 82: 239-263.

[39] Kaminsky, G. L., Reinhart, C. M. (1999). The twin crises: the causes of banking and balance-of-payments problems [J]. American Economic Review,

89: 473-500.

[40] Mankiw, N. G. (1986). The allocation of credit and financial collapse [J]. Quarterly Journal of Economics, 101 (3): 455-470.

[41] Aigner, D., Lovell, K., Schmidt, K. P. (1977). Formulation and estimation of stochastic frontier function models [J]. Journal of Econometrics, 6: 21-37.

[42] Meeusen, W., Broeck, V. D. (1977). Efficiency estimation from Cobb-Douglas production function with composed error [J]. International Economic Review, 18: 435-444.

[43] Jondrow, J., Lovell, C. A. K., Materov, I. S., Schmidt, P. (1982). On the estimation of technical inefficiency in the stochastic frontier production function model [J]. Journal of Econometrics, 19: 269-294.

[44] Battese, G. E., Coelli, T. J. (1995). A model for technical inefficiency effects in a stochastic frontier production function for panel data [J]. Empirical Economics, 20: 325-332.

[45] Guilkey, D. K., Lovell, C. A. K., & Sickles, R. C. (1983). A comparison of the performance of three flexible functional forms [J]. International Economic Review, 24 (3): 591-616.

[46] Chambers, R. G. (1998). Applied production analysis: A dual approach [M]. London: Cambridge University Press.

[47] O'Sullivan D, Unwin DJ. (2003). Geographic Information Analysis [DB]. New York: Wiley.

[48] Anselin, L. (2001). Spatial Econometrics [J]. IN Baltagi, B. H. (Ed.) Theoretical Econometrics Blackwell Publishing.

[49] Beck, N., Gledistsch, K. S. & Beardsley, K. (2006). Space Is More than Geography: Using Spatial Econometrics in the Study of Political Economy [J]. International Studies Quarterly, 50: 27-44.

[50] Blonigen, B. A., Davies, R. B., Waddell, G. R. & Naughton, H. T. (2007). FDI in space: Spatial autoregressive relationships in foreign direct investment [J]. European Economic Review, 51: 1303-1325.

[51] Anselin, L., Le Gallo, J. & Jayet, H. (2007) Spatial panel econometrics. IN Matyas., L. & Sevestre, P. (Eds.) The Econometrics of Panel Data Fundamentals and Recents Developments in Theory and Practice. Springer Berlin Heidelberg.

［52］Abreu, M., De Groot, H. L. F., & Florax, R. J. G. M. (2005). Space and Growth: a Survey of Empirical Evidence and Methods［J］. Région et Développement, 21: 13-44.

［53］Madriaga, N. & Poncet, S. (2007). FDI in Chinese Cities: Spillovers and Impact on Growth［J］. The World Economy, 30: 837-862.

［54］Elhorst, J. P. (2005). Unconditional Maximum Likelihood Estimation of Linear and Log-Linear Dynamic Models for Spatial Panels［J］. Geographical Analysis, 37: 85-106.

［55］Kapoor, M., Kelejian, H. & Prucha, I. (2007). Panel data models with spatially correlated error components［J］. Journal of Econometrics, 140 (1): 97-130.

［56］Mutl, J. (2006). Dynamic panel data models with spatially correlated disturbances［D］. Phd dissertation of the University of Maryland.

［57］Blundell, R. & Bond, S. (1998). Initial conditions and moment restrictions in dynamic panel data models［J］. Journal of Econometrics, 87: 115-143.

［58］朱有为, 徐康宁. 中国高技术产业研发效率的实证研究［J］. 中国工业经济, 2006 (11): 38-45.

［59］冉光和, 鲁钊阳. 金融发展、外商直接投资与城乡收入差距——基于我国省级面板数据的门槛模型分析［J］. 系统工程, 2011, 29 (7): 19-25.

［60］王毅. 用金融存量指标对中国金融深化进程的衡量［J］. 金融研究, 2002 (1): 82-92.

［61］黄燕君, 钟璐. 农村金融发展对农村经济增长的影响［J］. 系统工程, 2009, 27 (4): 104-107.

［62］樊纲, 王小鲁, 朱恒鹏. 中国市场化指数: 各地区市场化相对进程2011年报告［M］. 北京: 经济科学出版社, 2011.

［63］Vincenty, T. (1975). Direct and inverse solutions of geodesics on the ellipsold with application of nested equations［J］. Survey Review, 22 (176): 88-93.

［64］张军, 吴桂英, 张吉鹏. 中国省级物质资本存量估算: 1952—2001［J］. 经济研究, 2004 (10): 35-44.

［65］Tadesse B, Moorthy, S. K. (1997). Technical efficiency in paddy farms of Tamil Nadu: An analysis based on farm size and ecological zone［J］. Agricultural Economics, 16: 185-192.

［66］Windmeijer, F. (2005). A finite sample correction for the variance of linear efficient two-step GMM estimators［J］. Journal of Econometrics, 126: 25-51.

[67] Cohen, W., Levinthal, D. (1990). Absorptive Capacity: A new perspective on learning and innovation [J]. Administrative Science Quarterly, 35: 128-152.

[68] 姜劲,徐学军. 技术创新的路径依赖与路径创造研究 [J]. 科研管理, 2006 (5): 36-41.

[69] Gould, D., Gruben, W. (1996). The role of intellectual property rights in economic growth [J]. Journal of Development Economics, 48: 323-350.

[70] Gylfason, T., Holmstrom, B., Korkman, S., Soderstrom, H. T., Vihriala, V. (2010). Nordics in Global Crisis: Vulnerability and Resilience. The Research Institute of the Finnish Economy (ETLA): Taloustieto Oy, Yliopistopaino, Helsinki.

[71] 解维敏,方红星. 金融发展、融资约束与企业研发投入 [J]. 金融研究, 2011 (5): 171-183.

[72] Mulder, P., De Groot, H. L. F., Hofkes, M. W. (2001). Economic growth and technological change: A comparison of insights from a neo-classical and an evolutionary perspective [J]. echnological Forecasting & Social Change, 68: 151-171.

[73] 汪琦. 本土技术创新、外国技术溢出与我国制造业贸易竞争优势互动性的实证 [J]. 国际贸易问题, 2007 (11): 89-94.

[74] 刘小鲁. 我国创新能力积累的主要途径: R&D, 技术引进, 还是 FDI? [J]. 经济评论, 2011 (3): 88-96.

第十章 破解转型经济体中企业核心能力悖论

随着我国经济结构转型，市场环境的剧烈变化，固守原有的核心能力的企业容易形成核心刚度，最终面临淘汰的厄运。基于此，本章以中国中小型信息技术企业作为研究对象，以核心能力理论为基础，试图通过探寻企业家精神导向和市场导向的调节作用来破解转型经济体中核心能力悖论。研究结果表明，首先，核心能力悖论是中小型信息技术企业中普遍存在的现象；其次，企业家精神导向对核心刚度的软化作用并不明显，同时它对核心能力向核心刚度转化的缓解作用亦不明显；最后，市场导向既能起到软化企业核心刚度的作用，同时又能引导企业缓解核心能力对核心刚度的强化作用。本章的结论对于进一步破解转型经济体中核心能力悖论，实现经济结构成功转型具有非常重要的意义。

第一节 引言

在当前激烈的市场竞争环境下，中小型企业若不凭借创新来抢占市场先机，其结果无疑是在市场竞争中被猎杀。因为通过创新，企业可以获得有别于其他企业的市场潜能。然而，对于中国中小型企业而言，创新通常要耗费巨大的代价，甚至可能让企业万劫不复（Wright et al., 2012）。此外，企业创新具有较强的路径依赖性（Thrane et al., 2010）。因此，建立在创新体系上的企业核心能力往往被锁定在原来的技术轨迹上，从而使得企业陷入某种理论范式之中，限定了企业的创新边际搜寻倾向。在这种情况下，形成已久的核心能力有可能会阻碍企业适应技术体制的重大变革（Mudambi & Swift, 2009）。因为特定的核心能力通常与特定的组织结构相关，改变核心能力，就意味着组织结构的变革，此时与组织层次和部门重组伴生的权力再分配将会触动既定权力位阶，从而衍生出妨碍技术体制重大变革的强大阻力。Levinthal 和 March（1993）认为做出创新决策的企业可能最终陷入两种类型的"陷阱"，即失败陷阱（Failure trap）和能力陷阱（Competency trap）。因此，企业创新犹如一把"双刃剑"，若企业故步自封，那么企业将失去竞争优势；若企业革故鼎新，企业又可能面临巨大的战略机会成本。面对核心能力悖论，企业如何突破原有核心能力的限制，迅速应对外部环境变化的冲击，既是当前中国中小型企业亟待解决的实践问题，同时又是学术界关注的重要议题。

以往研究将焦点集中于探讨如何提升企业的核心能力，而对如何破解转型经济体中中小型企业核心能力悖论着墨甚少（Carlile, 2002）。然而，从当前经济转型的紧迫形势来看，如何破解中小型企业的核心能力悖论事关我国产业结构成功升级和未来中小型企业的发展空间。在稳定的外部环境下，企业的核心能力是其竞争优势的源泉，然而在转型经济体中，复杂多变的外部环境会使得企业建立起的核心能力演变为核心刚度（Barnett, Greve, & Park, 1994）。在核心刚度的影响下，企业内部通常会营造出一种惰性和过度自信的氛围，即它们对原有的核心能力过度自信而表现出对外部环境波动的惯常忽略（Habitual regardless）。在上述情境中，惰性压力和过度自信通常会阻碍企业寻求与内外部环境变化一致的核心能力演进。因此，核心刚度可以被视为在剧烈变动的环境中，企业的技术核心能力同外部环境匹配错位所必须付出的代价。为了减少这种代价，降低生存风险，企业在面临迅速变化的市场环境时，需要随时充实和完善自身的核心能力。然而，一个企业如何随时演化出与内部环境和外部环境相匹配的核心能力，目前还是有待研究的重要问题。在本研究中，我们提出两种可能破解核心能力悖论的内生性动力，即企业家精神导向和市场导向。试图通过实证的视角评判这两种导向对核心能力和核心刚度之间关系是否存在调节效应。

第二节 文献探讨与研究假设

一、核心能力悖论

根据企业资源基础的观点，企业可以被视为一组资源的集合体（Wernerfelt, 1984）。这些资源较大程度地决定了企业的优势与劣势（Gabriel,

Venkat, & Paul, 2003)。核心能力理论拓展了资源基础的观点, 提出了严格意义上的核心能力观点, 清楚地界定了企业核心能力的边界。企业核心能力是嵌入式的组织记忆, 是组织惯例的集合。这些惯例会使得组织知识的积累和组织活动的惯例化构成组织记忆最重要的两种存储形式, 并成为组织正常运转的重要机制 (Boyer & Robert, 2006)。由核心能力演变而来的这些组织惯例可以节省企业的认知资源, 增加企业的稳定性, 降低企业决策的不确定性, 并且在较大程度上维持着企业的竞争优势 (Barnett, Greve, & Park, 1994)。因此, 大多数企业管理层会醉心于以往成功的惯例。但它也是组织惰性 (Boyer & Robert, 2006)、不灵活性 (Gersick & Hackman, 1990) 和企业盲目 (Ashforth & Fried, 1988) 的重要来源。Teece (2009) 认为, 随着企业的逐渐老化, 早期的决策和实践也会被传承下来, 最终演变成组织惯例, 从而使得企业变得相对惰性, 这是因为目前能够为企业提供满意解决方案的成功惯例会妨碍企业寻求外部资源或启动组织变革, 降低了企业洞悉外部环境的能力, 弱化了企业进取创新的动力。因此, 在复杂变化的环境中, 过度偏执和过分强调组织惯例会使得企业核心能力无法变通, 迫使企业陷入"能力陷阱"的困局, 并将企业锁定为固定不变的行为模式, 最终演变为"核心刚度"。事实上, 瞬息万变的市场竞争环境打破了企业原有的生存法则, 甚至颠覆了企业原有的生存模式。在这种情境下, 倘若企业依旧依赖以往存储的知识模式, 并恪守内部风俗、习惯或惯例来应对市场挑战, 那么企业将面临巨大的生存风险, 甚至可能会遭受外部环境的致命冲击。当企业意识到组织与外部环境发生错位时, 它们唯有重新构建一个具有异质性、差别化且难以仿制的优势集合, 才有可能抵御外部环境的负面冲击, 维持原有的竞争优势。但现实是, 当中小型企业耗尽有限的资源与能力重构优势集合时, 竞争对手的行动、新技术的出现以及环境的变迁将有可能使得中小型企业精心构建的优势集合变得毫无价值。

此外, 企业核心能力具有较强的路径依赖性, 即企业的核心能力具有时间路径的不可逆性, 因此核心能力一旦形成, 企业核心能力的特征就将被选定, 在往后的发展中这种特征会沿着既定方向不断强化 (Roper & Hewitt-Dundas, 2008; Peters, 2009)。在稳定的环境下, 企业利用核心能力持续获取竞争优势的模式是可重复的和可识别的。但当外部环境变化加剧, 竞争性市场充斥不确定性时, 企业的核心能力会强化组织刚性, 降低企业对外部环境冲击的反应能力。因此, 外部环境的变化客观上要求组织进化, 以提高企业在复杂多变的外部环境中存活的概率。但由于企业核心能力的惰性会使得企业主观上的进化动力不足, 从而妨碍企业内在创新挖掘 (Internal innovative excavation) 和外部创新搜索（External innovative search）。因此，当面对一个不断变化的商业环境时，企业的核心能力会演变为核心刚度，它可能会割裂外部环境与企业之间的关系，导致市场不确定性将企业核心能力侵蚀殆尽。基于上述分析，我们做出研究假设 H1。

H1：在经济转型的经济体中，中小型企业核心能力会强化其核心刚度，即核心能力悖论是普遍存在的。

二、破解核心能力悖论：企业家精神导向和市场导向的调节作用

外部环境的变迁使得组织与环境之间错位，企业核心能力演变为核心刚性。此时企业管理者需要克服组织惰性，迅速挖掘内在创新潜力并同时进行外部创新搜索活动，以不断地适应环境变化和追逐竞争优势的动态核心能力（Dynamic capability），防止核心能力向核心刚性演化（Salge，2011）。为了克服组织惰性，企业内部必须具备一种内生性动力来鞭策企业寻找市场上未被利用的机会。但由于市场环境是复杂多变的，而企业的内部存储的知识有限，因此，在信息不对称的情况下，准确地找出市场上未被利用的机会实乃不易（Ocasio，1997）。为了准确地鉴别和利用这些市场机会，企业需要具备企业家精神导向，而企业家精神导向具有高度的创新性、风险承担性和超前行动性等特征（Merlo & Auh，2009；Rhee et al.，2010）。它能够帮助企业建立一种进行试验和承担风险的学习和选择的机制，使得企业具有机会找寻（Opportunity-seeking）和优势找寻（Advantage-seeking）的行为动机（Hughes & Morgan，2007）。在这种动机的影响下，企业更倾向于接受新的思想，使用新的方法（Barczak，Griffin & Kahn，2009；Li et al.，2010），也更愿意交换新的思想和采纳新的观点（Brockman & Morgan，2003）。企业家精神导向使得企业将重点放在需求创造和激进式创新上（Avlonitis & Salavou，2007）。因此具备企业家创新导向的企业会更有强烈的意愿要求变革、承担风险和创新以使得它们在产品开发上能够领先于竞争对手（Zhou et al.，2005）。同样地，企业家精神导向会激励企业持续关注市场环境的动向，以使得它们更加适应商业环境的变化和趋势（Ahuja & Lampert，2001）。同时，企业家精神导向会让企业更加重视组织内外的关系网络，促进知识的流通，促成新的资源组合，以开发出更加符合消费者和市场需求的产品或服务（Renko，Carsrud，& Brännback，2009）。此外，企业家精神导向还会促使企业去强调知识转换机制，从而将隐性知识外化，然后进一步内化到员工的行动中。由此可知，具有企业家精神导向的企业具备更加高效的知识转换系统，从而加深了企业对核心能力的理解，提高了企业回应

市场需求的速度（Dursun-Kilic，2005）。以往研究都将企业家精神导向视为企业动态能力的源泉（Jiao et al.，2010；Li et al.，2009；Merlo & Auh，2009；Lin et al.，2008），它强化了企业根据环境变化来迅速调整和重新配置企业资源的能力，提高了企业的环境适应能力（Li et al.，2009）。Merlo 和 Auh（2009）认为企业家精神导向可以提高企业主动回应市场环境变化的能力，纠正企业与环境之间的错位，克服组织惰性，防止企业核心能力向核心刚度的转化。基于上述分析，我们推导出以下研究假设。

H2a：在经济转型的经济体中，企业家精神导向对核心刚性有显著的软化作用。

H2b：在经济转型的经济体中，企业家精神导向在中小型企业核心能力和核心刚性间扮演着负向调节功能的角色。换言之，企业家精神导向程度越高，企业核心能力对核心刚度的正向影响程度就会微弱。

除了企业家精神导向以外，企业也可能根据市场导向来调整组织与环境之间的关系（Kohli & Jaworski，1990）。市场导向如同组织文化，它是企业持续传递优越价值给消费者的一种特性（Slater & Narver，1995）。同时市场导向也可以视为一种思想体系，具备市场导向的企业认为企业最核心的目标就是替顾客创造和维持优越的价值。在这种思想体系的影响下，市场导向会激励并驱策企业产生、散播与使用有关顾客与竞争之间的优越信息的能力。Berthon 等人（1999）认为由于企业过度关注当前顾客需求，反而会分散企业培育和完善核心能力的精力。原因在于现有顾客通常是短视的，他们缺乏洞悉潜在需求的能力，如果产品创新以现有顾客为中心，那么企业将很难推出前瞻性的创新产品，企业的核心能力也将限定在原有的范围之内。Christensen 和 Bower（1996）的研究结论亦表明，过高的市场导向会将企业的创新活动限制在顾客驱动的渐进式创新的狭窄范围之内。然而，Narver 等人（2004）则认为市场导向蕴含了两种含义，即响应性市场导向（Responsive market orientation）和预应性市场导向（Proactive market orientation）。响应性市场导向是企业试图了解与满足现有顾客表达的需求，而预应性市场导向是企业试图了解与满足潜在顾客表达的需求。响应性市场导向会激励企业在现有的知识和经验基础上去彻底了解现有顾客表达的需求（Baker & Sinkula，1999），因此它会不断地激励企业在现有的知识和经验基础上去吸收新的信息，并不断地积累新的知识和经验，以增加企业的吸收能力（Cohen & Levinthal，1990）。通过新知识和经验的不断累积，企业也会不断地培养和完善核心能力，以增强其适应环境的能力，提高企业生存的概率（Slater & Narver，1996）。预应性市场导向会促进企业的探索性学习行为，激励企业寻找和传递新的信息和知识，使企业在经验范围外的组织活动发生变化（March，1991）。因此预应性的市场导向会不断提醒企业关注新市场和新技术的发展，并在企业核心能力的基础上获得新的突破。Han 等人（1998）的研究表明市场导向可以激励企业重新培育或不断完善现有的核心能力，增强企业适应环境的能力。基于上述分析，我们推出以下研究假设。

H3a：在经济转型的经济体中，市场导向对核心刚性有显著的软化作用。

H3b：在经济转型的经济体中，市场导向在中小型企业核心能力和核心刚性间扮演着负向调节功能的角色。换言之，市场导向程度越高，企业核心能力对核心刚度的正向影响程度就会越弱。

第三节　研究方法

一、样本与数据收集

信息技术企业是知识创新和技术创新活动较为频繁的组织，同时它也最容易受到外部环境的影响而导致核心能力贬值，最终丧失竞争优势。基于此，本研究选择信息技术类中小型企业作为调查对象，以了解在转型经济体中，这些企业的核心能力向核心刚度转化的过程中是否会受到企业家精神导向和市场导向的干扰。由于在本研究中问卷的所有问题均在于了解企业有关核心能力的状况，包括核心能力、核心刚度、企业家精神导向和市场导向。对于这些情况，企业决策层的了解程度是最深的，因此在问卷发放上，需以公司经理作为问卷发放的对象，但若公司经理并无高度配合意愿，那么问卷的回收率可能会偏低，故本研究采取立意取样进行资料收集，通过电话与电子邮件联系，确认企业经理具有较高的配合意愿，则请公司经理上网填写问卷，共收集到有效问卷 151 份。

为了检验无反应偏差（Non-response bias），我们将对第一批回收的有效问卷和第二批回收的有效问卷以 t-test 的方法检验两次回收的有效样本在核心能力、核心刚度、企业家精神导向和市场导向等问项是否存在显著差异。在显著性水平 5% 之下，两组有效样本之间在各个问项之间并无显著差异，分析结果虽然无法完全排除无反应偏差，但它能增加我们对样本代表性的信心。在样本分布中，信息技术类中小型企业以计算机修理业居多（32.13%）；成立时间以 3~6 年居多；员工人数以 20~40 人居多。

二、变量测量

本研究所有的观测变量均以相关文献为基础,并根据多位专家学者的宝贵意见,进行局部内容及用字遣词的调整与修正,以期能符合中国信息技术类中小型企业的实际情景与理论基础。所有潜在变量是利用多个观测变量来衡量。每一个观测变量,回答者依据对题目所描述的认同程度来回答,我们采用五点李克特量表来代表认同的程度。尺度1表示强调不同意,尺度3表示普通,尺度5表示强烈同意。每一个潜在变量及其观测变量简述如下:

核心能力:根据Long和Vickers-Koch(1995)、Hamel和Heene(1994)的观点,我们将核心能力定义为一种技巧、知识和技术的秘诀,可以对价值链的特定点提供特殊的优势,因此它是企业不易被竞争者模仿且优于竞争者的核心资产。核心能力量表建立在Long和Vickers-Koch(1995)、Hamel和Heene(1994)有关核心能力的理论基础之上,同时参考林文宝、吴万益(2005)的相关量表设计成本章的核心能力量表,分为门槛能力、重要性能力和未来性能力三个构面,共11题。其中门槛能力是指公司面临竞争压力时所需具备的支持性能力和基本技术能力,譬如执行业务活动所需的一般性技能和系统,例如,计算机系统、机器设备等硬件的工具;重要性能力是指对于公司的竞争能力影响重大的技术或系统,譬如技术制程控制、新技术的引进、管理和有效运用的能力;未来性能力是指公司为了维持未来竞争优势所必须发展的能力,譬如技术改良、生产流程自动化以及侦测回馈或预测的能力。

核心刚度:根据Li等人(2008)的观点,我们将核心刚度定义为核心能力的长期不良积累而产生的难以适应环境的惰性。核心刚度量表建立在Li等人(2008)有关核心刚度的理论基础之上,分为战略刚度、运营刚度和管理刚度,共9题。战略刚度是指由于管理层认知滞后和行动滞后而导致企业战略行动上的迟延。运营刚度是指企业在组织运营过程中由于有效决策的迟延以及问题解决速度的迟延,从而导致企业难以适应外在环境的变化。管理刚度是指企业过分依赖于以往成功的管理方式和风格而难以根据外在环境的变化对组织结构做出合理的调整,最终导致管理效率低下。

企业家精神导向:根据Covin和Miles(1999)的观点,我们认为企业家精神导向是组织的一种特质,它倾向于强调积极的产品创新、提出高风险计划、采取领先于竞争对手的先驱性创新。本研究主要参考Atuahene-Gima和Ko(2001)等的文献来发展企业家精神导向量表,共5题。企业家精神导向的背后隐含了机会找寻与优势找寻的企业行为。其展现出来的特性包括:期待新的思想及创造力的产生，鼓励主动承担风险，容许失败存在的可能性，宣扬学习的重要性，支持产品、流程及行政创新，支持持续性创新。

市场导向：根据 Hult 等（2005）的观点，我们认为市场导向是一种思想体系，它会激励企业员工发展和利用市场信息，不断地向顾客传递和维持优越的价值。本研究主要参考 Narver 等（2004）的文献来发展市场导向量表共 7 题，分为响应性市场导向（共 3 题）和预应性市场导向（共 4 题）。响应性市场导向是指企业试图去观察、了解，进而满足消费者表达性需求（Expressed needs）的思想体系。而预应性市场导向则是企业试图去观察、了解，进而满足消费者潜在需求（Latent needs）的思想体系。

控制变量：根据 Li 等（2008）、Narver 等（2004）和林文宝、吴万益（2005）的相关论述，我们将企业的相关背景变量纳为控制变量，包括企业员工数（取对数）、企业年龄、大学本科及以上员工比例。

三、共同方法偏差事后检测

为了检测共同方法偏差的问题，本研究采用哈门氏单因子测试法（Harman's singe-factor test），将量表中（核心能力、核心刚度、企业家精神导向和市场导向）的 32 个题目一起做因子分析，在未转轴的情况下共得到 7 个因子，累计解释变异量为 77.657%，其中第一个因子的解释变异量为 39.311%，显示共同方法的偏差并不严重。为谨慎起见，本研究同时采用验证性因子分析加以检测，此法的前提为：如果方法变异是形成量表间共变异的主要原因，则验证性因子分析将显示单一因子模型与数据的拟合优度和假设模型一样好。本研究将单因子模型进行验证性因子分析的结果发现，模型与数据的拟合优度并不理想（卡方值 = 4817.435，GFI = 0.512，RMSEA = 0.184）。再与假设模型（卡方值 = 573.641，GFI = 0.912，RMSEA = 0.044），比较的结果，可以看出假设模型显著优于单因子模型（Δ 卡方值 = 4243.794，Δdf = 7，$P <$ 0.001）。虽然上述的检测无法排除共同方法偏差的威胁，但也提供证据说明本研究共同方法偏差的问题并不严重。

四、信度与效度分析

1. 信度检验

本研究利用内部一致性来评价量表的信度，即利用 Cronbach's alpha 和单因子模型的可靠性因素来评估研究模型的量表信度（Raykov，1998）。此外，我们也通过检验剔除某一题目后，整体量表的信度是否将会明显改善来评估量表的内部一致性强度。根据研究目的，我们所使用到的信度评价指标包括项目总平方复相关系数和剔除项目后的 Cronbach's alpha 值（Hair et al., 1998）。研究结果经整理后汇报在表 10-1。如表 10-1 所示，所有因子的内部一致性系数和可靠性系数都在 0.7 以上，因此所有因子分别具有良好的内部一致性（Hair et al., 1998）。组合信度和平均变异萃取量进一步表明本研究各量表具有良好的内部一致性。如表 10-1 所示，所有因子的组合信度皆在 0.7 以上，符合 Fornell 和 Larcker（1981）所建议的临界值标准。如表 10-2 所示，所有因子的平均变异萃取量皆在 0.5 以上，也符合 Hair 等（1998）所建议的临界值标准。

表 10-1　　　　　　　　　　量表信度分析汇总表

因子	Alpha	可靠性系数	组合信度	保留题目数
门槛能力（TC）	0.901	0.904	0.902	4
重要性能力（IC）	0.904	0.906	0.905	4
未来性能力（FC）	0.862	0.863	0.855	3
战略刚度（SR）	0.762	0.764	0.818	3
运营刚度（OR）	0.813	0.816	0.821	3
管理刚度（MR）	0.841	0.842	0.842	3
企业家精神导向（EO）	0.913	0.913	0.925	5
响应性市场导向（RO）	0.886	0.885	0.876	3
预应性市场导向（PO）	0.926	0.926	0.929	4

2. 效度检验

由于本研究数据呈现出联合正态分布的趋势，因此研究量表的聚合有效性是通过验证性因素分析中稳健性极大似然估计法来进行评估的，具体结果如表 10-2 所示。表 10-2 的结果显示标准化的因子载荷和项目信度分别在 Steenkamp 和 van Trijp（1991）所建议的临界值 0.6 和 0.5 之上。此外，所有题目的因子载荷都在 0.01 的水平上具有统计显著性，因此，所有的因子具有良好的聚合有效性。

表 10-2　　　　　　　　　　量表验证性因素分析汇总表

因子	标准化因子载荷	项目信度（R^2）	平均变异萃取量
门槛能力（TC）	0.818~0.849	0.702~0.717	0.685
重要性能力（IC）	0.801~0.872	0.679~0.731	0.709
未来性能力（FC）	0.725~0.864	0.617~0.719	0.655

表10-2(续)

因子	标准化因子载荷	项目信度（R^2）	平均变异萃取量
战略刚度（SR）	0.711~0.826	0.599~0.694	0.611
运营刚度（OR）	0.741~0.839	0.623~0.705	0.640
管理刚度（MR）	0.738~0.856	0.619~0.728	0.633
企业家精神导向（EO）	0.792~0.903	0.663~0.771	0.711
响应性市场导向（RO）	0.806~0.863	0.668~0.742	0.701
预应性市场导向（PO）	0.854~0.905	0.724~0.788	0.769

关于因子之间的区分效度，我们计算了每个因子的平均萃取变异量的平方根以及因子间的相关系数，所得结果汇报在表10-3。由于每个因子的平均萃取变异量的平方根要显著大于这个因子与其他因子之间的相关系数，故本研究因子间具有良好的区分效度。

表 10-3　　相关系数矩阵和平均萃取变异量平方根

	TC	IC	FC	SR	OR	MR	EO	RO	PO
TC	(0.828)								
IC	0.532***	(0.842)							
FC	0.451***	0.515***	(0.809)						
SR	0.236***	0.252***	0.346***	(0.782)					
OR	0.324***	0.241***	0.188***	0.365***	(0.800)				
MR	0.253***	0.210***	0.147**	0.443***	0.498***	(0.796)			
EO	0.232***	0.341***	0.426***	−0.141**	−0.174**	−0.107*	(0.843)		
RO	0.083	0.072	0.103*	−0.415***	−0.437***	−0.390***	0.565***	(0.837)	
PO	0.112**	0.104*	0.148**	−0.431***	−0.395***	−0.293***	0.540***	0.488***	(0.877)

注：*、**、*** 分别表示在10%、5%和1%的水平上显著，以下相同。

第四节　资料分析和结果讨论

一、资料分析

我们以企业核心刚度为自变量，以企业家精神导向和市场导向为调节变量，以核心能力为因变量，采用多层次回归分析对假设进行检验。为了避免直接生成的交叉项而导致的多重共线性，我们先将核心能力（CC）、企业家精神导向（EO）、响应性市场导向（RO）和预应性市场导向（PO）四个变量中心化，然后再生成交叉项并进行回归分析。在进行数据分析时，我们还控制了企业年龄、企业规模和大学本科及以上员工比例等变量的影响。分析结果如表10-4所示。

表10-4　　　　　　　　　　多层次回归分析表

	核心刚度		
	模型1	模型2	模型3
Firm_Age	0.103*	0.097	0.092
	(0.065)	(0.064)	(0.064)
Firm_Scale	0.183**	0.168**	0.162**
	(0.086)	(0.084)	(0.084)
Bach_Ratio	-0.276***	-0.301***	-0.281***
	(0.083)	(0.085)	(0.087)
CC		0.216***	0.211***
		(0.063)	(0.064)
EO		-0.093	-0.081
		(0.111)	(0.113)
RO		-0.175**	-0.170**
		(0.075)	(0.077)
PO		-0.221***	-0.239***
		(0.076)	(0.073)
CC×EO			-0.073
			(0.215)
CC×RO			-0.106*
			(0.062)
CC×PO			-0.318***
			(0.092)
△R^2	0.214***	0.176***	0.023***
Overall R^2	0.214	0.390	0.413
Overall F	11.754***	18.671***	23.417***

根据表10-4的回归结果，3个模型的F值均显著不为零（$P<0.01$），表示3个模型中自变量与因变量的线性关系显著。其中在模型2中，核心能力（CC）的回归系数显著为正（$\beta=0.216$，$P<0.01$），这表明核心能力对中小型企业核心刚度具有显著的强化作用，意味着本章研究假设H1获得实证支持；

响应性市场导向（RO）（$\beta=-0.175$，$P<0.05$）和预应性市场导向（PO）（$\beta=-0.221$，$P<0.01$）的回归系数显著为负，这表明市场导向对核心刚度具有显著的软化作用，意味着本章研究假设H3a是成立的；虽然企业家精神导向（EO）对核心刚度具有负面作用，但并不具有统计显著性。这表明企业家精神导向对中小型企业核心刚度的软化作用并不显著，意味着本章研究假设H2a未获得实证支持。

表10-5　　　　　　　　　　稳健性回归分析表

	战略刚度		运营刚度		管理刚度	
	模型4	模型5	模型6	模型7	模型8	模型9
Firm_Age	0.125**	0.116**	0.111	0.127	0.088	0.095
	(0.053)	(0.058)	(0.083)	(0.083)	(0.070)	(0.069)
Firm_Scale	0.181**	0.179**	0.210***	0.207**	0.167**	0.171**
	(0.070)	(0.069)	(0.070)	(0.081)	(0.071)	(0.071)
Bach_Ratio	-0.308***	-0.312***	-0.233**	-0.229**	-0.193**	-0.200**
	(0.100)	(0.100)	(0.092)	(0.102)	(0.089)	(0.090)
CC	0.187***	0.184***	0.221***	0.218***	0.166**	0.173**
	(0.058)	(0.057)	(0.061)	(0.060)	(0.070)	(0.071)
EO	-0.119	-0.103	-0.141	-0.113	-0.091	-0.078
	(0.096)	(0.098)	(0.107)	(0.106)	(0.119)	(0.125)
RO	-0.171**	-0.148*	-0.163**	-0.157**	-0.153**	-0.144**
	(0.080)	(0.081)	(0.075)	(0.073)	(0.071)	(0.069)
PO	-0.211***	-0.207***	-0.206***	-0.192***	-0.150**	-0.166**
	(0.068)	(0.068)	(0.065)	(0.064)	(0.068)	(0.071)
CC×EO		-0.118		-0.131		-0.059
		(0.209)		(0.164)		(0.194)
CC×RO		-0.128**		-0.117**		-0.097*
		(0.059)		(0.051)		(0.054)
CC×PO		-0.296**		-0.274***		-0.188**
		(0.113)		(0.084)		(0.090)
$\triangle R^2$	0.150***	0.043***	0.145***	0.022***	0.173***	0.029***
Overall R^2	0.411	0.454	0.403	0.425	0.364	0.393
Overall F	19.98***	25.57***	18.44***	24.62***	14.75	19.66***

引入核心能力与企业家精神导向的交叉项（CC×EO）、核心能力与响应性市场导向的交叉项（CC×RO）以及核心能力和预应性市场导向的交叉项（CC×PO）之后，模型 3 的拟合优度指标 R2 有了显著的提高，即显著提高了 0.023。并且在模型 3 中，核心能力与响应性市场导向交叉项（CC×RO）的回归系数（$\beta=-0.106$，$P<0.1$）和核心能力与预应性市场导向交叉项（CC×PO）的回归系数（$\beta=-0.318$，$P<0.01$）显著为负。这说明市场导向会弱化核心能力与核心刚度之间的正相关关系。因此数据分析结果支持 H3b。核心能力与企业家精神导向交叉项（CC×EO）的回归系数并不显著，这表明企业家精神导向对核心能力和核心刚度之间的正向关系并无显著的影响，意味着数据分析结果并未支持 H2b。

此外，为了我们以企业核心刚度为自变量，以企业家精神导向和市场导向为调节变量，以战略刚度、运营刚度和管理刚度为因变量，采用多层次回归分析方法对研究结果进行了稳健性检验，研究结果汇报在表 10-5 中。表 10-5 的回归结果显示，本章的回归结果具有较高程度的稳健性。

二、结果讨论

随着我国经济体制的转型，以及产业结构的全面升级和外部环境的急剧变化，企业原有的核心能力与外部环境之间发生了明显的错位，核心能力正逐步向核心刚度转化。为了应对新的竞争对手、经销商需求的转变以及供应链中的技术变革，企业必须寻找一种新的核心能力替代原有的核心能力抑或调整和完善原有的核心能力来防止企业陷入核心刚度的窘境，并维持原有的市场竞争优势。换言之，企业必须在每个历史时期内对现存的每个核心要素进行增补、完善和精简，才能打破核心能力悖论来换取市场竞争优势。为了更好地理解企业核心能力的形成机制，找寻破解核心能力悖论的内生性动力，本章以我国中小型信息技术企业为例，探讨了核心能力、企业家精神导向和市场导向对核心刚度的影响。研究结果显示：首先，核心能力对核心刚度具有强化作用，即对于我国中小型信息技术企业而言，核心能力悖论是普遍存在的。其次，企业家精神导向对核心刚度的软化作用并不显著，而市场导向对核心刚度的软化作用非常显著。最后，研究结果表明市场导向而非企业家精神导向是破解转型经济体中中小型企业核心悖论的内生性动力，即市场导向能够显著地弱化核心能力与核心刚度之间的正向关系，而企业家精神导向的弱化作用并不明显。

对我国中小型企业核心能力悖论普遍存在的解释是，中小型企业的核心能力实际上反映了对一些管理目标和环境压力的应对。通常情况下，核心能力是中小型企业随着历史演变所继承下来的不变的遗传信息，它们凭借这些独特的信息来争取生存的机会。在有限的资源约束下，中小型企业没有足够的动力跟随环境的脚步变革核心能力，此时形成已久的核心能力会使得企业形成一套充分发挥原有核心能力效应的行为模式。这些行为模式会引导企业参与市场竞争，并维持竞争优势。当企业的核心能力被原封不动地继承下来时，企业也会形成一套与之相适应的固定不变的行为模式。当这些行为模式内化为组织惯例时，组织惯例便成为引导企业行为的基本准则。在稳定的外部环境下，组织惯例虽然能够在企业决策过程中节省认知资源、增强企业稳定性并减少不确定性。但是，组织惯例限制了企业的注意范围以及吸收新信息的能力。因为它界定了企业的搜寻范围：只搜寻同企业原有知识体系一致的新观念。此外，组织惯例带来的惰性会降低企业对市场的敏感性和洞察力。当外部环境急剧变化时，如果企业缺乏对市场的敏感性和洞察力，那么企业内部系统中的信息流也将会缺乏独特性，企业也就不能建立或者维持自己的竞争优势，即企业拥有的技巧与知识组合与市场上竞争对手的技巧与知识组合相比并无优势。因此，企业的核心能力是一个动态过程，它要求企业必须根据环境变化重新整合和建构出企业核心能力，但对于中小型企业而言，根据环境提供的信息来建构新的核心能力似乎并不现实，因为建构新的核心能力，不仅会大量消耗企业有限的资源，而且还会降低企业现有的收益，同时还可能会导致转移成本和退出成本的提高。此外，建构新的核心能力，通常意味着组织必须根据新的核心能力来调整或变革组织结构，组织结构调整或变革会导致组织层次和部门重组所伴生的权力再分配，从而触动既定权力位阶（King & Tucci，2002）。因此，组织核心能力的悖论是普遍存在且不能轻易破解的。

企业家精神导向既不能对中小型企业核心刚度起到软化作用，又不能缓解核心能力对核心刚度的强化作用。对此，一个可能的解释是企业家精神导向强调的是积极的产品市场创新、提出风险性高的计划和领先竞争对手的先驱性创新倾向。它激励企业在产品创新过程中要具有探索性以及追求风险与挑战的精神。企业家精神导向会将企业完全暴露在复杂多变的环境所带来的高风险之中。对于资源有限的中小型企业而言，它们没有足够的实力去承担高风险创新活动失败后所需付出的代价。因此，绝大多数的中小型企业都表现出风险规避的偏好。在这种偏好的影响下，企业家精神导向在中小型企业中通常会受到抑制。为了规避市场淘汰的厄运，中小型企业通常选择以创新为核心的调适惯例。一些成功的中小型企业通过不断地创造新产品来获得市场竞争优势，而在这种情况下这些企业并没有足够的协调成本来根据企业家精神导向去实现重大的技术突破或者破坏性创新,从而达到改变整个市场竞争环境的目的。对于另一种情况,一些中小型企业选择以工艺创新为核心能力,例如利用先进的生产技术提供一系列的标准产品或服务。在这两种情况下,中小型企业都是通过能维持其内部的"熊彼特创造过程"而获得生存的机会(Ganter & Hecker,2013)。

市场导向既能对中小型企业核心刚度起到软化作用,又能缓解核心能力对核心刚度的强化作用。对此,我们的解释是市场导向是企业获取并使用顾客信息,以发展并执行符合顾客需求的策略。它会驱动企业洞悉市场行情,即时得知顾客需求与竞争者的相关信息,准确掌握市场中的各种信息流,驱使企业根据市场环境的变化迅速调整企业策略,并开发出符合顾客需求的新产品。由此可知,市场导向既可以引导企业关注外部环境变化,又同时激励企业不断地调试企业核心能力的动向以应对外部环境的变化。Alford 等(2000)指出具有市场导向的企业,在研发新产品的过程中,通过与顾客频繁地接触,将会大幅地减少新产品研发的时间与修改错误的次数,从而有效地提高组织弹性能力,以避免企业因陷入核心刚度而消亡。对于中小型企业而言,它们通常是市场的追随者,同时也是外部环境变化的接受者。因为它们没有足够的能力去实现破坏性创新来主动改变外部环境。因此,中小型企业在激烈的市场竞争中存活下来的理由就是这种市场导向能让它们保持对市场较高的嗅觉灵敏度,根据掌握的市场先机来修正和完善核心能力,使得核心能力与内部选择环境和外部选择环境匹配起来,从而避免企业形成核心刚度而使得企业面临淘汰的厄运。

第五节 结论与政策内涵

随着中国经济的转轨,企业正面临着一场深层次的变革,挑战不言而喻。外部环境的变化使得具有路径依赖锁定效应的核心能力需要重新完善或变革才有可能使企业迈向与环境匹配的理想境地,否则企业将会形成核心刚性而脱离外部环境,最终面临淘汰的厄运。基于此,本章以中国中小型的信息技术企业为研究对象,以核心能力理论为基础,通过考察企业家精神导向和市场导向的影响,试图破解转型经济体中核心能力悖论。研究发现,首先,核心能力悖论普遍存在于中小型信息技术企业中,即原有的核心能力会强化企业的核心刚性。这意味着企业核心能力的路径依赖锁定效应会使得企业的行为模式僵化而难以根据外部环境做出适当调整。其次,企业家精神导向对核心刚性的软化作用并不明显，同时它亦不能起到缓解核心能力对核心刚性的强化作用。最后，市场导向既能对核心刚性起到软化作用，同时也能缓解核心能力对核心刚性的强化作用。

在当前市场环境的背景下，本章结论蕴含了重要的政策意涵。本章的研究结论告诫中小企业，如何不断地更新核心能力以适应环境的变化。显然，在企业家精神导向的驱动下，中小型企业难以背负试验和错误过程中所要付出的沉重代价，因此通过破坏型创新主动改变市场竞争环境来建立自己的适应能力绝非是中小型企业的能力范畴和最优策略。在这种情况下，中小型企业唯一能够做的就是被动地接受外界环境的变化，并根据消费者信息和竞争对手的信息而做出最优的应对策略，即时地调整、修正和精简核心能力，防止企业形成核心刚性。本研究结果表明企业根据市场导向所收集的顾客和竞争者信息有利于缓解企业核心能力向核心刚度转化，从而使得企业具有适应外界环境变化的能力。这也进一步印证了上述论点。

上述论点让中小型企业管理者必须明确，企业的核心能力是一个长期积累的过程，这种积累过程具有明显的路径依赖性，使得企业只能在原有的技术路径轨迹上选择与之相关的创新活动。企业核心能力的这种特征显然束缚了企业柔性。尤其在激烈的市场竞争中，外部环境的剧烈变化，核心能力路径依赖的锁定效应使得企业很难对核心能力做出重大调整以实现组织与外界环境的完美匹配。然而，具有市场导向，旨在收集顾客和竞争性信息来调整企业核心能力引领的固化行为模式，能够有效地缓解核心能力的刚性和路径依赖性。因此中小型企业核心能力的演化实际上是企业内部环境与其选择的外部环境相融合的一个过程，而在这种融合的过程中，市场导向起着引导作用，它使得企业根据市场信息对核心能力不断调整、修正、完善和精简，以一种渐进式的创新模式引导企业建立起与环境相互匹配的机制。而企业家精神导向则有可能将企业引入万劫不复之地，也有可能使得企业成为驰骋市场的领导者，因为企业家精神导向是以一种激进式的创新模式引导企业进行技术变革以强化企业的环境适应能力。企业家精神导向所引导的企业创新模式会使得企业面临着巨大的风险，这种风险是中小型企业不能承受的。

参考文献：

[1] Wright, C., Sturdy, A., Wylie, N. (2012). Management innovation through standardization: Consultants as standardizers of organizational practice [J]. Research Policy, 41: 652-662.

[2] Thrane, S., Blaabjerg, S., and Moller, R. H. (2010). Innovative path dependence: Making sense of product and service innovation in path dependent innovation processes [J]. Research Policy, 39 (7): 932-944.

[3] Mudambi, R. and Swift, T. (2009). Professional guilds, tension and knowledge management [J]. Research Policy, 38 (5): 736-745.

[4] Levinthal, D. A., March, J. G. (1993). The myopia of learning [J]. Strategic Management Journal, 14 (S2): 95-112.

[5] Carlile, R. P. (2002). A Pragmatic View of Knowledge and Boundaries: Boundary Objects in New Product Development [J]. Organization Science, 13 (4): 442-455.

[6] Barnett, W. P., Greve, H. R., Park, D. Y. (1994). An evolutionary model of organizational performance [J]. Strategic Management Journal, 15: 11-28.

[7] Wernerfelt, B. (1984). A resource-based view of the firm [J]. Strategic Management Journal, 5 (2): 171-180.

[8] Gabriel, H., Venkat, S. P. (2003). Is performance driven by industry or firm-specific factor? A new look at the Evidence [J]. Strategic Management Journal, 24: 1-16.

[9] Boyer, M., Robert, J. (2006). Organizational inertia and dynamic incentives [J]. Journal of Economic Behavior & Organization, 59 (3): 324-348.

[10] Gersick, C. J. G., Hackman, J. R. (1990). Habitual routines in task-performing teams [J]. Organizational Behavior and Human Decision Processes, 47: 65-97.

[11] Ashforth, B. E., Fried, Y. (1988). The mindlessness of organizational behaviors [J]. Human Relations, 41 (4): 305-329.

[12] Teece, D. J. (2009). Dynamic capabilities and strategic management [M]. New York: Oxford University Press.

[13] Peters, B. (2009). Persistence of innovation: stylised facts and panel data evidence [J]. The Journal of Technology Transfer, 34 (2): 226-243.

[14] Roper, S, and Hewitt-Dundas, N. (2008). Innovation persistence: Survey and case-study evidence [J]. Research Policy, 37: 149-162.

[15] Salge, T. O. (2011). A behavioral model of innovative search: Evidence from public hospital services [J]. Journal of Public Administration Research and Theory, 21 (1): 181-210.

[16] Ocasio, W. (1997). Towards an attention-based view of the firm [J]. Strategic Management Journal, 18: 187-206.

[17] Hughes, M., Morgan, R. E. (2007). Deconstructing the relationship between entrepreneurial orientation and business performance at the embryonic stage of firm growth [J]. Industrial Marketing Management, 36: 651-661.

[18] Barczak, G., Griffin, A., Kahn, K. B. (2009). Trends and drivers of success in NPD practices: Results of the 2003 PDMA best practices study [J]. Journal of Product Innovation Management, 26, 1: 3-23.

[19] Li, Y., Wei, Z., Liu, Y. (2010). Strategic orientations, knowledge acquisition, and firm performance: The perspective of the vendor in cross-border outsourcing [J]. Journal of Management Studies, 47, 8: 1457-1482.

[20] Merlo, O., Auh, S. (2009). The effects of entrepreneurial orientation, market orientation, and marketing subunit influence on firm performance [J]. Marketing Letters, 20: 295-311.

[21] Rhee, J., Park, T., Lee, D. H. (2010). Drivers of innovativeness and performance for innovative SMEs in South Korea: Mediation of learning orientation [J]. Technovation, 30: 65-75.

[22] Avlonitis, G. J., Salavou, H. E. (2007). Entrepreneurial orientation of SMEs, product innovativeness and performance [J]. Journal of Business Research, 60 (5): 566-575.

[23] Zhou, K. Z., Yim, C. K., Tse, D. K. (2005). The effects of strategic orientations on technology-and market-based breakthrough innovations [J]. Journal of Marketing, 69 (2): 42-60.

[24] Ahuja, G., Lampert, C. M. (2001). Entrepreneurship in the large corporation: A longitudinal study of how established firms create breakthrough inventions [J]. Strategic Management Journal, 22, 6/7: 521-543.

[25] Renko, M., Carsrud, A., and Brännback, M. (2009) The effects of a Market Orientation, Entrepreneurial Orientation, and Technology Capability on Innovativeness: A study of Young Biotechnology Ventures in the United States and in Scandinavia [J]. Journal of Small Business Management, 47 (3): 331-369

[26] Dursun-Kilic, T. (2005). An empirical investigation of the link between market oriention and new product performance: the mediating effects of organizational capabilities [D]. Doctoral dissertation, old dominion university. Proquest information and learning company.

[27] Jiao, H., Wei, J., Cui, Y. (2010). An Empirical Study on Paths to Develop Dynamic Capabilities: From the Perspectives of Entrepreneurial Orientation and Organizational Learning [J]. Frontiers of Business Research in China, 4 (1): 47-72.

[28] Li, Y. H., Huang, J. W., Tsai, M. T. (2009). Entrepreneurial orientation and firm performance: The role of knowledge creation process [J]. Industrial Marketing Management, 38: 440-449.

[29] Lin, C. H., Peng, C. H., Kao, D. T. (2008). The innovativeness effect of market orientation and learning orientation on business performance [J]. International Journal of Manpower, 29 (8): 752-772.

[30] Kholi, A., and Jaworski, B. J. (1990). Market-orientation: The construct, research propositions, and managerial implications [J]. Journal of Marketing, 54 (4): 1-18.

[31] Slater, S. F. and Narver, J. C. (1994). Does competitive environment moderate the market orientation - performance relationship? [J]. Journal of Marketing, 58 (1): 46-55.

[32] Berthon, P., Hulbert, J. M., Pitt, L. F. (1999). To serve or create?: Strategic orientations toward customers and innovation [J]. California Management Review, 42: 37-56.

[33] Christensen, C. M., Bower, J. L. (1996). Customer power, strategic investment, and the failure of leading firms [J]. Strategic Management Journal, 17 (3): 197-218.

[34] Narver, J. C., Slater, S. F., and MacLachlan, D. L. (2004). Responsive and proactive market orientation and new-product success [J]. Journal of Product Innovation Management, 21 (5): 334-347.

[35] Baker, W. E., Sinkula, J. M. (1999). The synergistic effect of market orientation and learning orientation on organizational performance [J]. Journal of the Academy of Marketing Science, 27 (4): 411-427.

[36] Cohen, W. M., Levinthal, D. A. (1990). Absorptive Capacity: A New Perspective on Learning and Innovation [J]. Administrative Science Quarterly, 35 (1): 128-152.

[37] Slater, S., Narver, J. (1996). Competitive strategy in the market focussed business [J]. Journal of Market Focused Management, 1 (2): 139-174.

[38] March, J. G. (1991). Exploring exploitation in organisational learning [J]. Organisation Science, 2 (1): 71-87.

[39] Han, J. K., Kim, N., Srivastava, R. (1998). Market orientation and organizational performance: Is innovation a missing link? Journal of Marketing, 62 (4): 30-45.

[40] Long,. K., Vickers-Koch, M. (1995). Using core capabilities to create competitive advantage [J]. Organizational Dynamics, 24 (1): 6-22.

[41] Hamel, G. and Heene, C. (1994). The Concept of Core Competence [DB]. New York: Wiley, Chichester.

[42] Li, S-X., Easterby-Smith, M., and Lyles, M. A. (2008). Overcoming corporate rigidities in the dynamic Chinese market [J]. Business Horizons, 51: 501-509.

[43] Covin, J. G. & Miles, M. P. (1999). Corporate entrepreneurship and the pursuit of competitive advantage [J]. Entrepreneurship Theory and Practice, 23 (3): 47-65.

[44] Atuahene-Gima, K. and Ko, A. (2001). An Empirical Investigation of the Effect of Market Orientation and Entrepreneurship Orientation Alignment on Product Innovation [J]. Organization Science, 12 (1): 54-74.

[45] Hult, G. T., Ketchen, D. J., Slater, S. F. (2005). Market orientation and performance: an integration of disparate approaches [J]. Strategic Management Journal, 26 (12): 1173-1181.

[46] 林文宝, 吴万益. 以组织学习观点探讨知识整合及运作特性对核心能力影响之研究 [J]. 台大管理丛论, 2005, 15 (2): 165-197.

[47] Raykov, T. (1998). Coefficient alpha and composite reliability with interrelated nonhomogeneous items [J]. Applied Psychological Measurement, 22: 375

-385.

[48] Hair, J. F. Jr., Anderson, R., Tatham, R., Black, W. C. (1998) Multivariate Data Analysis (5th ed.) [M]. New Jersey: Prentice Hall.

[49] Fornell, C., Larcker, D. F. (1981). Evaluating structural equation models with unobservable variables and measurement error [J]. Journal of Marketing Research, 18 (1): 39-50.

[50] Steenkamp, J. E. M., Van Trijp, H. C. M. (1991). The use of LISREL in validating marketing constructs [J]. International Journal of Research in Marketing, 8: 283-299.

[51] King, A. A., Tucci, C. L. (2002). Incumbent entry into new market niches: The role of experience and managerial choice in the creation of dynamic capabilities [J]. Management Science, 48 (2): 171-186.

[52] Ganter, A. and Hecker, A. (2013). Deciphering antecedents of organizational innovation [J]. Journal of Business Research, 66: 575-584.

[53] Alford, D., Sackett, P., Nelder, G. (2000). Mass customization-An automotive perspective [J]. International journal of production economics, 65: 99-110.